中外哲學典籍大全

中國哲學典籍卷

總主編　李鐵映　王偉光

經部易類

易漢學新校注

附易例

〔清〕惠棟　著

谷繼明　校注

中國社会科学出版社

圖書在版編目（CIP）數據

易漢學新校注：附《易例》/ 谷繼明校注．—北京：中國社會科學出版社，2020.9

（中外哲學典籍大全．中國哲學典籍卷）

ISBN 978-7-5203-5615-2

Ⅰ.①易…　Ⅱ.①谷…　Ⅲ.①《周易》—注釋　Ⅳ.①B221.2

中國版本圖書館 CIP 數據核字（2019）第 255835 號

出 版 人　趙劍英
項目統籌　王　茵
責任編輯　孫　萍
責任校對　趙　威
責任印製　王　超

出　　版　中國社會科學出版社
社　　址　北京鼓樓西大街甲 158 號
郵　　編　100720
網　　址　http://www.csspw.cn
發 行 部　010-84083685
門 市 部　010-84029450
經　　銷　新華書店及其他書店

印　　刷　北京君昇印刷有限公司
裝　　訂　廊坊市廣陽區廣增裝訂廠
版　　次　2020 年 9 月第 1 版
印　　次　2020 年 9 月第 1 次印刷

開　　本　710×1000　1/16
印　　張　24.25
字　　數　297 千字
定　　價　89.00 元

凡購買中國社會科學出版社圖書，如有質量問題請與本社營銷中心聯繫調換
電話：010-84083683

中外哲學典籍大全

總主編　李鐵映　王偉光

顧　問（按姓氏拼音排序）

陳筠泉　陳先達　陳晏清　黄心川　李景源　樓宇烈　汝　信　王樹人　邢賁思

楊春貴　曾繁仁　張家龍　張立文　張世英

學術委員會

主　任　王京清

委　員（按姓氏拼音排序）

陳　來　陳少明　陳學明　崔建民　豐子義　馮顔利　傅有德　郭齊勇　郭　湛

韓慶祥　韓　震　江　怡　李存山　李景林　劉大椿　馬　援　倪梁康　歐陽康

龐元正　曲永義　任　平　尚　杰　孫正聿　萬俊人　王　博　汪　暉　王柯平

王　鐳　王立勝　王南湜　謝地坤　徐俊忠　楊　耕　張汝倫　張一兵　張志强

張志偉　趙敦華　趙劍英　趙汀陽

「中國哲學典籍卷」

學術委員會

主　任　陳　來　趙汀陽　謝地坤　李存山　王　博

委　員（按姓氏拼音排序）

白　奚　陳壁生　陳　静　陳立勝　陳少明　陳衛平　陳　霞　丁四新　馮顔利　于春松　郭齊勇　郭曉東　景海峰　李景林　李四龍　劉成有　劉　豐　王中江　王立勝　吴　飛　吴根友　吴　震　向世陵　楊國榮　楊立華　張學智　張志强　鄭　開

項目負責人　張志强

提要撰稿主持人　劉　豐　趙金剛

提要英譯主持人　陳　霞

編輯委員會

主　任　張志强　趙劍英　顧　青

副主任　王海生　魏長寶　陳　霞　劉　豐

委　員（按姓氏拼音排序）

陳壁生　陳　靜　于春松　任蜜林　吴　飛　王　正　楊立華　趙金剛

編輯部

主　任　王　茵

副主任　孫　萍

成　員（按姓氏拼音排序）

崔芝妹　顧世寶　韓國茹　郝玉明　李凱凱　宋燕鵬　吴麗平　楊　康　張　潛

總序

中外哲學典籍大全的編纂，是一項既有時代價值又有歷史意義的重大工程。

中華民族經過了近一百八十年的艱苦奮鬥，迎來了中國近代以來最好的發展時期，迎來了奮力實現中華民族偉大復興的時期。中華民族祇有總結古今中外的一切思想成就，才能並肩世界歷史發展的大勢。爲此，我們須編纂一部匯集中外古今哲學典籍的經典集成，爲中華民族的偉大復興、爲人類命運共同體的建設、爲人類社會的進步，提供哲學思想的精粹。

哲學是思想的花朵、文明的靈魂、精神的王冠。一個國家、民族，要興旺發達，擁有光明的未來，就必須擁有精深的理論思維，擁有自己的哲學。哲學是推動社會變革和發展的理論力量，是激發人的精神砥石。哲學解放思維，净化心靈，照亮前行的道路。偉大的時代需要精邃的哲學。

一　哲學是智慧之學

哲學是什麽？這既是一個古老的問題，又是哲學永恒的話題。追問哲學是什麽，本身就是「哲學」問題。從哲學成爲思維的那一天起，哲學家們就在不停追問中發展、豐富哲學的篇章，給出一個又一個答案。每個時代的哲學家對這個問題都有自己的詮釋。哲學是什麽，是懸疑在人類智慧面前的永恒之問，這正是哲學之爲哲學的基本特點。

哲學是全部世界的觀念形態，精神本質。人類面臨的共同問題，是哲學研究的根本對象。本體論、認識論、世界觀、人生觀、價值觀、實踐論、方法論等，仍是哲學的基本問題和生命力所在！哲學研究的是世界萬物的根本性、本質性問題。人們可以給哲學做出許多具體定義，但我們可以嘗試用「遮詮」的方式描述哲學的一些特點，從而使人們加深對何爲哲學的認識。

哲學不是玄虛之觀。哲學來自人類實踐，關乎人生。哲學對現實存在的一切追根究底、「打破砂鍋問到底」。它不僅是問「是什麼」（being），而且主要是追問「爲什麼」（why），特別是追問「爲什麼的爲什麼」。它關注整個宇宙，關注整個人類的命運，關注人生。它關心柴米油鹽醬醋茶和人的生命的關係，關心人工智能對人類社會的挑戰。哲學是對一切實踐經驗的理論升華，它關心具體現象背後的根據，關心人類如何會更好。

哲學是在根本層面上追問自然、社會和人本身，以徹底的態度反思已有的觀念和認識，從價值理想出發把握生活的目標和歷史的趨勢，展示了人類理性思維的高度，凝結了民族進步的智慧，寄託了人們熱愛光明、追求真善美的情懷。道不遠人，人能弘道。哲學是把握世界、洞悉未來的學問，是思想解放、自由的大門！

古希臘的哲學家們被稱爲「望天者」，亞里士多德在形而上學一书中說，「最初人們通過好奇—驚讚來做哲學」。如果說知識源於好奇的話，那麼產生哲學的好奇心，必須是大好奇心。這種「大好奇心」祇爲一件「大事因緣」而來，所謂大事，就是天地之間一切事物的「爲什麼」。哲學精神，是「家事、國事、天下事，事事要問」，是一種永遠追問的精神。

哲學不衹是思維。哲學將思維本身作爲自己的研究對象，對思想本身進行反思。哲學不是一般的知識體系，而是把知識概念作爲研究的對象，追問「什麽才是知識的真正來源和根據」。哲學的「非對象性」的思想方式，不是「純形式」的推論原則，而有其「非對象性」之對象。哲學之對象乃是不斷追求真理，是一個理論與實踐兼而有之的過程，是認識的精粹。哲學追求真理的過程本身就顯現了哲學的本質。天地之浩瀚，變化之奥妙，正是哲思的玄妙之處。

哲學不是宣示絶對性的教義教條，哲學反對一切形式的絶對。哲學解放束縛，意味著從一切思想教條中解放人類自身。哲學給了我們徹底反思過去的思想自由，給了我們深刻洞察未來的思想能力。哲學就是解放之學，是聖火和利劍。

哲學不是一般的知識。哲學追求「大智慧」。佛教講「轉識成智」，識與智相當於知識與哲學的關係。一般知識是依據於具體認識對象而來的、有所依有所待的「識」，而哲學則是超越於具體對象之上的「智」。

公元前六世紀，中國的老子説，「大方無隅，大器晚成，大音希聲，大象無形，道隱無名。夫唯道，善貸且成」。又説，「反者道之動，弱者道之用。天下萬物生於有，有生於無」。對道的追求就是對有之爲有、無形無名的探究，就是對天地何以如此的探究。這種追求，使得哲學具有了天地之大用，具有了超越有形有名之有限經驗的大智慧。這種大智慧、大用途，超越一切限制的籬笆，達到趨向無限的解放能力。

哲學不是經驗科學，但又與經驗有聯繫。哲學從其作爲學問誕生起，就包含於科學形態之中，是以科學形態出現的。哲學是以理性的方式、概念的方式、論证的方式來思考宇宙人生的根本問題。在亞里士多德那裏，凡是研究實體（ousia）的學問，都叫作「哲學」。而「第一實體」則是存在者中的「第一個」。研究第一實體的學問稱爲「神學」，也就是「形而上學」，這正是後世所謂「哲學」。一般意義上的科學正是從「哲學」最初的意義上贏得自己最原初的規定性的。哲學雖然不是經驗科學，却爲科學劃定了意義的範圍，指明了方向。哲學最後必定指向宇宙人生的根本問題，大科學家的工作在深層意義上總是具有哲學的意味，牛頓和愛因斯坦就是這樣的典範。

哲學不是自然科學，也不是文學藝術，但在自然科學的前頭，哲學的道路展現了；在文學藝術的山頂，哲學的天梯出現了。哲學不斷地激發人的探索和創造精神，使人在認識世界的過程中，不斷達到新境界，在改造世界中從必然王國到達自由王國。

哲學不斷從最根本的問題再次出發。哲學史在一定意義上就是不斷重構新的世界觀、認識人類自身的歷史。哲學的歷史呈現，正是對哲學的創造本性的最好説明。哲學史上每一位哲學家對根本問題的思考，都在爲哲學添加新思維、新向度，猶如爲天籟山上不斷增添一隻隻黄鸝翠鳥。

如果説哲學是哲學史的連續展現中所具有的統一性特徵，那麽這種「一」是在「多」個哲學的創造中實現的。如果説每一種哲學體系都追求一種體系性的「一」的話，那麽每種「一」的體系之間都存在着千絲相聯、多方組合的關係。這正是哲學史昭示於我們的哲學多樣性的意義。多樣性與統一性的依存關係，正是哲學尋求現象與本質、具體與普遍相統一的辯證之意義。

哲學的追求是人類精神的自然趨向，是精神自由的花朵。哲學是思想的自由，是自由的思想。

中國哲學，是中華民族五千年文明傳統中，最爲内在的、最爲深刻的、最爲持久的精神追求和價值觀表達。中國哲學已經化爲中國人的思維方式、生活態度、道德準則、人生追求、精神境界。中國人的科學技術、倫理道德，小家大國、中醫藥學、詩歌文學、繪畫書法、武術拳法、鄉規民俗，乃至日常生活也都浸潤着中國哲學的精神。華夏文化雖歷經磨難而能够透魄醒神，堅韌屹立，正是來自於中國哲學深邃的思維和創造力。

先秦時代，老子、孔子、莊子、孫子、韓非子等諸子之間的百家争鳴，就是哲學精神在中國的展現，是中國人思想解放的第一次大爆發。兩漢四百多年的思想和制度，是諸子百家思想在争鳴過程中大整合的結果。魏晋之際，玄學的發生，則是儒道冲破各自藩籬，彼此互動互補的結果，形成了儒家獨尊的態勢。隋唐三百年，佛教深入中國文化，又一次帶來了思想的大融合和大解放，禪宗的形成就是這一融合和解放的結果。兩宋三百多年，中國哲學迎來了第三次大解放。儒釋道三教之間的互潤互持日趨深入，朱熹的理學和陸象山的心學，就是這一思想潮流的哲學結晶。

與古希臘哲學强調沉思和理論建構不同，中國哲學的旨趣在於實踐人文關懷，它更關注實踐的義理性意義。中國哲學當中，知與行從未分離，中國哲學有着深厚的實踐觀點和生活觀點，倫理道德觀是中國人的貢獻。馬克思説，「全部社會生活在本質上是實踐的」，實踐的觀點、生活的觀點也正是馬克思主義認識論的基本觀點。這種哲學上的契合性，正是馬克思主義能够在中國扎根並不斷中國化的哲學原因。

「實事求是」是中國的一句古話。今天已成爲深遂的哲理，成爲中國人的思維方式和行爲基準。實事求是就是解放思想，解放思想就是實事求是。實事求是毛澤東思想的精髓，是改革開放的基石。只有解放思想才能實事求是。實事求是就是中國人始終堅持的哲學思想。實事求是就是依靠自己，走自己的道路，反對一切絶對觀念。所謂中國化就是一切從中國實際出發，一切理論必須符合中國實際。

二　哲學的多樣性

實踐是人的存在形式，是哲學之母。實踐是思維的動力、源泉、價值、標準。人們認識世界、探索規律的根本目的是改造世界，完善自己。哲學問題的提出和回答，都離不開實踐。馬克思有句名言：「哲學家們只是用不同的方式解釋世界，而問題在於改變世界！」理論只有成爲人的精神智慧，才能成爲改變世界的力量。

哲學關心人類命運。時代的哲學，必定關心時代的命運。對時代命運的關心就是對人類實踐和命運的關心。人在實踐中產生的一切都具有現實性。哲學的實踐性必定帶來哲學的現實性。哲學的現實性就是强調人在不斷回答實踐中各種問題時應該具有的態度。

哲學作爲一門科學是現實的。哲學是一門回答並解釋現實的學問，哲學是人們聯繫實際、面對現實的思想。可以説哲學是現實的最本質的理論，也是本質的最現實的理論。哲學始終追問現實的發展和變化。哲學存在於實踐中，也必定在現實中發展。哲學的現實性要求我們直面實踐本身。

哲學不是簡單跟在實踐後面，成爲當下實踐的「奴僕」，而是以特有的深邃方式，關注着實踐的發展，提升人的實踐水平，爲社會實踐提供理論支撑。從直接的、急功近利的要求出發來理解和從事哲學，無異於向哲學提出它本身不可能完成的任務。哲學是深沉的反思，厚重的智慧，事物的抽象，理論的把握。哲學是人類把握世界最深邃的理論思維。

哲學是立足人的學問，是人用於理解世界、把握世界、改造世界的智慧之學。「民之所好，好之，民之所惠，惠之。」哲學的目的是爲了人。用哲學理解外在的世界，理解人本身，也是爲了用哲學改造世界、改造人。哲學研究無禁區，無終無界，與宇宙同在，與人類同在。

存在是多樣的，發展是多樣的，這是客觀世界的必然。宇宙萬物本身是多樣的存在，多樣的變化。歷史表明，每一民族的文化都有其獨特的價值。文化的多樣性是自然律，是動力，是生命力。各民族文化之間的相互借鑒，補充浸染，共同推動著人類社會的發展和繁榮，這是規律。對象的多樣性、複雜性，決定了哲學的多樣性；即使對同一事物，人們也會産生不同的哲學認識，形成不同的哲學派别。哲學觀點、思潮、流派及其表現形式上的區别，來自於哲學的時代性、地域性和民族性的差异。世界哲學是不同民族的哲學的薈萃，如中國哲學、西方哲學、阿拉伯哲學等。多樣性構成了世界，百花齊放形成了花園。不同的民族會有不同風格的哲學。恰恰是哲學的民族性，使不同的哲學都可以在世界舞臺上演繹出各種「戲劇」。即使有類似的哲學觀點，在實踐中的表達和運用也會各有特色。

人類的實踐是多方面的，具有多樣性、發展性，大體可以分爲：改造自然界的實踐，改造人類社會的實踐，完善人本身的實踐，提升人的精神世界的精神活動。人是實踐中的人，實踐是人的生命的第一屬性。實踐的社會性决定了哲學的社會性，哲學不是脱離社會現實生活的某種遐想，而是社會現實生活的觀念形態，是文明進步的重要標誌，是人的發展水平的重要維度。哲學的發展狀况，反映着一個社會人的理性成熟程度，反映著這個社會的文明程度。

哲學史實質上是自然史、社會史、人的發展史和人類思維史的總結和概括。自然界是多樣的，社會是多樣的，人類思維是多樣的。所謂哲學的多樣性，就是哲學基本觀念、理論學説、方法的異同，是哲學思維方式上的多姿多彩。哲學的多樣性是哲學的常態，是哲學進步、發展和繁榮的標誌。哲學是人的哲學，哲學是人對事物的自覺，是人對外界和自我認識的學問，也是人把握世界和自我的學問。哲學的多樣性，是哲學的常態和必然，是哲學發展和繁榮的内在動力。一般是普遍性，特色也是普遍性。從單一性到多樣性，從簡單性到複雜性，是哲學思維的一大變革。用一種哲學話語和方法否定另一種哲學話語和方法，這本身就不是哲學的態度。

多樣性並不否定共同性、統一性、普遍性。物質和精神，存在和意識，一切事物都是在運動、變化中的，是哲學的基本問題，也是我們的基本哲學觀點！

當今的世界如此紛繁複雜，哲學多樣性就是世界多樣性的反映。哲學是以觀念形態表現出的現實世界。哲學的多樣性，就是文明多樣性和人類歷史發展多樣性的表達。多樣性是宇宙之道。

哲學的實踐性、多樣性，還體現在哲學的時代性上。哲學總是特定時代精神的精華，是一定歷史條件下人的反思活動的理論形態。在不同的時代，哲學具有不同的内容和形式，哲學的多樣性，也是歷史時代多樣性的表達。哲學的多樣性也會讓我們能够更科學地理解不同歷史時代，更爲内在地理解歷史發展的道理。多樣性是歷史之道。

哲學之所以能發揮解放思想的作用，在於它始終關注實踐，關注現實的發展；在於它始終關注著科學技術的進步。哲學本身没有絶對空間，没有自在的世界，只能是客觀世界的映象，觀念形態。没有了現實性，哲學就遠離人，就離開了存在。哲學的實踐性，説到底是在説明哲學本質上是人的哲學，是人的思維，是爲了人的科學！哲學的實踐性、多樣性告訴我們，哲學必須百花齊放、百家争鳴。哲學的發展首先要解放自己，解放哲學，就是實現思維、觀念及範式的變革。人類發展也必須多途並進，交流互鑒，共同繁榮。采百花之粉，才能釀天下之蜜。

三　哲學與當代中國

中國自古以來就有思辨的傳統，中國思想史上的百家争鳴就是哲學繁榮的史象。哲學是歷史發展的號角。中國思想文化的每一次大躍升，都是哲學解放的結果。中國古代賢哲的思想傳承至今，他們的智慧已浸入中國人的精神境界和生命情懷。

中國共産黨人歷來重視哲學，毛澤東在一九三八年，在抗日戰爭最困難的條件下，在延安研究哲學，創作了實踐論和矛盾論，推動了中國革命的思想解放，成爲中國人民的精神力量。

中華民族的偉大復興必將迎來中國哲學的新發展。當代中國必須有自己的哲學，當代中國的哲學必須要從根本上講清楚中國道路的哲學道理。中華民族的偉大復興必須要有哲學的思維，必須要有不斷深入的反思。發展的道路，就是哲思的道路，文化的自信，就是哲學思維的自信。哲學是引領者，可謂永恒的「北斗」，哲學是時代的「火焰」，是時代最精緻最深刻的「光芒」。從社會變革的意義上説，任何一次巨大的社會變革，總是以理論思維爲先導。理論的變革，總是以思想觀念的空前解放爲前提，而「吹響」人類思想解放第一聲「號角」的，往往就是代表時代精神精華的哲學。社會實踐對於哲學的需求可謂「迫不及待」，因爲哲學總是「吹響」這個新時代的「號角」。「吹響」中國改革開放之

「號角」的，正是「解放思想」「實踐是檢驗真理的唯一標準」「不改革死路一條」等哲學觀念。「吹響」新時代「號角」的是「中國夢」，「人民對美好生活的向往，就是我們奮鬥的目標」。發展是人類社會永恒的動力，變革是社會解放的永遠的課題，思想解放，解放思想是無盡的哲思。中國正走在理論和實踐的雙重探索之路上，搞探索没有哲學不成！

中國哲學的新發展，必須反映中國與世界最新的實踐成果，必須反映科學的最新成果，必須具有走向未來的思想力量。今天的中國人所面臨的歷史時代，是史無前例的。十三億人齊步邁向現代化，這是怎樣的一幅歷史畫卷！是何等壯麗、令人震撼！不僅中國歷史上亘古未有，在世界歷史上也從未有過。當今中國需要的哲學，是結合天道、地理、人德的哲學，是整合古今中西的哲學，只有這樣的哲學才是中華民族偉大復興的哲學。

當今中國需要的哲學，必須是適合中國的哲學。無論古今中外，再好的東西，也需要再吸收，再消化，必須要經過現代化和中國化，才能成爲今天中國自己的哲學。哲學是解放人的，哲學自身的發展也是一次思想解放，也是人的一个思維升華、羽化的過程。中國人的思想解放，總是隨著歷史不斷進行的。歷史有多長，思想解放的道路就有多長；發展進步是永恒的，思想解放也是永無止境的，思想解放就是哲學的解放。

習近平説，思想工作就是「引導人們更加全面客觀地認識當代中國、看待外部世界」。這就需要我們確立一種「知己知彼」的知識態度和理論立場，而哲學則是對文明價值核心最精練和最集中的深邃性表達，有助於我們認識中國、認識世界。立足中國、認識中國，需要我們審視我們走過的道路，立足中國、認識世界，需要我們觀察和借鑒世界歷史上的不同文化。中國「獨特的文化傳統」、中國「獨特的歷史命運」、中國「獨特的基本國情」，「決定了我們必然要走適合自己特點的發展道路」。一切現實的，存在的社會制度，其形態都是具體的，都是特色的，都必須是符合本國實際的。抽象的制度，普世的制度是不存在的。同時，我們要全面客觀地「看待外部世界」。研究古今中外的哲學，是中國認識世界、認識人類史，認識自己未來發展的必修課。今天中國的發展不僅要讀中國書，還要讀世界書。不僅要學習自然科學、社會科學的經典，更要學習哲學的經典。當前，中國正走在實現「中國夢」的「長征」路上，這也正是一條思想不斷解放的道路！要回答中國的問題，解釋中國的發展，首先需要哲學思維本身的解放。哲學的發展，就是哲學的解放，這是由哲學的實踐性、時代性所決定的。哲學無禁區、無疆界。哲學是關乎宇宙之精神，是關乎人類之思想。哲學將與宇宙、人類同在。

四　哲學典籍

中外哲學典籍大全的編纂，是要讓中國人能研究中外哲學經典，吸收人類精神思想的精華；是要提升我們的思維，讓中國人的思想更加理性、更加科學、更加智慧。

中國有盛世修典的傳統。中國古代有多部典籍類書（如「永樂大典」「四庫全書」等），在新時代編纂中外哲學典籍大全，是我們的歷史使命，是民族復興的重大思想工程。

只有學習和借鑒人類精神思想的成就，才能實現我們自己的發展，走向未來。中外哲學典籍大全的編纂，就是在思維層面上，在智慧境界中，繼承自己的精神文明，學習世界優秀文化。這是我們的必修課。

不同文化之間的交流、合作和友誼，必須達到哲學層面上的相互認同和借鑒。哲學之間的對話和傾聽，才是從心到心的交流。中外哲學典籍大全的編纂，就是在搭建心心相通的橋樑。

我們編纂這套哲學典籍大全，一是中國哲學，整理中國歷史上的思想典籍，濃縮中國思想史上的精華；二是外國哲學，主要是西方哲學，吸收外來，借鑒人類發展的優秀哲學成果；三是馬克思主義哲學，展示馬克思主義哲學中國化的成就；四是中國近現代以來的哲學成果，特別是馬克思主義在中國的發展。

編纂這部典籍大全，是哲學界早有的心願，也是哲學界的一份奉獻。中外哲學典籍大全總結的是書本上的思想，是先哲們的思維，是前人的足迹。我們希望把它們奉獻給後來人，使他們能够站在前人肩膀上，站在歷史岸邊看待自己。

中外哲學典籍大全的編纂，是以「知以藏往」的方式實現「神以知來」；中外哲學典籍大全的編纂，是通過對中外哲學歷史的「原始反終」，從人類共同面臨的根本大問題出發，在哲學生生不息的道路上，綵繪出人類文明進步的盛德大業！

發展的中國，既是一個政治、經濟大國，也是一個文化大國，也必將是一個哲學大國、思想王國。人類的精神文明成果是不分國界的，哲學的邊界是實踐，實踐的永恒性是哲學的永續綫性，打開胸懷擁抱人類文明成就，是一個民族和國家自强自立，始終佇立於人類文明潮頭的根本條件。

擁抱世界，擁抱未來，走向復興，構建中國人的世界觀、人生觀、價值觀、方法論，這是中國人的視野、情懷，也是中國哲學家的願望！

李鐵映

二〇一八年八月

「中國哲學典籍卷」

序

中國古無「哲學」之名，但如近代的王國維所説，「哲學爲中國固有之學」。「哲學」的譯名出自日本啓蒙學者西周，他在一八七四年出版的百一新論中説：「將論明天道人道，兼立教法的philosophy譯名爲哲學。」自「哲學」譯名的成立，「philosophy」或「哲學」就已有了東西方文化交融互鑒的性質。

「philosophy」在古希臘文化中的本義是「愛智」，而「哲學」的「哲」在中國古經書中的字義就是「智」或「大智」。孔子在臨終時慨嘆而歌：「泰山壞乎！梁柱摧乎！哲人萎乎！」（史記孔子世家）「哲人」在中國古經書中釋爲「賢智之人」，而在「哲學」譯名輸入中國後即可稱爲「哲學家」。

哲學是智慧之學，是關於宇宙和人生之根本問題的學問。對此，中西或中外哲學是共同的，因而哲學具有世界人類文化的普遍性。但是，正如世界各民族文化既有世界的普遍性，也有民族的特殊性，所以世界各民族哲學也具有不同的風格和特色。如果說「哲學」是個「共名」或「類稱」，那麽世界各民族哲學就是此類中不同的「特例」。這是哲學的普遍性與多樣性的統一。

在中國哲學中，關於宇宙的根本道理稱爲「天道」，關於人生的根本道理稱爲「人道」，中國哲學的一個貫穿始終的核心問題就是「究天人之際」。一般說來，天人關係問題是中外哲學普遍探索的問題，而中國哲學的「究天人之際」具有自身的特點。

亞里士多德曾說：「古今來人們開始哲學探索，都應起於對自然萬物的驚異……這類學術研究的開始，都在人生的必需品以及使人快樂安適的種種事物幾乎全都獲得了以後。」「這些知識最先出現於人們開始有閒暇的地方。」這是說的古希臘哲學的一個特點，是與當時古希臘的社會歷史發展階段及其貴族階層的生活方式相聯繫的。與此不同，中國哲學是產生於士人在社會大變動中的憂患意識，爲了求得社會的治理和人生的安頓，他們大多「席不暇暖」地周遊列國，宣傳自己的社會主張。這就決定了中國哲學在「究天人之際」

中首重「知人」，在先秦「百家争鳴」中的各主要流派都是「務爲治者也，直所從言之異路，有省不省耳」（史記太史公自序）。

中國哲學與其他民族哲學所不同者，還在於中國數千年文化一直生生不息而未嘗中斷，中國文化在世界歷史的「軸心時期」所實現的哲學突破也是采取了極温和的方式。這主要表現在孔子的「祖述堯舜，憲章文武」，删述六經，對中國上古的文化既有連續性的繼承，又經編纂和詮釋而有哲學思想的突破。因此，由孔子及其後學所編纂和詮釋的上古經書就以「先王之政典」的形式不僅保存下來，而且在此後中國文化的發展中居於統率的地位。

據近期出土的文獻資料，先秦儒家在戰國時期已有對「六經」的排列，「六經」作爲一個著作群受到儒家的高度重視。至漢武帝「罷黜百家，表章六經」，遂使「六經」以及儒家的經學確立了由國家意識形態認可的統率地位。漢書藝文志著録圖書，爲首的是「六藝略」，其次是「諸子略」「詩賦略」「兵書略」「數術略」和「方技略」，這就體現了以「六經」統率諸子學和其他學術。這種圖書分類經幾次調整，到了隋書經籍志乃正式形成「經、史、子、集」的四部分類，此後保持穩定而延續至清。

中國傳統文化有「四部」的圖書分類，也有對「義理之學」「考據之學」「辭章之學」和「經世之學」等的劃分，其中「義理之學」雖然近於「哲學」但並不等同。中國傳統文化没有形成「哲學」以及近現代教育學科體制的分科，但是中國傳統文化確實固有其深邃的哲學思想，它表達了中華民族的世界觀、人生觀，體現了中華民族的思維方式、行爲準則，凝聚了中華民族最深沉、最持久的價值追求。

清代學者戴震説：「天人之道，經之大訓萃焉。」（原善卷上）經書和經學中講「天人之道」的「大訓」，就是中國傳統的哲學；不僅如此，在圖書分類的「子、史、集」中也有講「天人之道」的「大訓」，這些也是中國傳統的哲學。「究天人之際」的哲學主題是在中國文化上下幾千年的發展中，伴隨著歷史的進程而不斷深化、轉陳出新、持續探索的。

中國哲學首重「知人」，在天人關係中是以「知人」爲中心，以「安民」或「爲治」爲宗旨的。在記載中國上古文化的尚書皋陶謨中，就有了「知人則哲，能官人；安民則惠，黎民懷之」的表述。在論語中，「樊遲問仁，子曰：『愛人。』問知（智），子曰：『知人。』」（論語顔淵）「仁者愛人」是孔子思想中的最高道德範疇，其源頭可上溯到中國文化自上古以來就形成的崇尚道德的優秀傳統。孔子説：「未能事人，焉能事鬼？」「未知生，焉知死？」（論語先進）「務民之義，敬鬼神而遠之，可謂知矣。」（論語雍也）「智者知人」，在孔子的思想中雖然保留了對「天」和鬼神的敬畏，但他的主要關注點是現世的人生，是「仁者愛人」「天下有道」的價值取向，由此確立了中國哲學以「知人」爲中心的思想範式。西方現代哲學家雅斯貝爾斯在大哲學家一書中把蘇格拉底、佛陀、孔子和耶穌作爲「思想範式的創造者」，而孔子思想的特點就是「要在世間建立一種人道的秩序」，「在現世的可能性之中」，孔子「希望建立一個新世界」。

中國上古時期把「天」或「上帝」作爲最高的信仰對象，這種信仰也有其宗教的特殊性。如梁啓超所説：「各國之尊天者，常崇之於萬有之外，而中國則常納之於人事之中，此吾中華所特長也。……其尊天也，目的不在天國而在世界，受用不在未來（來世）而在現在（現世）。是故人倫亦稱天倫，人道亦稱天道。記曰：『善言天者必有驗於人。』此所以雖近於宗教，而與他國之宗教自殊科也。」由於中國上古文化所信仰的「天」不是存在於與人世生活相隔絶的「彼岸世界」，而是與地相聯繫（中庸所謂「郊社之禮，所以事上帝也」，朱熹中庸章句注：「郊，祀天；社，祭地。不言后土者，省文也。」），具有道德的、以民爲本的特點（尚書所謂「皇天無親，惟德是輔」，「天視自我民視，天聽自我民聽」，「民之所欲，天必從之」），所以這種特殊的宗教性也長期地影響著中國哲學對天人關係的認識。相傳「人更三聖，世經三古」的易經，其本爲卜筮之書，但經孔子「觀其德義而已」之後，則成爲講天人關係的哲理之書。四庫全书總目易類序說：「聖人覺世牖民，大抵因事以寓教……易則寓於卜筮。故易之爲書，推天道以明人事者也。」不僅易經是如此，而且以後中國哲學的普遍架構就是「推天道以明人事」。

春秋末期，與孔子同時而比他年長的老子，原創性地提出了「有物混成，先天地生」（老子二十五章），天地並非固有的，在天地產生之前有「道」存在，「道」是產生天地萬物的總根源和總根據。「道」內在於天地萬物之中就是「德」，「孔德之容，惟道是從」（老子二十一章），「道」與「德」是統一的。老子說：「道生之，德畜之，物形之，勢成之。是以萬物莫不尊道而貴德。道之尊，德之貴，夫莫之命而常自然。」（老子五十一章）老子的價值主張是「自然無爲」，而「自然無爲」的天道根據就是「道生之，德畜之……是以萬物莫不尊道而貴德」。老子所講的「德」實即相當於「性」，孔子所罕言的「性與天道」，在老子哲學中就是講「道」與「德」的形而上學。實際上，老子哲學確立了中國哲學「性與天道合一」的思想，而他從「道」與「德」推出「自然無爲」的價值主張，這就成爲以後中國哲學「推天道以明人事」普遍架構的一個典範。雅斯貝爾斯在大哲學家一書中把老子列入「原創性形而上學家」，他説：「從世界歷史來看，老子的偉大是同中國的精神結合在一起的。」他評價孔、老關係時説：「雖然兩位大師放眼於相反的方向，但他們實際上立足於同一基礎之上。兩者間的統一在中國的偉大人物身上則一再得到體現……」這裏所謂「中國的精神」「立足於同一基礎之上」，就是説孔子和老子的哲學都是爲了解決現實生活中的問題，都是「務爲治者也」。

在老子哲學之後，中庸説：「天命之謂性」，「思知人，不可以不知天」。孟子説：「盡其心者知其性也，知其性則知天矣。」（孟子盡心上）此後的中國哲學家雖然對天道和人性有不同的認識，但大抵都是講人性源於天道，知天是爲了知人。一直到宋明理學家講「天者理也」，「性即理也」，「性與天道合一存乎誠」。作爲宋明理學之開山著作的周敦頤太極圖說，是從「無極而太極」講起，至「形既生矣，神發知矣，五性感動而善惡分，萬事出矣」，這就是從天道講到人事，而其歸結爲「聖人定之以中正仁義而主靜，立人極焉」，這就是從天道、人性推出人事應該如何，「立人極」就是要確立人事的價值準則。可以說，中國哲學的「推天道以明人事」最終指向的是人生的價值觀，這也就是要「爲天地立心，爲生民立命，爲往聖繼絶學，爲萬世開太平」。在作爲中國哲學主流的儒家哲學中，價值觀又是與道德修養的工夫論和道德境界相聯繫。因此，天人合一、真善合一、知行合一成爲中國哲學的主要特點。

中國哲學經歷了不同的歷史發展階段，從先秦時期的諸子百家争鳴，到漢代以後的儒家經學獨尊，而實際上是儒道互補，至魏晋玄學乃是儒道互補的一個結晶；在南北朝時期逐漸形成儒、釋、道三教鼎立，從印度傳來的佛教逐漸適應中國文化的生態環境，至隋唐時期完成中國化的過程而成爲中國文化的一個有機組成部分；宋明理學則是吸收了佛、道二教的思想因素，返而歸於「六經」，又創建了論語孟子大學中庸的「四書」體系，建構了以「理、氣、心、性」爲核心範疇的新儒學。因此，中國哲學不僅具有自身的特點，而且具有不同發展階段和不同學派思想内容的豐富性。

一八四〇年之後，中國面臨着「數千年未有之變局」，中國文化進入了近現代轉型的時期。在甲午戰敗之後的一八九五年，「哲學」的譯名出現在黃遵憲的日本國志和鄭觀應的盛世危言（十四卷本）中。此後，「哲學」以一個學科的形式，以哲學的「獨立之精神，自由之思想」推動了中華民族的思想解放和改革開放，中、外哲學會聚於中國，中、外哲學的交流互鑒使中國哲學的發展呈現出新的形態，馬克思主義哲學在與中國的歷史文化傳統、中國具體的革命和建設實踐相結合的過程中不斷中國化而產生新的理論成果。中華民族的偉大復興必將迎來中國哲學的新發展，在此之際，編纂中外哲學典籍大全，中國哲學典籍第一次與外國哲學典籍會聚於此大全中，這是中國盛世修典史上的一個首創，對於今後中國哲學的發展、對於中華民族的偉大復興具有重要的意義。

李存山

二〇一八年八月

「中國哲學典籍卷」

出版前言

社會的發展需要哲學智慧的指引。在中國浩如煙海的文獻中，哲學典籍占據著重要地位，指引著中華民族在歷史的浪潮中前行。這些凝練著古聖先賢智慧的哲學典籍，在新時代仍然熠熠生輝。

收入我社「中國哲學典籍卷」的書目，是最新整理成果的首次發布，按照内容和年代分爲以下幾類：先秦子書類、兩漢魏晋隋唐哲學類、佛道教哲學類、宋元明清哲學類、近現代哲學類、經部（易類、書類、禮類、春秋類、孝經類）等，其中以經學類占多數。全本次整理皆選取各書存世的善本爲底本，制訂校勘記撰寫的基本原則以確保校勘品質。全套書采用繁體竪排加專名綫的古籍版式，嚴守古籍整理出版規範，並請相關領域專家多次審稿，作者反復修訂完善，旨在匯集保存中國哲學典籍文獻，同時也爲古籍研究者和愛好者提供研習的文本。

文化自信是一個國家、一個民族發展中更基本、更深沉、更持久的力量。對中國哲學典籍進行整理出版，是文化創新的題中應有之義。中國社會科學出版社秉持「傳文明薪火，發時代先聲」的發展理念，歷來重視中華優秀傳統文化的研究和出版。「中國哲學典籍卷」樣稿已在二〇一八年世界哲學大會、二〇一九年北京國際書展等重要圖書會展亮相，贏得了與會學者的高度讚賞和期待。

點校者、審稿專家、編校人員等爲叢書的出版付出了大量的時間與精力，在此一並致謝。由於水準有限，書中難免有一些不當之處，敬請讀者批評指正。

趙劍英

二〇二〇年八月

目録

易漢學

易例

易例下

易漢學

本書點校説明

一　惠棟的治易歷程

惠棟，字定宇，一字松崖，吴縣人。清代著名的經師、學者和思想家，吴派領袖。在清代前期，惠棟率先揚起了「漢學」的大旗，開創了新的、以漢學來研究經典的學術風氣。

惠棟家號稱「四世傳經」，而尤其長於易學。到了惠棟這裏，其易學尤爲精醇。惠棟不滿於魏人王弼的注釋，也不滿於宋學，於是試圖恢復漢代易學，周易述便是其集中代表。這種撰作、纂輯新注疏的風氣，影響了後來其他學者對其他經典的研究和注釋，如江聲、王鳴盛、劉寶楠、陳立等。

除了周易述外，真正能開風氣的是易漢學一書。它的成書比周易述早，且惠棟生前就曾抄爲數本，在一些學者中流傳。特别是易漢學這個名稱本身，具有相當大的鼓動和示範意義。當然，此書最初名爲漢易考。

惠棟大約在三十歲開始學易，三十九歲（一七三五年），取李鼎祚周易集解反復研究，「怳然悟潔靜精微之旨」[一]，也就是此時，他開始了撰寫漢易考（即易漢學）的計劃。四十八歲（一七四四年）時，易漢學初成，他撰寫自序，而其父親惠士奇已經去世三年了。九經古義也大約在此時成書。

據雅雨堂本周易述卷首所附惠棟之子的題記，「先子於乾隆己巳始著周易述一書，手定爲四十卷。」[二]己巳年（一七四九年），惠棟五十三歲，這當是周易述開始撰寫的年份。也是在此年，朝廷詔舉經明行修之士，陝甘總督尹繼善、兩江總督黄廷桂舉薦惠棟，結果

[一] 惠棟：松崖文鈔，續修四庫全書，第一四二七册，頁二八七。
[二] 惠承萼：周易述序題記，載雅雨堂本周易述卷首。

落選。

惠棟五十八歲（一七五四年）時，盧見曾第二次任兩淮鹽運使，延請惠棟到揚州校刊雅雨堂叢書，其中包括李氏易傳。在揚州，惠棟會晤了顧棟高、王昶、戴震等人。極大地影響了當時的學界風氣。一七五七年，惠棟六十一歲，還將他親自書寫的易漢學定稿贈給王昶，自己僅留副本。〔一〕翌年，惠棟去世。

二　易漢學的基本内容和體例

易漢學是一部學案體著作。在這部書中，惠棟很少展開自己的詮釋和議論，而是以蒐集、排比漢代易學資料爲主。但這並不意味著此書僅僅踵襲前人，無所是非，没有創見。

在清初，宋學已經呈現頹勢，但仍是社會上主要的學術思想。在這個背景下，揭起漢學的旗幟，本身就是一種學術的轉型，而易漢學恰恰是這個轉型的代表。惠棟在易漢學自

〔一〕王昶：春融堂集卷四十三，載續修四庫全書第一四三八册，頁一〇八。

序中説：「春秋爲杜氏所亂，尚書爲僞孔氏所亂，易經爲王氏所亂。」其中杜預、僞孔注都因襲漢儒，尚能殘存一二；而王弼對於漢易的變革，則是顛覆性的。沿著這個風氣下來，又有了宋人的新易學。所以惠棟尤其不滿易學的現狀，而在易學中恢復漢學，相較於其他經典也最困難。

欲恢復漢易，可資借鑒的，主要就是周易集解一書。唐人李鼎祚當時撰周易集解，因不滿於朝廷頒布的周易正義專門宗主王弼，要「刊輔嗣之野文，補康成之逸象」。但此書所採諸家，鄭玄注並不多，最多的是虞翻，其次是荀爽。鄭玄、荀爽是漢末人，虞翻是三國人。而西漢的施讎、孟喜、梁丘、京房諸家，集解幾乎没有保存。客觀現實如此，惠棟又如何恢復漢代易學的概貌呢？這便要求之於周易集解以外的資源。

孟喜易學的一個特色，是卦氣説。將卦氣説研究透徹，還可以嚮下貫串到焦贛、京房。所幸的是，歷代正史的曆志多載當時曆法制定的原理，而正光曆等曆法，多取卦氣作爲定氣和推事的依據，所謂「推卦用事」。根據一行的卦議、正光曆等，孟喜的卦氣説大致可以復原了。同時，京房的卦氣説，還散見於正史（如後漢書）、京氏易傳的一些記載。

虞翻易學，周易集解保存得最多。同時，他自稱家世傳孟氏易。那麼，通過復原虞翻易學，也可以略窺孟氏易之一斑。虞翻說易，除了互體、取象等象數體例之外，比較有特色的是納甲說。惠棟因而據參同契的納甲說進一步補充虞翻。

對於京房而言，他注釋周易的書也已亡佚，但由於他被術數家所推崇，所以大量的術數類著作托他的名字保存下來。這些著作未必是京房本人所撰，但其理論基礎和象數結構基本上繼承自京房，因此京氏易傳之類的書便可以成爲考訂京氏易的基礎資料。京氏易這部分，惠棟基本上就是以京氏的占筮理論和條例爲原型來講的，只是淡化了其中筮占的色彩（其實講到後面，他也引用了一些筮例）。這是不得已的選擇：第一，留下來的材料基本上是占筮書；第二，京房本人的易學，也是偏向於實用的。

鄭玄的易學，惠棟應該是最熟悉的。相較於漢代其他諸家，鄭氏易注最晚亡佚。又因爲鄭玄的影響，許多書都對它有援引。宋代王應麟就曾輯佚鄭氏易，後來惠棟專門重新加以補訂。不過惠棟有一個判斷，認爲漢末三國諸家，虞翻最深，荀爽次之，鄭玄又次之，鄭玄的周易注大概是行旅中所爲，撰次倉促，不如其他經注深粹。

荀爽讀「箕子」爲「其子」，與孟喜弟子趙賓的讀法一致。惠棟認爲，這是荀爽深得漢人家法的證明，所以兖、豫易學多遵荀氏。其乾升坤降之説，又與虞翻的元亨利貞成既濟相通。惠氏所録荀氏易，主要依據周易集解。

通過以上一系列的勾稽參伍，惠棟基本上復原了漢代易學的概貌。當然，惠氏的工作也不是憑空而立，而是建立在前人的一些基礎上，比如朱震、黄震、王應麟、胡一桂等人。其實在朱子學的範圍裏，出現了一些兼治漢學的學者，他們雖然是以理學的基礎和眼光來看待漢學，但畢竟做了許多貢獻，對惠棟等清代學者産生過不小的影響。

但是漢代易學留下的材料實在太少，惠棟只能根據殘存的資料加上自己的推求，來作復原。即使經過不少年的探求，易漢學數易其稿，但並非完美。此書大概有幾個缺憾。一是仍嫌粗略。比如虞翻部分僅僅介紹了八卦納甲和逸象，而没有介紹最關鍵的卦變説；鄭玄部分介紹了爻辰，而無爻體。二是缺少系統性。漢代易學家的思維都是比較縝密的，但由於存下的資料太少，要重新恢復其結構、呈現其系統，非常困難。惠棟雖然推求數十年，但漢易之領域如此龐大，難免精力不濟。比如虞翻的八卦納甲、卦變、消息，是可以組成一個精密的系統，惠棟無暇及此。三是對於漢易背後之道的把握，易漢學没來得及展開。

這些遺憾，部分地在惠棟晚年的易例中得到彌補，特别是易例對於周易之根本道理的揭示，十分深刻。而就象數知識方面，更系統的是由張惠言來完成的。張惠言的周易虞氏義、周易虞氏消息、周易鄭荀義、易義别録、易緯略義等，辨析精審，體大思精。特别是他對於虞氏易學的重構，十分精巧。當然，精巧化的代價可能是加入自己太多的見解；而易漢學這種給出材料、間下己意，使學者自求之的模式，反而有另一種優點。不管怎麽説，張惠言的易學後出轉精，但還是由惠棟爲之先導。易漢學的地位，是十分重要的。

三　易漢學的版本流傳情况

惠棟不僅勤於著述，而且勤於抄書、寫書。他的易漢學一書，多次改訂。傳有不少的稿本，我們可以推測的，至少有三種。

首先，從條目的多少來看，復旦大學圖書館所藏稿本易漢學，當是比較早的一個本子。它比四庫本、經訓堂本少了許多條目，而有些批評理學的文字，在後來的本子中也刪去或改寫。此本半頁十行，行二十四字。漆永祥先生認爲：書版左下角有「紅豆齋藏書鈔本」字，覩其字跡，亦與惠氏周禮會最稿本相仿，蓋爲惠氏親筆〔一〕。漆先生爲惠氏研究專家，所説亦有理有據，可從。

其次是陸錫熊家藏本。這個本子後來成爲四庫全書本的底本。此底本也較早。陸錫熊在題韋約軒前輩秋林講易圖中提到過讀易漢學的事情，此詩大致寫於乾隆四十二年（一七七七年）至四十四年（一七七九年）間，陸錫熊當時已參加四庫全書的工作。四庫全書收録易漢學，應該就是陸錫熊貢獻的。

再次是王昶藏定本。王昶作易漢學跋，回憶説：

夫漢儒諸家之説，今略見於李鼎祚易傳。頗恨其各摘數條，參差雜出，不獲見其全，因不能推而演之也。定宇采掇排次，稿凡五六易。丁丑與余客揚州，始定此本，

〔一〕漆永祥：惠棟易學著述考，載周易研究二〇〇四年第三期。

命小胥録其副，以是授余，蓋其所手書者，今下世已十年矣。〔二〕丁丑歲即一七五七年，當時惠棟六十一歲；第二年，他便去世。那麼此稿可視爲惠棟最終定稿。更可貴的是，王鳴盛、褚寅亮皆考訂過此書。王昶寫信給陸錫熊説：

亡友惠君定宇之周易述及易漢學，當路者曾録其副以上太史否？……此二書，某寓中皆有之。易學蓋徵君手寫本，鳳喈光禄、搢升員外，皆覆加考正，尤可寶貴。如四庫館未有其書，囑令甥瑞應撿出，進於總裁，呈於乙覽，梓之於館閣，庶以慰亡友白首窮經之至意。〔三〕

也就是説，此稿本經過了王鳴盛、褚寅亮的校正。其實李文藻、錢大昕也都是從王昶所藏稿本抄録。

易漢學的刻本系統，主要以經訓堂叢書本爲主。此版本半頁十一行，行二十二字。卷首題畢沅的結銜是「兵部侍郎兼都察院右副都御史巡撫河南提督全省軍務兼理河道」，則此書

〔二〕王昶：春融堂集卷四十三，見續修四庫全書第一四三八册，第一〇八頁。
〔三〕王昶：與陸耳山侍講書，春融堂集卷三十一，見續修四庫全書第一四三八册，第一三頁。

當刻於乾隆五十年或五十二年河南巡撫任上。又據王昶所言，實際從事校刊者是游於畢沅任陝西巡撫幕中的孫星衍。然則此刻本始事於陝西，竣工於河南。雖未明言所據底本，但我們推測源出王昶藏「定稿」。一是從社會關係判斷，王昶、錢大昕、王鳴盛常相互唱和，他是有機會從三人手中得到易漢學抄本的；二是從内容上看，經訓堂本最爲完備，經過的校訂最多，屬於「定稿」的形態。

後來王先謙刻清經解續編，收入易漢學，所據底本即是經訓堂叢書本。

通過校勘我們發現，復旦大學圖書館所藏稿本，其底稿（初稿）比陸錫熊藏本（四庫底本）要早，其改動要比四庫本晚。這個稿本有豐富的改訂信息，更能反映出惠棟學問的增長和思想的變化。又鑒於當今市面上見到的易漢學整理本，多是以文淵閣四庫全書本或者清經解續編本爲底本。我們此次整理，特别以復旦大學圖書館所藏稿本爲底本，其後來定稿多出的部分，我們放在校記中。這樣學者既可以看到早期稿本的原貌，又能利用校記閱讀所謂「定稿」的易漢學，從而對惠棟有一個更加生動的認識。

另外，四庫本和經訓堂本、清經解續編本皆有第八卷，内容是「辨河圖洛書」等。但此卷在復旦稿本中並不存在，且易漢學自序也僅僅説七卷。漆永祥指出，此卷原來是附在周易本義辨證之末[二]。漆説論之已詳，今不贅述。故卷八但以附録形式附在書後。

四　整理凡例

一、底本據復旦大學圖書館藏易漢學稿本（簡稱底本或復旦本）。以文淵閣四庫全書本爲工作本。底本闕卷首三頁，今以經訓堂本補。

二、以文淵閣四庫全書本（簡稱四庫本）、經訓堂叢書本（簡稱經訓堂本）、續經解本對校。文淵閣四庫全書本所據底本爲陸錫熊家藏本，當屬較早的一種抄本。雖然爲館臣所臆改者不少，而亦頗存早期稿本之貌。經訓堂本遠在松崖謝世之後，其異於復旦藏抄稿本之處，當爲松崖後來改定，或可視爲最終定本。

三、凡松崖所引據他書如經、史、文集、類書文字，亦取原書對校，盡量用松崖當時

[二] 漆永祥：惠棟易學著述考，載周易研究二〇〇四年第三期。

可能用到的版本。如玉海用元明遞修本、京氏易傳用松崖校宋本之類。

四、校勘與注釋，皆以每頁下脚註形式列出。

五、底本經文頂格，惠氏按語低一格；今整理本分别以不縮進宋體和段落縮進二字符仿宋體。

六、經訓堂本等有第八卷，本爲周易本義辨證附録，復旦本即無此卷，今既以復旦本爲底本，其卷八但作爲附録，其中最後的重卦説、卦變説兩條，經訓堂本所無，故據文淵閣四庫全書本補。另附四庫提要於後。

谷繼明

二〇一八年六月

易漢學自序〔一〕

六經定於孔子，燬於秦，傳於漢。漢學之亡久矣，獨詩、禮、公羊猶存毛、鄭、何三家〔二〕。春秋爲杜氏所亂，尚書爲僞孔氏所亂，易經爲王氏所亂。杜氏雖有更定，大較同於賈、服；僞孔氏則襍采馬、王之説，漢學雖亡而未盡亡也。〔三〕惟王輔嗣以假象説易，根本黄老，而漢經師之義蕩然無復有存者矣〔四〕。故宋人趙紫芝有詩云：「輔嗣易行無漢學，玄

〔一〕四庫本作「易漢學原序」。
〔二〕「獨詩、禮、公羊猶存毛、鄭、何三家」：四庫本作「獨詩、禮二經猶存毛、鄭兩家」。
〔三〕杜預注左傳多本賈逵、服虔，參見洪亮吉春秋左傳詁、劉文淇左傳舊注疏證。
〔四〕「假象」，即輔嗣以象爲筌蹄也。周易略例明象邢注：「乾能變化，龍是變物，欲明乾象，假龍以明乾。欲明龍者，假言以象龍。龍則象之意也。」

暉詩變有唐風。」〔二〕蓋實録也。棟曾王父樸菴先生嘗閔漢易之不存也，取李氏易解所載者，參衆説而爲之傳。天、崇之際，遭亂散佚，以其説口授王父，王父授之先君。先君於是成易説六卷，又嘗欲别撰漢經師説易之源流，而未暇也。〔三〕棟趨庭之際，習聞餘論，左右采獲，成書七卷。自孟長卿以下五家之易，異流同源，其説略備。嗚呼，先君子〔三〕即世三年矣。以棟之不才，何敢輒議著述。然以四世之學，上承先漢〔四〕，存什一於千百，庶後之思漢學者猶知取證，且使吾子孫無忘舊業云。是爲序〔五〕。

〔二〕趙師秀，字紫芝，永嘉人，宋太祖八世孫，光宗進士。此句即其秋夜偶書詩。元人方回瀛奎律髓卷十五暮夜類載全詩云：「此生謾與蠹魚同，白髮難收紙上功。輔嗣易行無漢學，玄暉詩變有唐風。夜長燈燼挑頻落，秋老蟲聲聽不窮。多少故人天禄貴，猶將寂寞嘆揚雄。」王應麟困學紀聞卷十八引此二句，蓋惠氏所本。

〔三〕江藩國朝漢學師承記載：「惠周惕，字元龍，一字研溪，吴縣人。……有聲生周惕。有聲字樸庵，與同里徐枋友善，以九經教授鄉里，尤精於詩。研溪先生少傳家學，又從徐枋、汪琬游，工詩古文詞。康熙辛未成進士，選庶吉士。著有易傳、春秋問、三禮問、詩説及研溪詩文集。子士奇，字天牧，晚年自號半農人。戊子鄉試第一，明年成進士，選庶吉士散館授編修。先生邃深經術，撰易説六卷、禮説十四卷、春秋説十五卷。」又詳見漆永祥國朝漢學師承記箋釋相關部分。

〔三〕「先君子」：四庫本作「先君無禄」。

〔四〕惠氏以自家四世傳漢易，比於虞仲翔世傳孟氏易也。後文小注謂「非傳五世之學及蒙先師之説，不能注易」。

〔五〕「是爲序」：四庫本作「長洲惠棟」。

易漢學卷一

孟長卿易上

卦氣圖説

孟氏卦氣圖，以坎離震兑爲四正卦，餘六十卦，卦主六日七分，合周天之數。内辟卦十二，謂之消息卦。乾盈〔一〕爲息，坤虚爲消，其實乾坤十二畫也。繫辭云：「乾之策二百

〔一〕「盈」：四庫本誤作「益」。

一十有六，坤之策一百四十有四，凡三百有六十，當期之日。」夫以二卦之策當一期之數，則知二卦之爻周一歲之用矣。四卦主四時，爻主二十四氣；十二卦主十二辰，爻主七十二候；六十卦主六日七分，爻主三百六十五日四分日之一。〔二〕辟卦爲君，雜卦爲臣，四正爲方伯。二至二分，寒温風雨，總以應卦爲節。是以周易參同契曰：「君子居室，順陰陽節，藏器俟時，勿違卦月。謹候日辰，審察消息。纖芥不正，悔吝爲賊。二至改度，乖錯委曲。隆冬大暑，盛夏霜雪。二分縱横，不應漏刻。水旱相伐，風雨不節。蝗蟲湧沸，群異旁出。」此言卦氣不效，則分至寒温皆失其度也。春秋命歷序曰：「元氣正則天地八卦孳也。」〔三〕漢書谷

〔二〕吾先民於戰國已用四分曆。漢初用顓頊曆，亦四分曆之一種。後修太初曆，與之有别，而太史公曆術甲子篇仍用四分曆。所謂四分曆，即以$365\frac{1}{4}$日爲歲實。孟喜、京房以六十四卦配一歲，所據即此。孟氏以坎離震兑四正卦不入配，餘六十卦當一歲，則以60除$365\frac{1}{4}$日，得$6\frac{7}{80}$日。此即所謂六日七分也。六爲大餘，七爲小餘。京房以坎離震兑入配，則頤、晉、井、大畜，各分$\frac{73}{80}$日，與坎、震、離、兑，頤、晉、井、大畜遂各值$5\frac{14}{80}$日。必以$\frac{73}{80}$日者，坎之$\frac{73}{80}$日加其後中孚之$6\frac{7}{80}$日，適七日而至復卦，合於經文「七日來復」（詳後注引錢大昕説）。

〔三〕四庫本無此小注。

永對策曰：「王者躬行道德，則卦氣理效，五徵時〔一〕序。兼洪範五行言。失道妄行，則卦氣悖亂，咎徵著郵〔二〕。」後漢張衡上疏亦言：「律歷卦候，數有徵效。」郎顗七事云：「今春當旱夏必有水，以六日七分候之可知。」樊毅修華嶽碑云：「風雨應卦，瀸潤萬物。」〔三〕是漢儒皆用卦氣爲占驗。宋元以來，漢學日就滅亡，幾不知卦氣爲何物矣。余既列二圖於後，兼采先儒諸説，以爲左證焉。

〔一〕「時」：四庫本誤作「特」。
〔二〕郵，過也。
〔三〕洪适隸釋所載作「風雨應時，瀸潤品物」，黄丕烈刊誤以爲「時」當作「卦」。不知惠氏所據爲何書何版本。瀸，通漸。

六日七分圖

魏正光曆推四正卦術曰：「十一月：未濟、蹇、頤、中孚、復；十二月：屯、謙、睽、升、臨；正月：小過、蒙、益、漸、泰；二月：需、隨、晉、解、大壯；三月：

豫、訟、蠱、革、夬；四月：旅、師、比、小畜、乾；五月：大有、家人、井、咸、姤；六月：鼎、豐、涣、履、遯；七月：恒、節、同人、損、否；八月：巽、萃、大畜、賁、觀；九月：歸妹、无妄、明夷、困、剥；十月：艮、既濟、噬嗑、大過、坤。」又云：「四正爲方伯，中孚爲三公，復爲天子，屯爲諸侯，謙爲大夫，睽爲九卿，升還從三公，周而復始。」

易緯稽覽圖曰：「甲子卦氣起中孚，六日八十分日之七。」鄭康成注云：「六以候也。八十分爲一日。之七者，一卦六日七分也。」〔二〕

易緯是類謀曰：「冬至日在坎，春分日在震，夏至日在離，秋分日〔三〕在兑。四正之卦，卦有六爻，爻主一氣。共主二十四氣。餘六十卦，卦主六日七分八十分日之七。歲有十二

〔二〕此處稽覽圖及鄭注，乃據後漢書卷三十下郎顗傳章懷注所引。易緯之稽覽圖久佚，乾隆間始自永樂大典中輯出，惠棟未得見。此書所引稽覽圖，皆惠氏自後漢書、玉海等録出。

〔三〕此前所闕三頁，其内容及行款當同於續經解本。第二b頁當是六日七分圖上半圖，第三a頁當是六日七分圖下半圖，第三b頁即自「魏正光歷」至「在離秋分日」。

月三百六十五日四分日之一，六十而一周。」〔一〕唐一行六卦議〔二〕曰：「十二月卦，出於孟氏章句。其説易本於氣，易乾鑿度曰：「太易者，未見氣也。太初者，氣之始也。」康成注云：「太易之始，漠然無氣。可見者，太初之〔三〕氣，寒温始生也。」乾鑿度又云：「易變而爲一。」注云：「一主北方，氣漸生之始。此則太初之氣所生也。」〔四〕而後以人事明之。京氏又以卦爻配期，坎離震兑其用事自分至之首，皆得八十分日之七十三。頤、晉、井、大畜四卦皆在分至之首，皆五日十四分四卦共少二百九十二分，餘皆六日七分。〔五〕自乾象曆以降，皆因京氏。惟天保曆依易通統

〔一〕見周易本義啟蒙翼傳外篇所引。
〔二〕一行曆議有十二篇，卦議屬第六。見新唐書卷二十七上曆志載。
〔三〕「之」：武英殿本、四庫本周易乾鑿度同，范欽本、雅雨堂本作「者」。
〔四〕經訓堂本、續經解本多出以下小注：「孟喜弟子趙賓説易『箕子之明夷』謂：『陰陽氣亢，箕子當作荄滋。』」
〔五〕$\frac{73}{80}$日，説見前注。按，頤、晉、井、大畜較之六日七分，各少七十三分，四卦共少73 × 4 = 292分。張惠言易緯略義卷一「六日七分」條下曰：「唐一行卦議謂京房氏以卦爻配期之日，坎离震兑其用事皆得八十分日之七十三，頤晉井大畜皆五日十四分，餘皆六日七分者也。其原蓋出此文（稽覽圖鄭注）云『四時卦每七十三分』。然四正卦既爻主一氣，無緣又自侵七十三分。而冬至既以中孚爲坎初六，又上損頤之七十三分，是爲卦氣不起中孚，其法殆非也。原緯文無上損頤、晉、井、大畜之説。是後人求七十三分，不得不［繼明按：「不」字疑衍］減中孚，遂上損頤耳。今詳文義，以爲『六日八十分之七而從』者，此六十卦各主六日七

軌圖，自八〔一〕十有二節，五卦初爻相次用事，及上爻，與中氣皆終。非京氏本旨〔二〕。及七略所傳，按郎顗所傳，皆六日七分，不以初爻相次用事，齊歷謬矣。易爻當日十有二中直全卦之初，十有二節直全卦之中。齊歷又以節在貞氣在悔，非是。」

復卦經云：「七日來復。」康成注曰：「建戌之月，以陽氣既盡，建亥之月，純陰用事。至建子之月，陽氣始生。隔此純陰一卦，卦主六日七分，舉其成數言之，而云『七日來復』。」孔穎達曰：「按易緯云：『卦氣起中孚。』故離坎震兑各主其一方，其餘六十卦，卦有六爻，爻別主一日，凡主三百六十日餘有五日四分日之一者，每日分爲八十分，

分之通例。四時卦雖爻主一氣，然其候之當于分至之日首，入中孚七十三分，是坎卦始效之候，故又曰『四時卦十一辰餘而從』。坎常以冬至日始效，復生坎七日，自以中孚一卦六日七分而爲七日，非益以坎之七十三分。案京房傳云：『分六十四卦更直日用事。』孟康云：『分卦直日之法，一爻主一日，（一爻主一日舉大概言之，稽覽圖正如此。）六十四卦爲三百六十日，略其五日四分日之一也。餘四卦震离坎兑，爲方伯監司之官。所以用震离坎兑者，是二至二分用事之日，又是四時各專王之氣。』其言雖未詳密，然云四卦用事，二至二分之日，則起中孚，不損頤之七十三分可知。疑一行所謂京氏法者，傳京氏者失之也。」

〔一〕「八」：諸本同。據新唐書卷二十七上曆志，當作「入」。十二節，即立春、驚蟄之類也。其法詳下注。

〔二〕張惠言易緯略義卷一「六日七分」條末引易緯稽覽圖末圖曰：「此圖初爻一日而二當六，則立春一日小過初，二日蒙初，三日益初，四日漸初，五日泰初，六日小過二，正是相次用事之法。則此圖即易統軌。蓋此圖後世雜家所附益，非中孚傳本文。」

五日分爲四百分。四分日之一，又分爲二十分，是四百二十分。六十卦分之，六七四十二，卦別各得七分。是每卦六日七分也。」李鼎祚曰：「案易軌一歲十二月，三百六十五日四分日之一。以坎離震兑四方正卦，卦別六〔一〕爻，爻生〔二〕一氣，其餘六十卦三百六十爻，爻主一日，當周天之數。餘五日四分日之一，以通〔三〕閏餘者。剥卦陽氣盡於九月之終。至十月末，純坤用事，坤卦將盡，則復陽來。隔坤之一卦六爻，爲六日。復來成震，一陽爻生，爲七日。故言『反復其道，七日來復』，是其義也。」

繫辭上曰：「旁行而不流。」九家易曰：「旁行周合六十四卦，月主五卦，爻主一日，歲既周而復始。」〔四〕

〔一〕「六」：四庫本誤作「二」。
〔二〕「生」：四庫本、經訓堂本、續經解本作「主」，是也。
〔三〕自此以下，至段末「周而復始」，四庫本不載，小字注曰「缺」。其實誤入於卷一第二b頁下。
〔四〕經訓堂本、續經解本此後尚另有一段正文：「周易折中啟蒙附論曰：『日月之法不同，而其餘分皆七，故漢儒卦氣每卦直六日，尚餘七分。古今曆法一章之内有七閏月者，法由兹起也。』又曰：『每卦直六日七分者，日以八十分爲法也。蓋歲數三百六十五日四分日之一，四乘而三除之，爲四百八十七。故四百八十七者，歲策也。每卦直六日，六八四十八，得四百八十分又餘七分，歲策之根也。積六十卦，直三百六十日；餘分之積，共四百二十分。以日法除之，爲五日四分日之一。』」

卦氣七十二候圖

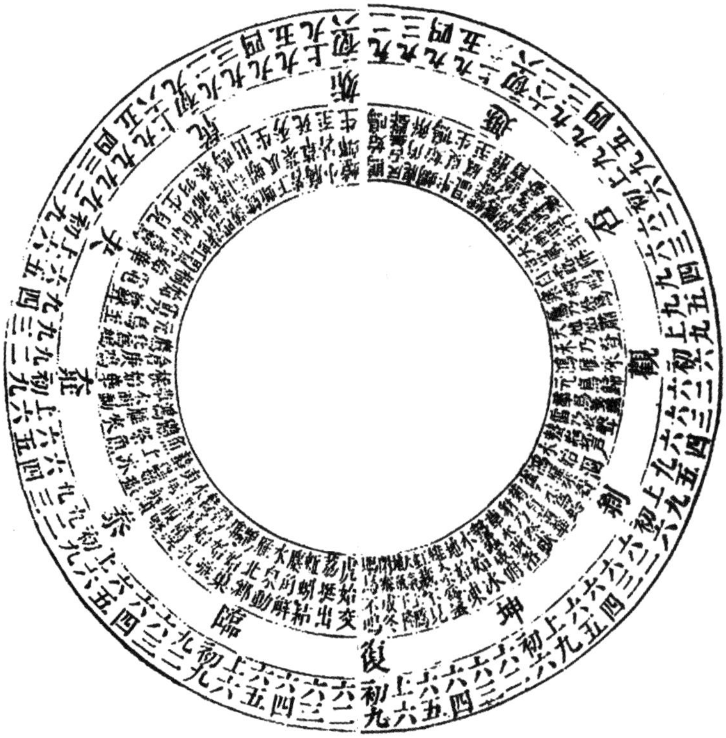

右李溉所傳卦氣圖也。其説原於易緯。〔一〕素問曰：「五日謂之候，三候謂之氣，六氣謂之時，四時謂之歲。」乾鑿度曰：「天氣三微而成一著，三著而成一體。」康成注云：

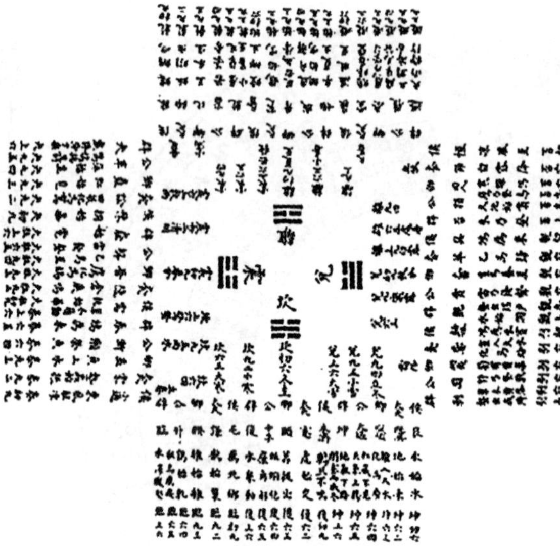

〔一〕此圖見漢上易傳卦圖卷中第一圖。四庫本漢上易傳原圖與此稍異：

「五日爲一微，十五日爲一著。故五日有一候，十五日成一氣。」康成又云：「每一卦生三氣，則各得十五日。」十二卦，卦各六爻，爻主一候，而一歲之運周焉。案御覽載易緯通卦驗九百六十七卷，九百四十四卷曰〔二〕：「驚蟄，大壯初九，候桃始華。不華，倉庫多火。」今圖與之合。又曰：「姤上九候蜩始鳴，不鳴，國多妖言。」案圖，姤九五「蜩始鳴」蜩、蟬同，上九「半夏生」，遲一候者，朱子發震云：「易通卦驗，易家傳先師之言，所記氣候，比之時訓晚者二十有四，早者三。今圖依時訓，故異也。」困學紀聞曰：「月令仲冬虎始交，通卦驗云小寒。季冬，鵲始巢。詩推災〔三〕云復之日雉雊雞乳，通卦驗云立春，皆以節有早晚也。」

消息

〔三〕左傳正義：「易曰：『伏羲作十言之教，曰乾坤震巽坎離艮兑消息。』」〔四〕

〔一〕　四庫本無「曰」字。

〔二〕　「詩推災」：四庫本、續經解本皆作「詩推度災」。

〔三〕　經訓堂本、續經解本于此段前尚有三段：「剥彖傳曰：『君子尚消息盈虛，天行也。』豐彖傳曰：『日中則昃，月盈則食，天地盈虛，與時消息。』臨彖傳曰：『至於八月有凶，消不久也。』」

〔四〕　定公四年左傳正義引「易曰」。朱震漢上易傳亦引，謂「鄭康成曰」，而多「無文字謂之易」一句（漢上易傳卷八繫辭下傳第一段注）。王應麟困學紀聞卷一謂：「朱子發以爲鄭康成之語。愚謂『正其本而萬物理，失之毫釐，差以千里』，見於易緯通卦驗。漢儒皆謂之易，則此所謂『易云』者，蓋緯書也。」漢上所引，蓋康成據易緯而説者。

繫辭上曰:「變化者,進退之象也。」荀爽曰:「春夏爲變,秋冬爲化。息卦爲進,消卦爲退也。」

説卦曰:「數往者順,知來者逆。」仲翔曰:「坤消,從午至亥,上下,故順也。乾息,從子至巳,下上,故逆也。」

九家易注泰卦曰:「陽息而升,陰消而降。陽稱息者,長也。起復成巽,萬物盛長也。陰言消者,起姤終乾,萬物成熟,熟則給用,給用則分散,故陰用特言消也。」

易緯〔一〕乾鑿度曰:「聖人因陰陽,起消息,立乾坤,以統天地。」又云:「消息卦,純者爲帝,不純者爲王。」

史記曆書太史公曰:「黄〔二〕帝考定星曆,建立五行,起消息。」注:「皇侃曰:乾者陽生爲息,坤者陰死爲消也。」

漢書京房上封事曰:「辛酉以來,少陰倍〔三〕力而乘消息。」孟康曰:「房以消息卦爲

〔一〕四庫本脱「緯」字。
〔二〕「黄」:經訓堂本、續經解本誤作「皇」。
〔三〕「倍」:四庫本作「並」。

辟。辟，君也。消卦曰太陰，息卦曰太陽。其餘卦曰少陰、少陽，爲臣〔一〕也。」後漢書陳忠上疏曰：「頃季夏大暑而消息不協，寒氣錯時，水漏爲變，天之降異，必有其故。所舉有道之士，可策問國典所務、王事過差，令處煖氣不效之意，庶有讜言，以承天誡。」〔二〕

四正

説卦曰：「震，東方也。離也者，南方之卦也。兑，正秋也。坎者，正北方之卦也。」

案震離兑坎陰陽各六爻，荀爽以爲乾六爻皆陽，陽爻九，四九三十六，合四時；坤六爻皆陰，陰爻六，四六二十四，合二十四氣。蓋四正者，乾坤之用。翟玄注文言云：「乾坤有消息，從四時來也。」

繫辭上曰：「兩儀生四象。」仲翔曰：「四象，四時也。兩儀，謂乾坤也。乾二五之坤，成坎離震兑〔三〕。震春，兑秋，坎冬，离夏。故兩儀生四象。」

〔一〕四庫本、經訓堂本、續經解本「臣」後有「下」字。
〔二〕後漢書卷四十六陳寵傳附陳忠傳。
〔三〕四庫本「震兑」後有「四卦」二字。

孟氏章句曰:「坎離震兑,二十四氣,次主一爻。其初則二至二分也。坎以陰包陽,故自北正,微陽動於下,升而未達。極於二月,凝涸之氣消,坎運終焉。春分出於震,始據萬物之元,爲主於內,則群陰化而從之。極於南正,而豐大之變窮,震功究焉。離以陽包陰,故自南正,微陰生於地下,積而未章。至於八月,文明之質衰,離運終焉。仲秋陰形於兑,始循〔一〕萬物之末,爲主於內,群陽降而承之,極於北正,而天澤之施窮,兑功究焉。故陽七之靜始於坎,陽九之動始於震,陰八之靜始於離,陰六之動始於兑。故四象之變皆兼六爻,而中節之應備矣。」〔二〕一行六卦議。

易緯是類謀曰:「冬至日在坎,春分日在震,夏至日在離,秋分日在兑。四正之卦,卦有六爻,爻主一氣。」

康成注通卦驗曰:「冬至坎始用事,而主六氣,初六爻也,小寒於坎直九二,大寒於坎直六三,立春於坎直六四,雨水於坎直九五,驚蟄於坎直上六;春分於震直初九,清

〔一〕「循」:四庫本作「形」。
〔二〕詳前六日七分圖。

明於震直六二，穀雨於震直六三，立夏於震直九四，小滿於震直六五，芒種於震直上六，夏至於離直初九，小暑於離直六二，大暑於離直九三，立秋於離直九四，處暑於離直六五，白露於離直上九；秋分於兑直初九，寒露於兑直九二，霜降於兑直六三，立冬於兑直九四，小雪於兑直九五，大雪於兑直上六〔一〕。」

孟康漢書注曰：「分卦直日之法，一爻主一日，六十四爲三百六十日，餘四卦震離兑坎爲方伯監司之官。所以用震離兑坎者，是二至二分用事之日，又是四時各專王之氣。各卦主時，其占法各以其日觀其善惡也。」

魏正光曆曰：「四正爲方伯。」薛瓚注漢書曰：「京房謂方伯卦，震兑坎離也。」京氏易傳曰：「方伯分威，厥妖馬生子亡。」

易緯乾鑿度曰：「四維正紀，經緯仲序，度畢矣。」康成云：「四維正四時之紀，則坎離爲經，震兑爲緯，此四正之卦，爲四仲之次序也。」

〔一〕「六」：四庫本誤作「九」。

京氏易傳曰：「賦斂不理，茲爲[一]禍，厥風絶經緯。」四時不正也。又云：「大經在辟而易臣，茲爲[二]陰動。」坎離爲經，位方伯，故云大經。辟，辟卦也。大經在辟，謂方伯擬君，易其臣道也。[三]又云：「大經搖政，茲謂不陰。不陰，不臣也。」

漢書魏相奏曰：「東方之卦不可以治西方，南方之卦不可以治北方。春興兑治則饑，秋興震治則華。冬興离治則泄，夏興坎治則雹。」[四]

十二消息

易繫辭曰：「變通配四時。」仲翔曰：「變通趣時，謂十二月消息也。泰、大壯、夬配春，乾、姤、遯配夏，否、觀、剥配秋，坤、復、臨配冬。謂十二月消息相變通，而周

[一] 「爲」：四庫本、經訓堂本、續經解本作「謂」。
[二] 「爲」：四庫本作「謂」。
[三] 四庫本衍「東方之神太昊乘震執規司春，南方之神炎帝乘離執衡司夏，西方之神少昊乘兑執矩司秋，北方之神顓頊乘坎執權司冬，中央之神黄帝乘坤艮執繩司下土，茲五帝所司各有時也」一段，蓋館臣據漢書補入。
[四] 漢書卷七十四魏相傳。

於四時也。」

又云：「剛柔相推，變在其中矣。」仲翔曰：「謂十二消息，九六相變，剛柔相推而生變化，故變在其中矣。」

又曰：「往來不窮謂之通。」荀爽曰：「謂一冬一夏，陰陽相變易也。十二月消息陰陽往來無窮已，故通也。」

又曰：「寒往則暑來，暑往則寒來。」仲翔曰：「乾爲寒，坤爲暑，謂陰息陽消，從姤至復，故寒往暑來也。陰詘陽信，從復至泰，故暑往寒來也。」

又曰：「範圍天地之化而不過。」九家易曰：「範者，法也。圍者，周也。言乾坤消息，法周天地，而不過於十二辰也。辰，日月所會之宿，謂諏訾、降婁、大梁、實沈、鶉首、鶉火、鶉尾、壽星、大火、析木、星紀、玄枵之屬是也。諏訾以下，謂自寅至丑，自泰至臨也。」

干寶注乾六爻曰：「陽在初九，十一月之時，自復來也。初九甲子乾納甲，天正之位，而乾元所始也。陽在九二，十二月之時，自臨來也。陽在九三，正月之時，自泰來也。陽氣在四，二月之時，自大壯來也。陽在九五，三月之時，自夬來也。陽在上九，四月之時也四月於消息爲乾。」又注坤六爻曰：「陰氣在初，五月之時，自姤來也。陰氣在二，六月之時，自遯來也。陰氣在三，七月之時，自否來也。陰氣在四，八月之時，自觀來也。陰氣在五，九月之時，自剥來也。陰在上六，十月之時也十月於消息爲坤。」

康成注乾鑿度曰：「消息於雜卦為尊，每月者譬一卦，而位屬焉，各有所繫。」案每月譬一卦者，如乾之初九屬復，坤之初六屬姤是也。臨觀以下倣此。

春秋緯、樂緯曰：「夏以十三月爲正，息卦受泰，物之始，其色尚黑，以寅爲朔。殷以十二月爲正，息卦受臨，物之牙，其色尚白，以雞鳴爲朔。周以十一月爲正，息卦受復，其色尚赤，以夜半爲朔。」

此後漢陳寵所謂「三微成著，以通三統也」。康成謂：「十日爲微，一月爲著。三微成著，一爻也。三著成體，乃泰卦也。」

易緯〔二〕乾鑿度曰：「孔子曰：復，表日角；臨，表龍顔；泰，表載與戴同干；大壯，表握訴，龍角大辰古𡰪字；夬，表升骨履文；姤，表耳參漏，足履王，知多權；遯，

〔二〕四庫本脱「緯」字。

表日角連理；否，表二好文坤爲文，故好文；觀，表出準虎〔一〕；剥，表重童與瞳同明曆元。」

案十二消息皆辟卦，故舉帝王之表以明之。

周易參同契曰：「朔旦爲復初九晦至朔旦震來受符，陽氣始通，出入无疾，仲翔云：『謂出震成乾，入巽成坤。爲疾〔二〕，十二消息不見坎象，故出入无疾。』立表微剛。黄鐘建子，韋昭曰：『十一月黄鐘，乾初九也。』康成曰：『黄鐘，子之氣也，十一月建焉。』兆乃滋長。播施柔暖，黎蒸得常。臨爐施條九二，開路正光。光耀漸近，日以益長。丑之大吕，康成曰：『大吕，丑之氣也。十二月建〔三〕。』結正低昂。仰以成泰九三，剛柔並隆，陰陽交接，小往大來仲翔曰：『坤陰詘外爲小往，乾陽信内爲大來。』輻輳於寅，運而趣時。漸歷大壯九四，俠列卯門春分爲卯，卯爲開門；榆莢墮落，還歸本根二月榆落，魁臨於卯。翼奉風角曰『木落歸本』〔四〕。刑德相負建緯卯，卯刑德並會，相見歡喜，晝夜始分。夬陰以退，陽升而前。洗濯羽翮九五飛龍，振索宿

〔一〕四庫本「虎」後多「眉」字。
〔二〕四庫本、經訓堂本「爲疾」上有「坎」字，是也。
〔三〕四庫本「建」後衍「焉」字。
〔四〕漢書卷七十五翼奉傳：「上方之情樂也，樂行奸邪。」顔注載孟康注引翼氏風角曰：「木落歸本，水流歸末。故木利在亥，水利在辰。盛衰各得其所，故樂也。水窮則無隙不入，木上出窮則旁行，故爲姦邪。」

塵。乾健盛明，廣被四隣。陽終於巳上巳〔一〕，中而相干。姤始紀序初六，履霜最先。井底寒泉巽初六與乾初九爲飛伏〔二〕，乾爲冰〔三〕也，午爲蕤賓，康成曰：『蕤賓，午之氣也。五月建焉。』賓服於陰，陰爲主人。遯去世位六二遯，乾二世，收斂其精，懷德俟時。陸績曰『遯俟時也。』栖遲昧冥。否塞不通六三，萌者不生。陰伸陽屈，没陽姓名。觀其權量六四，察仲秋情。任畜微稚，老枯復榮。薺麥芽蘖，因冒以生。八月麥生，天罡據酉。詩緯推度災曰：『陽本爲雄，陰本爲雌，物本爲魂。雄生八月仲節，號曰太初，行三節。』宋均注云：『本即原也。變陰陽爲雌雄魂也。節猶氣也。太初者，氣之始也。必知生八月仲者，據此時麥薺生以爲驗也。陽生物行三節者，須雌俱行，物口也。』剥爛肢體，六五。雜卦曰：『剥，爛也。』初足，二辯〔四〕，四膚。指間稱辯，辯上稱膚，皆屬肢體。消滅其形消艮入坤。化氣既竭秋冬爲化，亡失至神乾爲神。道窮則返，歸乎坤元凝坤之元，出乾初子，故云坤元〔五〕。」

月令孟春曰：「是月也，天氣下降，地氣上騰。」正義〔六〕曰：「天地之氣，謂之陰陽，

〔一〕「巳」：四庫本作「九」。按作「九」是。
〔二〕「伏」：四庫本誤作「龍」。
〔三〕「冰」：四庫本誤作「水」。
〔四〕「辯」：四庫本作「辨」。經訓堂本、續經解本作「釆」。下句二「辯」字放此。
〔五〕「凝坤之元」以下十二字小注，四庫本脱。經訓堂本、續經解本作「坤元即乾元」。
〔六〕「義」：經訓堂本、續經解本誤作「氣」。

一年之中，或升或降。故聖人作象，各分爲六爻，以象十二月陽氣之升，從十一月爲始。至四月，六陽皆升，六陰皆伏。至五月，一陰初升。至十月，六陰盡升，六陽盡伏。今正月云『天氣下降，地氣上騰』者，陽氣五月之時，爲陰從下起，上嚮排陽。至十月之時，六陽退盡，皆伏於下。至十一月，陽之一爻始動地中。至十二月，陽漸升，陽尚微，未能生物之極。正月三陽既上，成爲乾卦，乾體在下；三陰爲坤，坤體在上。是陽氣五月初降，至正月爲天體而在坤下也。十一月一陽初生，而上排陰。至四月陰爻伏盡，六陽在上。五月一陰生，六月二陰生，陰氣尚微，成物未具。七月三陰生而成坤體，坤體在下；三陽爲乾，而體在上，所以十月云『地氣下降，天氣上騰』。劉洽、氾閣、皇侃之徒，既不審知其理，又不能〔一〕定其旨趣，諠諠撓撓〔二〕，亦無取焉。」

辟卦雜卦

易緯乾鑿度曰：「歲三百六十五日四分日之一，以卦用事，一卦六爻，爻一日，凡六

〔一〕四庫本脱「能」字。
〔二〕「撓撓」：四庫本作「嘵嘵」。

日七分歸閏。初用事一日，天王諸侯也；二日，大夫也；三日，卿也；四日，三公也；五日，辟也；六日，宗廟。爻辭善則善，凶則凶。」康成注云：「辟，天子也。」天王諸侯者，言「諸侯受其吉凶者唯天子而已。」〔一〕

案易緯此說與齊天保曆合。所謂「五卦初爻，相次用事」也。其云「六日宗廟」未詳，豈一卦六爻備有此六者耶？卦氣五位以公、辟、侯、大夫、卿周還用事。此始侯者，從月數也。〔二〕

魏正光曆卦曰〔三〕：「四正爲方伯，中孚爲三公，復爲天子，屯爲諸侯，謙爲大夫，睽爲九卿，升還從三公，周而復始。」

京房上封事曰：「迺辛巳，蒙氣復〔四〕乘卦，太陽侵色。」張晏曰：「晋卦、解卦也。

〔一〕張惠言易緯略義曰：「此別起一術以察夌生，非卦氣常法。」
〔二〕按松崖先生説非也。此説與天保曆不同。天保曆所謂「五卦初爻，相次用事」已見前，如屯初爻主正月一日，二爻主正月六日。此乾鑿度則順次以爻配日。
〔三〕按復旦抄本此行前誤抄「京房上封事曰」一段，故裁去而黏貼。
〔四〕「復」：四庫本作「履」。

太陽侵色，謂大壯也。」

案：大壯，辟卦也。乾九四用事，故云太陽。晉〔一〕、解，雜卦也，皆主二月。〔二〕

又曰：「辛酉以來，少陰倍力而乘消息。」孟康曰：「房以消息卦爲辟。辟，君也。消卦曰太陰姤遯否觀剥坤，息卦曰太陽復臨泰大壯夬乾，其餘卦曰少陰、少陽，爲臣下也。并力雜卦氣干消息也。」

後漢書朱穆奏記梁冀曰：「今年九月，天氣鬱冒，五位四候，連失正氣。」

案五位，謂公、辟、侯、大夫、卿。四候，四正也。

易緯稽覽圖曰：「非太平而雜卦，以其度放〔三〕□辰，則□□□〔四〕。原註：雜卦九三、上六決温，

〔一〕四庫本「晉」後衍「辟」字。
〔二〕經訓堂本、續經解本文末多小注：「晉，九卿也。解，三公也。皆雜卦。太陽侵色，雜卦干消息也。」
〔三〕「放」：經訓堂本、續經解本作「效」，是也。中華再造善本叢書所影印國家圖書館藏元明遞修本玉海作「放」，後白匡作「一」。而中國基本古籍庫所收元明遞修本書影之墨丁與此處所録之白匡一致。蓋因補版情況有差别。以下校注但列再造善本之異文。（玉海卷三十五，第36b頁）
〔四〕三白匡，再造善本玉海爲「可矣」二字。下小注，再造善本玉海無「原」字。

九三、上九微温，六三、上九決寒，六三、上六微寒。日七分中□辰效則可□□□。□〔一〕消息及四時卦當盡其日盡六日七分日時七十二分也。太平□□□〔二〕，太陰用事謂從否至臨，而少陽卦當效。時至□□□□□〔三〕一時，非太平，以其卦分效則可六日□□□分數□。□□□□□〔四〕至立效也。太陽用事謂從泰至遯，少陰卦效六□□□□□〔五〕乾位北□□□。然消〔六〕息之卦當勝雜卦也。六日八十分日之七〔七〕從八十分爲一日之七者，一卦六日七分，從得一卦。四時卦□□□□□□〔八〕謂四正卦。坎離震兌，四夷方伯之卦也。七十三分而從得一卦。坎常以冬至日始效。復生坎七日消息及雜卦傳〔九〕相去各如中孚卦上有陰，百二十日爲雨，剥陰氣上達，賈霜以降。乾元序制記：「坎初六冬至廣莫風云云。」玉海。〔一〇〕

〔一〕「□辰效則可□□□。□」：再造善本玉海作「一辰效則可也（小注）。唯（正文）」。
〔二〕三白匡，再造善本玉海作「之時」二字。
〔三〕五白匡，再造善本玉海作「則於効分上」五字。
〔四〕「六日□□□分數□。□□□□□」：再造善本玉海墨條小注作「六日七分一分效」，而後大字正文「未可責時」。
〔五〕「六□□□□□」：再造善本玉海大字作「亦如之」，而後小字「小畜」。
〔六〕再造善本玉海無「消」字。
〔七〕再造善本玉海「從」前有「而」字。
〔八〕六白匡，再造善本玉海作「十一辰餘而從」。
〔九〕經訓堂本、續經解本無「傳」字。按消息卦與雜卦相對，不應有「傳」字。再造善本玉海有「傳」字。
〔一〇〕四庫本無「易緯稽覽圖」以下一段。

易漢學卷二

孟長卿易下

推卦用事日

劉洪乾象曆推卦用事日曰：「因冬至大餘，倍其小餘，坎用事日也。如〔一〕小餘千七十五，滿乾法，從大餘，中孚用事日也。求坎〔二〕卦各加大餘六，小餘百三。其四正各因其中

〔一〕「如」：四庫本、經訓堂本、續經解本作「加」是也。
〔二〕「坎」：四庫本同，經訓堂本作「次」，是也。

日，而倍其小餘。」〔一〕

魏書律曆志推四正卦術〔二〕曰：「因冬至大小餘，即坎卦用事日。春分即震卦用事日，夏至即離卦用事日，秋分即兑卦用事日。○求中孚卦，加冬至小餘五千五百三十，小分九，微分一。微分滿五從小分，小分滿氣法從小餘，小餘滿蔀法從大餘，命以紀算外，即中孚卦用事日。其解加震，咸加離，賁加兑，亦如中孚加坎。○求次卦，加坎大餘六，小

〔一〕此條見晉書卷十七（中華書局點校本第五〇九頁）。乾象曆歲實$365\frac{145}{589}$日。大餘謂5，小餘謂145。倍其小餘，謂以$\frac{145\times2}{589\times2}=\frac{290}{1178}$爲冬至點，此即坎卦始用事之時。加坎卦所值之時段，即中孚用事之起點，是加$\frac{1075}{1178}$日也。按京房四正所值爲$\frac{73}{80}$日，據四分曆也；此乾象曆所推較密，與$\frac{73}{80}$近似。將乾象曆歲實，六十分之，得$6\frac{103}{1187}$日，此即一卦所值。近於京房之$6\frac{7}{80}$日。坎合頤，及震晉、離井、兑大畜，每兩卦合$6\frac{103}{1187}$日，餘五十六卦每卦皆$6\frac{103}{1187}$日。故自坎終點加$6\frac{103}{1187}$日（中孚所值），即復卦值日起點，所謂「各加大餘六，小餘百三」是也。

〔二〕「推四正卦術」：四庫本作「正光曆推四正術」。

餘五千〔一〕五百二十九新曆云一千四百七十三〔二〕，小分十四，〔三〕微分滿五從小分，小分滿氣法新曆云滿小分法〔四〕從小餘，小餘滿蔀法〔五〕從大餘，命以紀算外，即復卦用事日。大壯加震，姤加離，觀加兌，如中孚加坎。」當云如復加坎。〔六〕

〔一〕四库本無「五千」二字。按四庫本是，汲古閣本及中華書局點校本魏書同四庫本。理據見注釋。未知惠氏所據魏書爲何版本。

〔二〕正光曆有壬子、甲子兩曆。各見載於今魏書卷一零七、一零八。甲子曆爲新曆。

〔三〕四庫本多「微分四」。按四庫本是，汲古閣本及中華書局點校本魏書同四庫本。

〔四〕四庫本多「二十四」。

〔五〕四庫本多小注「新曆蔀法一萬六千八百六十」。

〔六〕此條見魏書卷一零七，中華書局點校本頁二六七八。「求中孚卦，加冬至小餘五千五百三十，小分九，微分一」，即加坎卦所值日數後爲中孚起點也。以阿拉伯算數表示即：$\frac{5530\frac{9\frac{1}{5}}{24}}{6060}$日 $=\frac{663646}{727200}$日。其中分母24爲氣法，6060爲蔀法。其餘五十六卦，每卦則值$6\frac{529\frac{14\frac{4}{5}}{24}}{6060}$日，$=6\frac{63554}{727200}$日。按正光曆歲實$=\frac{周天}{紀法}=\frac{2213377}{6060}=365\frac{1477}{6060}$日。以六十除之，即$6\frac{63554}{727200}$日。坎卦終點即中孚起點，加$6\frac{63554}{727200}$日即復卦用事之起點。

●又案：推卦直日用事，不特以卦爲節氣之標識符號而已，一日在某卦中，即可據卦以占驗。正光曆略存其術，而此處未載，見於卷五所引。今録之如下：「四正爲方伯，中孚爲三公，復爲天子，屯爲諸侯，謙爲大夫，睽爲九卿，升還從三公，周而復始。九三應上九，清淨微温陽風；九三應上六，絳赤決温陰雨。六三應上六，白濁微寒陰雨；六三應上九，曲塵決寒陽風。諸卦上有陽爻者，陽風；上有陰爻者，陰雨。」

●錢大昕潛研堂答問載：

問：「乾象術推卦用事曰：『因冬至大餘，……求坎卦各加大餘六小餘百三。其四正各因其中日而倍其小餘。』此條恐有訛舛，其算例亦可推否？」曰：「此即漢人六日七分之法。易稽覽圖甲子卦氣始中孚，每六日七分而易一卦。坎離震兑爲監司之卦，獨用事於分至之首，得八十分之七十三。冬至坎始用事，又加中孚六日七分，而復卦用事，合於易七日來復之數。其説始於京房，六十卦以中孚復屯謙睽，升臨小過蒙益，漸泰需隨晉，解大壯豫訟蠱，革夬旅師比，小畜乾大有家人井，咸姤鼎豐涣，履遯恒節同人，損否巽萃大畜，賁觀歸妹无妄明夷，困剥艮既濟噬嗑，大過坤未濟蹇頤爲次，每卦皆六日八十分日之七。惟頤、晉、井、大畜皆五日八十分之十四，較他卦少七十三分，此所少之數即四正卦坎離震兑用事之分數也。乾象術推卦用事，以乾法千一百七十八當一日，千一百七十八分日之千七十五，即八十分之七十三强也。千一百七十八分日之百三，即八十分之七弱也。必倍其小餘者，乾象推冬至術以紀法五百八十九爲日法，今以乾法千一百七十八爲日法，則倍紀法之數，故必倍其小餘以入算也。求坎卦，當作次卦，字之訛也。」「景初術推卦用事曰，『因冬至大餘，六其小餘』，與乾象異，何也？」曰：「景初推冬至以紀法千八百四十三爲日法，其推卦用事則以元法萬一千五十八爲日法，元法乃六倍紀法之數，故亦六其小餘，無二理也。（坎卦用事萬一千五十八分之萬九十一，即八十分日之七十三强也。中孚卦用事，大餘六，即六日也；小餘九百六十七者，萬一千五十八分之九百六十七，即八十分日之七也。）正光術推冬至與推卦用事，并以蔀法六千六十爲日，故即因冬至大小餘，與乾象景初實無異也。」（潛研堂文集卷十四）

六十卦用事之月

十一月：未濟蹇頤中孚復〔一〕

〔二〕易繫辭曰：「言行，君子之所以動天地也。」仲翔曰：「巽四以風動天，震初以雷動地。二變成益〔三〕，故云〔四〕震初。中孚十一月雷動地中。」

案冬至之卦，復也。其實起於中孚。七日而後復應，故楊子雲太原準以為中，為六十四卦之首。易緯稽覽圖亦云「甲子卦氣起中孚」也。

孟僖〔五〕易章句曰：「自冬至初，中孚用事。一月之策，九六七八，是爲三十。而卦以

〔一〕四庫本多小注「未濟内卦主小雪小月中外卦主大雪十一月節」。

〔二〕經訓堂本、續經解本此段前尚有一段：「頤卦初六曰：『舍爾靈龜。』半農先生易説曰：『頤有龜象，内陰外陽，陽象甲，陰象體，而初在下象伏龜。伏龜者，靈龜也。龜能食氣，食氣者神明而壽，故稱靈。頤十一月之卦，其位在北。龜爲元武，蟄伏之時初陽在下象之。』」

〔三〕「益」：四庫本誤作「易」。

〔四〕「云」：經訓堂本、續經解本作「之」。

〔五〕「僖」：四庫本、續經解本作「喜」。

地六，候以天五。五六相乘，消息一變。〔一〕十有二變，而歲復初。一行六卦議。

後漢書魯恭上疏曰：「易十一月，君子以議獄緩死。」注云：「易中孚象辭也。稽覽圖：『中孚，十一月卦也。』」

王伯厚困學紀聞曰：「上繫七爻起於中孚『鳴鶴在陰』，下繫十一爻起於咸『憧憧往來』。卦氣圖自復至咸八十八陽，九十二陰；自姤至中孚，八十八陰，九十二陽。咸至姤凡六日七分，中孚至復亦六日七分，陰陽自然之數也。」

馬季長易乾初九注曰：「初九建子之月，陽氣始動於黃泉，故云潛龍。」王伯厚曰：「曆元始於冬至，卦氣起於中孚。」豳詩於十月「曰爲改歲」〔二〕，周以十一月爲正，蓋本此。

復象曰：「復其見天地之心乎。」荀爽曰：「復〔三〕者冬至之卦。陽起初九爲天地心，萬物所始吉凶之先，故曰見天地之心。」

〔一〕　四象之數、過揲之數曰六七八九，相加得三十。而五六相乘亦三十。天五，地六。六者卦之六爻，五者一候之數。三十者一月之數。一月，則消息一變也。
〔二〕　豳風七月。
〔三〕　「復」：四庫本誤作「履」。

十二月：屯謙睽升臨屯内卦主冬至十一月中，外卦主小寒十二月節。

易屯象曰：「屯，剛柔始交而難生。」崔憬注云：「十二月陽始浸長而交於陰，故曰剛柔始交。萬物萌芽生於地中，有寒冰之難，故難生。」説文曰：「屯，難也，象草本之初生屯然而難，從中〔一〕貫一。一，地也。尾曲。」

屯象〔二〕曰：「雲雷，屯。」九家易云：「雷雨者，興養萬物。今言屯者，十二月雷伏藏地中，未得動出，雖有雲雨，非時長育，故言屯也。」

易緯稽覽圖曰：「屯，十一月內卦，神人從中山出，趙地動，北方三十日，千里馬數至。」隋王劭釋云：「『屯，十一月，神人從中山出』者，此外動而大亨作。『趙地動』者，中山爲趙地。『千里馬』者，屯卦震下坎上，震於馬爲作足，坎於馬爲美脊。馬行先

〔一〕「中」：四庫本誤作「中」。
〔二〕「象」：四庫本誤作「象」。

作弄四足也。」北史。

易緯乾鑿度孔子曰：「升者，十二月之卦也。陽氣升上，陰氣欲承，萬物始進。」

唐一行七日度議曰〔一〕：「國語曰：『農祥晨正，日月底於天廟，土乃脉發。先時九日，太史告稷曰：自今至於初吉，陽氣俱蒸，土膏其動，弗震不渝，脉其滿眚，穀乃不殖。』周初先立春九日，日至營室。古曆距中九十一度。是日晨初，大火正中，故曰『農祥晨正，日月底于天廟』也。於易象，升氣究而臨受之。自冬至後七日，乾精始復七日〔二〕，中孚一卦，乃大寒地統之中，陽洽於萬物根柢，而與萌芽俱升，木在地中之象升，坤上巽下。升氣已達，則當推而大之，故受之以臨臨者大也。於消息，龍德在田九二乾臨同物，得地道之和，澤而動於地中，升陽憤盈，土氣震發，故曰『自今至〔三〕初吉，陽氣初蒸，土膏其動』。又

〔一〕續經解本、經訓堂本此前多一段：「復象曰『七日來復』，李旼注云：『七日者，非坤之七日。坤爲十月。卦氣起中孚，太玄中首見之。中孚十一月，六日七分之後，復卦用事。復七日六分之後，屯卦用事。他皆倣此。』七日六分未詳，似仍當作六日七分。抑或别有據也。」按此蓋引據通志堂經解本周易義海撮要也。然「李旼」當作「李畋」。

〔二〕「日」：四庫本誤作「月」。

〔三〕經訓堂本、續經解本多「於」字。

先春三日而小過用事小過内卦。陽好節正〔二〕於内，動作於外，矯而過正，然後返求中焉。是以及於艮維小過内卦艮，則山澤通氣，陽精闢户，甲坼之萌見，而莩穀之際離。故曰『不震不渝，脉其滿眚，穀乃不殖。』」新唐書志。

易臨卦經曰：「至於八月有凶。」康成曰：「臨卦斗建丑而用事，殷之正月也。當文王之時，紂爲无道，故于是卦爲殷家著興衰之戒，以見周改殷之正〔三〕數云。臨自周二月用事，訖其七月，至八月而遯卦受之。此終而復始，王命然矣。」

易緯乾鑿度曰：「易曰：『知臨大君之宜，吉。』臨者，大也。陽氣在内，中和之盛。應於盛位，浸大之化行於萬民，故言宜。」

正月：小過蒙益漸泰小過内卦主大寒十二月中，外卦主立春正月節。

易緯乾鑿度曰：「中孚〔三〕爲陽，貞於十一月子；小過爲陰，貞於六月未。法于乾

〔一〕「正」：經訓堂本、續經解本作「止」。
〔二〕「之正」：四庫本、經訓堂本、續經解本作「正之」，是也。
〔三〕「中孚」：范本、雅雨堂本周易乾鑿度同；武英殿本作「而」。

坤。」康成曰：「中孚貞於十一月子。」小過，正月之卦也，宜貞於寅，而貞於六月，非其次，故言象法乾坤。

項安世周易玩辭曰：「小過，寅之初氣也。斗方直艮而震氣上出，疑於過矣。〔一〕去卯不遠，亦未爲大過也。」

易緯乾鑿度曰：「乾，陽也。坤，陰也。並如〔二〕而交錯行。乾貞於十一月子，左行陽時六。坤貞於六月未，右行陰時六。以奉順成其歲，歲終，次從於屯蒙。屯蒙主歲，屯爲陽，貞於十二月丑，其爻左〔三〕行以間時而治六辰；蒙爲陰，貞於正月寅，其爻右行，亦間時而治六辰。歲終則從其次卦。」次卦爲需訟。

此言主歲卦也。參同契曰：「屯以子申，蒙用寅戌。餘六十卦，各自有日。」謂需訟以下也。又曰：「朔旦屯直事，至暮蒙當受。晝夜各一卦，用之依次序。」「晝夜各一

〔一〕四庫本、經訓堂本、續經解本「去」前有「然」字，是也。
〔二〕「如」：四庫本同。經訓堂本作「治」，是也。
〔三〕「左」：四庫本誤作「在」。

卦」，六十卦止得一百八十日。春夏據内體，秋冬當外用。一卦内外分之，周一歲之數也。當時本有各卦主歲之圖，而屯蒙不貞丑寅，故康成云「屯蒙之貞，違經失義」是也。乾坤以下，兩卦主一歲。後人不知，造爲反對，真郢書燕説。〔一〕

干寶蒙卦注曰：「蒙於消息爲正月卦也。正月之時，陽氣上達，故屯爲物之始生，蒙爲物之稺也。」

易緯乾鑿度：「孔子曰：『益之六二：或益之十朋之龜，弗克違，永貞吉，王用亨于帝吉。益者，正月之卦也。天氣下施，萬物皆益。王用亨于帝者，言祭天也。三王之郊，一用夏正。天氣三微而成一著，三著〔而〕成一體，方知此之時，天地交，萬物通，故泰益之卦皆夏（之）〔二〕之正也。此四時之正，不易之道也。』」康成注云〔三〕：「五日爲一

〔一〕乾鑿度此處實爲爻辰説，與卦氣六日七分不同。故不宜引用。爻辰説，兩卦一組，共十二爻，一爻貞一辰。乾坤一組，乾貞於子，依次爲子寅辰午申戌；坤貞於未，依次爲未巳卯丑亥酉。依次爲屯蒙、需訟……屯依次納丑卯巳未酉亥，蒙卦依次納寅子戌申午辰。中孚、小過法乾坤。

〔二〕按此行，抄本「三著」下本脱「而」字，故行末衍一「之」字。後校改者於旁補「而」字，又圈出「之」字。蓋此抄稿本行款亦全從稿本之行款，故有如是校改也。

〔三〕「云」：續經解本、四庫本作「曰」。

微，十五日爲一著，故五日有一候，十五日成一氣也。冬至陽始生，積十五日至小寒爲一著，至大寒爲二著，至立春爲三著。凡四十五日而成一節，故曰三著而成體也。正月則泰卦用事，故曰成體而郊也。」

蔡邕明堂月令論曰：「易正月之卦曰泰，其經曰『王用亨於帝吉』。孟春令曰『乃擇元日，祈穀于上帝。』顓頊曆衡疑作術曰：『天元正月己巳朔日立春，日月俱起於泰，建宫室制度。』月令：『孟春之月，日在營室。』易〔二〕曰：『不利爲寇，利用禦寇。』令曰：『兵戎不起，不可從我始。』」

案蔡氏此論，證易與月令合也。詩匏有苦葉云：「士如歸妻，迨冰〔三〕未泮。」箋云：「冰未散，正月中以前也。」易漸卦云「女歸吉」，漸正月卦，正與詩合。

〔二〕四庫本「易」字後衍「蒙上九」。按蔡中郎集亦無此三字。蓋四庫謄録者臆補。
〔三〕「冰」：四庫本作「氷」，異體字。下冰字放此。

二月：　需隨晉解大壯需内卦主雨水正月〔二〕，外卦主驚蟄二月節。

易緯乾鑿度：「孔子曰：『隨上六：　拘繫之，乃從維之，王用亨于西山。隨者，二月之卦，隨德施行，藩决難解，萬物隨陽而出。故上六欲待九五拘繫之維持之，明被陽化而〔陰〕欲隨之也。』」康成云：「大壯（九）〔三〕九三爻主正月，陰氣猶在，故羝羊觸藩而羸其角也。至於九四主二月，故藩决不勝羸也，言二月之時陽氣始〔三〕壯，施生萬物，而陰氣漸微，不能爲難以障閉陽氣，故曰藩决難解也。」

大壯九三主正月，未詳。案齊天保曆以卦之貞悔分節氣，豈九三在貞爲正月中，九四在悔爲二月節歟？〔四〕

〔二〕　四庫本「月」後多「中」字。

〔三〕　按此行，抄本「化而」下本脱「陰」字，故行末衍一「九」字。後校改者于旁補「陰」字，又圈出「九」字。

〔三〕　「始」：　四庫本、經訓堂本作「已」。按今易緯亦作「已」。

〔四〕　康成注所謂大壯九三爻主正月，謂泰卦時也。所謂九四主二月，即陽長至四爻後之大壯卦也。惠氏以天保曆説之，非是。

易解卦〔一〕象〔二〕曰：「解險以動，動而免乎險，解。」仲翔云：「險坎動震，解。二月雷以動之，雨以潤之，物咸孚甲，萬物生震，震出險上，故免乎險也。」漢書京房傳曰：「房以建昭三年二月朔，拜上封事曰：『迺辛巳蒙氣復乘〔三〕卦，太陽侵色。』」張晏曰：「晉卦、解卦也。太陽侵色，謂大壯也。」

案晉九卿也，解三公也，皆雜卦。大壯辟也。太陽侵色，雜卦干消息也。

郎顗七事曰：「孔子曰：雷之始發，大壯始。春秋傳曰：『雷乘乾曰大壯。』大衍曆經：『春分辟大壯，雷乃發聲。』郭璞注穆天子傳引歸藏易曰：『豐隆筮御雲，得大壯卦，遂爲雲師也。』君弱臣强，從解起。大壯辟爲君，解三公爲臣。今月九日至十四日一爻，大壯用事，消息之卦也消息即辟卦。於此六日之中，雷當發聲。發聲則歲和，王道興也。易曰：『雷出地奮豫豫内卦主春分二月，先王以作樂崇德，殷薦之上帝。』雷者，所以開發萌芽，辟陰除害，萬物須雷而解，資雨而潤。故經曰『雷以動之，

〔一〕四庫本、經訓堂本、續經解本無「卦」字。
〔二〕「象」：四庫本誤作「彖」。
〔三〕「乘」：四庫本誤作「來」。

雨以潤之』。王者崇寬大，順春令，則雷應節；不則發動於冬，當震反潛。故易傳曰『當雷不雷，太陽弱也太陽謂大壯。』今蒙氣不除，則其效也。」蒙氣解見京易卷。〔一〕漢書五行志曰：「嚴公〔二〕七年四月辛卯夜，恒星不見。夜中，星隕如雨。易曰：『雷雨作，解。』是歲，歲在元枵，齊分壄也。雨以解過施，復從上下，象齊桓行霸，復興周室也。周四月，夏二月也。」解二月卦，故以明之。

三月：　豫訟蠱革夬豫内卦主春分二月中，外卦主清明三月節。

漢書五行志曰：「雷以二月出其卦曰豫，言萬物隨雷出地，皆逸豫也。以八月入其卦，曰歸妹，言雷復歸入地，則孕毓根核，與荄同。歸妹内卦，主秋分八月。保藏蟄蟲〔三〕，避盛陰之害。出地則養長華實，發揚隱伏，宣盛陽之德。入能除害，出能興利，人君之象也。」

〔一〕按即本書之「京君明易」卷。
〔二〕即魯莊公。
〔三〕「蟲」：四庫本誤作「蠱」。

易緯乾鑿度曰：「陽消陰，言夬。夬爲言決也。當三月之時，陽盛息消夬陰之氣，萬物畢生，靡不蒙化。譬猶王者之崇至德，奉承天命，伐決小人以安百姓，故謂之決。」

仲翔注夬卦曰：「夬，陽決陰，息卦也。」

朱震易叢説曰：「夬三月，清明氣也。故曰『莧陸夬夬』。莧陸，三月、四月生也。」

四月：　旅師比小畜乾旅，內卦主穀雨三月中，外卦主立夏四月節。

比象曰：「先王以建萬國，親諸侯。」案比四月卦，古者封諸侯以夏，故有是象。白虎通曰：「封諸侯以夏何？陽氣盛養，故封諸侯，盛養賢也。」

干寶比卦注曰：「比世于七月，而息來在巳，去陰居陽，承乾之命，義與師同。」〔一〕

案七月辰在申，四月辰在巳，故云「去陰居陽」。乾爲辟，故云承乾命。師亦世于

〔一〕　此京房世卦起月之説。比卦爲坤宮歸魂，故世在三；又比三爲陰爻，故在申主七月。下句「師亦世于七月」者，師爲坎宮歸魂，世在三，又師三亦爲陰爻，故亦在申主七月。詳本書卷五「世卦起月」條。息在巳，即謂於卦氣主四月也。

七月而息在巳。

漢書五行志曰：「昭十七年六月甲戌朔，日有食之。左氏傳平子曰：『唯正月朔，慝未作，日有食之。於是伐鼓用幣，其餘則否。』太史曰：『在此月也，當夏四月，是謂孟夏。』説曰：『正月，謂周六月，夏四月，正陽純乾之月也。慝，謂陰爻也。冬至陽爻起初，故曰復。至建巳之月爲純乾，亡陰爻，而陰浸〔二〕陽爲灾重，故伐鼓用幣，責陰之禮。』」〔三〕

月令：「孟春行夏令，則雨水不時。」康成注云：「巳之氣乘之也。四月於消息爲乾。」

後漢書張純奏曰：「禘祭以夏四月。夏者，陽氣在上，陰氣在下，故正尊卑之義也。」注云：「四月乾卦用事，故言陽氣在上也。」

〔二〕「浸」：經訓堂本、續經解本、四庫本作「侵」，是也。

〔三〕抄本本段有分段符號。四庫本將下段「月令孟春」與此抄爲一段，可推知四庫本所據抄本與此抄本行款略同。

攝生月令（月）〔二〕曰：「四月爲乾。」注云：「生氣卯，死氣酉。」〔三〕

五月：大有家人井咸姤大有内卦主小滿四月中，外〔三〕卦主芒種五月節。

易大有象曰：「火在天上，曰大有。」荀爽曰：「謂夏火王在天，萬物並生，故曰大有。」

井（々）〔四〕九二「井谷射鮒」，々〔五〕，子夏傳謂蝦蟇，朱震曰：「井，五月之卦，故有蝦蟇。」〔六〕

案：二體巽，巽爲風，風主蟲。子夏以爲蝦蟇，得之。

〔二〕「月」：抄本誤，故又圈出。
〔三〕此條見太平御覽卷二十二所引。
〔三〕「外」：四庫本誤作「内」。
〔四〕「々」：抄本「井」下重文符號，乃誤衍，故原抄者以竪线删去。
〔五〕「々」：重文符，經訓堂本、續經解本徑作「鮒」，四庫本脱。
〔六〕今四庫本漢上易傳叢説謂：「鮒，子夏作蝦蟇，此五月卦也。」

周易參同契曰：「姤始紀序，履霜最先。井底寒泉。」井九五曰：「井洌，寒泉食。」仲翔云〔一〕：「泉自下出稱井。周七月，夏之五月，陰氣在下，二已變坎，十一月爲寒泉。故『洌寒泉』矣。」

易坤初六曰：「履霜堅冰至。」九家易云：「初六始姤，姤爲五月。盛夏而言堅冰，五月〔二〕陰氣始生地中，言始於微霜，終至堅冰，以明漸順至也。」

東觀漢記司徒魯恭上疏曰：「案易五月姤卦用事，姤卦巽下乾上，初六一陰生，五月之卦也。經曰：『后以施令誥〔三〕四方。』言君以夏至之日施命令，止四方行者，所以助微陰也。」誥，王弼改作誥。〔四〕

〔一〕「云」：四庫本作「曰」。
〔二〕「月」：四庫本誤作「中」。
〔三〕「令誥」：四庫本作「命誥」。
〔四〕四庫本無此小注。惠棟明堂大道録卷五亦引此文，注曰：「章懷本『誥』作『誥』。案陸氏易釋文：『誥四匸，鄭作詰，起一反，止也。王肅同。』是古文易作詰。下文云『止四匸行者』，明魯人所引亦作詰。唐人已不識古文，故仍用王弼之説。」

仲翔姤卦注曰：「姤五月，南方。」

朱震易叢説曰：「姤五月，夏至氣也。故曰『以杞包瓜』。瓜生於四月中氣故也〔一〕。」

六月：鼎豐涣履遯鼎内卦主夏至五月中，外卦主小暑六月節。

京房易傳曰：「雷與〔二〕火震動曰豐。宜日中，夏至積陰生，豐當正應，吉凶見矣。」日中也。又云：「上木下火，氣稟純陽，陰生于内。」

易臨卦曰：「至於八月有凶。」仲翔注云：「臨與遯旁通。臨消於遯，六月卦也，於周爲八月。」康成注云：「臨自周二月用事，訖其七月，至八月而遯卦受之。」

〔一〕據月令，四月節末候「王瓜生」，是瓜生於四月節氣，非四月中氣也。

〔二〕「與」：四庫本誤作「火」。

京房上封事曰：「臣前以六月中言遯卦不效，法曰：『道人始去，寒涌水爲災。』至其七月，涌水出。」

七月：恒節同人損否〔一〕

損彖曰：「二簋應有時。」仲翔注云：「時，謂春、秋也。損二之五二之五成益，震二月互震體，益正月，春也；損七月，兑八月，秋也震兑初九主二分。謂春秋祭祀，以時思之。」

京房易傳曰：「節建起甲申，至己丑。」陸績注云：「爲本身節氣。」案七月在申。節，七月卦，故云本身節氣。又云：「金上見水，本位相資。金，節本位也。二氣交爭，失節則嗟。」〔二〕

〔一〕四庫本有小注「恒内卦主大暑六月中，外卦主立秋七月節」。

〔二〕京房建候説，依八宫卦序，以乾宫本卦上世爲甲子，順數。節卦坎宫一世，自初九甲申始，至上六己丑。

八月：巽萃大畜賁觀巽，内卦主處暑七月〔一〕，外卦主白露八月節。

巽初六曰：「進退，利武人之貞。」案四體兑，兑爲金，金主秋。立秋賞武人〔二〕。巽又於消息爲七月、八月。故［曰］〔三〕利武人之貞。

虞仲翔巽卦注曰：「巽八月，西方。」

漢書五行志曰：「定公元年十月，隕霜殺菽。劉［向］〔四〕以爲周十月，今八（八）月也。於一作消卦爲觀，陰氣未至君位而殺剥則至君位矣，誅罰不由君出，在臣下之象也。」

〔一〕四庫本後有「中」字。
〔二〕禮記月令：「立秋之日，天子親帥三公、九卿、諸侯、大夫以迎秋於西郊，還反，賞軍帥、武人於朝。」鄭注：「軍帥，諸將也。武人，謂環人之屬，有勇力者。」
〔三〕「曰」字旁出。
〔四〕「向」字原脱。抄者爲使行款一致，遂衍「八」字。而下行「八」字圈去。

九月：歸妹，无妄明夷困剥歸妹内卦主秋分八月〔一〕，外卦主寒露九月節。

歸妹象曰：「澤上有雷，歸妹。」干寶曰：「雷薄于澤，八月、九月，歸藏之時也。」易緯乾鑿度曰：「孔子曰：『泰〔二〕，正月之卦也。陽氣始通，陰道執順，故因此以見湯之嫁妹，能順天地之宜，立教戒之義也。湯嫁妹之詞見京房易〔三〕。至於歸妹，八月卦也。指内卦。陽氣歸下，陰氣方盛，故復以見湯之嫁〔四〕妹。』」

郎顗傳顗上七事曰：「漢興以來，今在戌仲十年，於易雌雄秘曆，今直困乏。凡九二困者，衆小人欲共［困］害君子也。經曰『困而不失其所，其唯君子乎』。」

案：困，九月卦。九月建戌。順帝時在戌仲，當是困卦主歲，故以爲值困乏

〔一〕四庫本後有「中」字。

〔二〕諸本乾鑿度「泰」後有「者」字。

〔三〕玉海卷七十二：「京房載湯嫁妹之辭曰：『无以天子之尊而乘諸侯。无以天子之富而驕諸侯。陰之從陽，女之順夫，本天地之義也。往事爾夫，必以禮義。』」

〔四〕「嫁」：四庫本作「歸」。

朱子發周易叢説曰：「困，九月，霜降氣也，故曰『株木』，曰『蒺藜』。蒺藜也。〔二〕

〔二〕 後漢書原文作：「臣伏惟漢興以來三百三十九歲。於詩三基，高祖起亥仲二年，今在戌仲十年。詩氾曆樞曰：『卯酉爲革政，午亥爲革命，神在天門，出入候聽。』言神在戌亥，司候帝王興衰得失，厥善則昌，厥惡則亡。于易雄雌秘曆，今值困乏。凡九二困者，衆小人欲共困害君子也。經曰：『困而不失其所，其唯君子乎！』唯獨賢聖之君，遭困遇險，能致命遂志，不去其道。陛下乃者潛龍養德，幽隱屈厄，即位之元，紫宮驚動，曆運之會，時氣已應。然猶恐妖祥未盡，君子思患而豫防之。」後漢書集解載錢大昕曰：「案詩三基者，蓋詩氾曆樞之别名。猶稽覽圖稱中孚傳也。其法蓋以三百六十歲爲一周十二辰，各三十年，一辰又別爲孟仲季，各十年。故下云戌仲已竟來年入季也。」（錢大昕廿二史考異後漢書卷二）惠棟後漢書補註曰：「易雄雌秘歷者，推卦氣陰陽之書也。謂之雄雌者，雄生酉仲太初，是雌生戌仲太始。是二者爲氣形之始，易之所由生也。案詩緯推度災云：『陽本爲雄，陰本爲雌。雄生八月仲節，號曰太初；雌生戌仲，號曰太始。雌雄俱行三節。雄曰物魂，號曰太素。』然則八月酉仲，爲太初，屬雄；九月戌仲，爲太始，屬雌；十月亥仲，爲太素，屬物魂。三氣相接，至于子仲然後天地分也。推數起亥仲，猶卦氣起中孚至復而後陽生也。顗推漢元以來起亥仲至戌仲。亥爲革命，五際之一也。秘曆備有其義，故引之。陽嘉元、二，正值戌仲，九月建戌，困于消息爲九月卦也。荀爽云『謂二雖掩陰陷險，猶不失中，與正陰合，故通也。喻君子雖陷險中，不失中和之行也。』」繼明按：雌雄者，陰陽也。史記曆書：「日月成，故明也。明者孟也，幽者幼也，幽明者雌雄也。雌雄代興，而順至正之統也。日歸於西，起明於東；月歸於東，起明於西。」易雌雄秘曆，蓋即以易推陰陽災變、參以曆數之書。猶孟喜之易家候陰陽災變書也。

高祖始公元前206年，順帝陽嘉二年爲公元133年，合三百三十九年。於詩緯，則自亥仲二年至戌仲十年（$19 + 30 \times 10 + 20 = 339$）。至陽嘉三年，則入戌季。易雄雌秘曆今佚，揣度其術，蓋以六日七分之卦氣推致之：六日七分術六十卦主一歲，爻主一日，一卦六日；秘曆則以六十卦主三百六十歲，爻主一歲，一卦六歲。戌之歲三十年，五卦主之。若類比六日七分法，則自戌仲九年至戌季四年爲困卦，自戌季五年至十年爲剥卦。

又盧央論谷永與齊詩，亦述及「三基」之推算（京房評傳，第二三一頁），然不若錢大昕之簡明，亦未言配卦之根據。

者，秋成也。」

乾鑿度曰：「陰消陽，言剥當九月之時，陽氣衰消，而陰終不能盡陽，小人不能决君子也，謂之剥，言不安而已。」

漢書五行志曰：「僖公三十三年十二月，隕霜不殺草。劉向以爲今十月，周十二月。於易，五爲天位爲君位，九月陰氣至五，通於天位，其卦爲剥。剥落萬物，始大殺矣。明陰從陽命，臣受君令，而後殺也。今十〔一〕月隕霜不殺草，此君誅不行，舒緩之應也。」

十月：艮既濟噬嗑大過坤〔二〕

易緯乾鑿度：「孔子曰：『既濟九三「高宗伐鬼方，三年克之」，高宗者，武丁也，湯之後有德之君也。九月之時，陽失正位既濟爲九月，未詳〔三〕，盛德既衰，而九三得正，下陰能

〔一〕「今十」：四庫本作「十二」，誤。漢書本作「今十」。

〔二〕四庫本多小注：「艮内卦主霜降九月中，外卦主立冬十月節」。

〔三〕九月，蓋指剥卦。既濟九三則拯剥。

終其道，濟成萬物。猶殷道中衰，至于高宗扶救衰微，三年而惡消滅。』」應劭風俗通曰：「易噬嗑爲獄，十月之卦。獄，從犬言聲，二犬亦存以守也。廷者，陽也，陽上生長；獄者，陰也，陰生刑煞。故獄皆在廷比〔一〕，順其位。」御覽六百四十三卷。

朱子發周易叢説曰：「大過十月，小雪氣也。故曰『枯陽生稊』、『枯楊生華』。」

坤文言曰：「夫玄黄者，天地之雜也。」荀爽曰〔二〕：「消息之卦，坤位在亥，下有伏乾，陰陽相和，故曰天地之雜也。」

唐一行開元大衍曆經〔三〕

大衍步發斂術

天中之策五　餘二百二十三　秒三十一　秒法七十二

〔一〕按「比」當作「北」，屬上讀。獄在廷之北也。
〔二〕「曰」：四庫本作「云」。
〔三〕經訓堂本、續經解本後有小注：「朱震易叢説曰：孟喜、京房之學，其書概見於一行所集，大要皆自子夏傳而出。」

地中之策十八〔一〕　餘一百六十五　秒八十六　秒法一百二十

貞悔之策三　餘一〔二〕百三十二　秒一百三　秒法如前

辰法七百六十　刻法三百四

推七十二候，各因中節大小餘命之，即初候日也。以天中之策及餘秒加之數除如法，即次候日。又加得末候日，凡發斂皆以恒氣。〔三〕

〔一〕「十八」：四庫本、經訓堂本皆作「六」，是也。

〔二〕經訓堂本、續經解本無「一」字。

〔三〕步發斂術之現代數學表達，可參考李勇中國古曆中的步發斂（自然科學史研究2009年第1期）所釋：

$$候策 = 5 + \frac{221 + \frac{31}{72}}{3040} = 5.0728；$$

$$卦策 = 6 + \frac{256 + \frac{86}{120}}{3040} = 6.0874；$$

$$土王策 = 3 + \frac{132 + \frac{103}{120}}{3040} = 3.0437 = 1/2\ 卦策。$$

于是：

各初、次、末候（起點）＝各月中、節時刻＋（k－1）候策；

各始、中、終卦（起點）＝各月中、節時刻＋（k－1）卦策。

其中k＝1時得初候、始卦；k＝2時得次候、中卦；k＝3時得末候、終卦。

推六十［卦］，各因中氣大小餘命之。公卦用事日也，以地中之策及〔一〕及餘秒累加之數除如法，各次卦用事日，若以貞悔〔二〕之策加諸侯卦，得十有二節之初，外卦用事日。推五行用事，各因四立大小餘命之，即春木、夏火、秋金、冬水，首用事日也。以貞悔之策及餘秒減四季中氣大小餘，即其月土始用事日。

恒氣月中節，四月〔三〕卦	初候	次候	末候
	始卦	中卦	終卦
冬至十一月節〔四〕坎初六	蚯蚓結	麋角解	水泉動
	公中孚	辟復	侯屯內卦〔五〕

〔一〕抄本旁行補「卦」字，行末衍「及」字。
〔二〕「悔」：四庫本誤作「卦」。
〔三〕「月」：四庫本作「正」。依文義，作「正」是。
〔四〕「節」：四庫本、經訓堂本、續經解本作「中」，是也。
〔五〕經訓堂本、續經解本無「卦」字。下放此。

续表

小寒十二月節坎九二	雁北鄉	鵲始巢	野雞始雞〔一〕
	侯屯外卦〔二〕	大夫謙	卿睽
大寒十二月中坎六三	雞始乳	鷙鳥厲疾	水澤腹堅
	公升	辟臨	侯小過內卦
立春正月節坎六四	東風解凍	蟄蟲始振	魚上冰
	侯小過外卦	大夫蒙	卿益
雨水正月中坎九五	獺祭魚	鴻雁來〔三〕	草木萌動
	公漸	辟泰	侯需內卦
驚蟄二月節坎上六	桃始華	倉庚鳴	鷹化爲鳩
	侯需外卦	大夫隨	卿晉

〔一〕「雞」：續經解本、四庫本作「雊」，是也。
〔二〕「外卦」：經訓堂本、續經解本作小注「外」。下放此。
〔三〕「鴻雁來」：四庫本作「候雁北」。

续表

春分二月中震初九	玄鳥至	雷乃發聲	始電
	公解	辟大壯	侯豫內卦
清明三月節震六二	桐始華	鼠化爲駕	虹始見
	侯豫外卦	大夫訟	卿蠱
穀雨三月中震六三	萍始生	鳴鳩拂羽	戴勝降桑
	公革	辟夬	侯旅內卦
立夏四月節震九四	螻蟈鳴	蚯蚓出	王瓜生
	侯旅外卦	大夫師	卿比
小滿四月中震六五	苦菜秀	靡草死	小暑至〔一〕
	公小畜	辟乾	侯大有內卦

〔一〕「小暑至」：四庫本作「麥秋至」。

续表

立秋七月節離九四	侯恒外卦	大夫節	卿同人
	涼風至	白露降	寒蟬鳴
大暑六月中，離九三	公履	辟遯	侯恒內卦
	腐草爲螢	土潤溽暑	大雨時行
小暑六月節離六二	侯鼎外卦	大夫豐	卿渙
	温風至	蟋蟀居壁	鷹乃學習
夏至五月中離初九	公咸	辟姤	侯鼎內卦
	鹿角解	蜩始鳴	半夏生
芒種五月節震上六	侯大有外卦	大夫家人	卿井
	螳螂生	鵙始鳴	反舌無聲

续表

處暑七月中離六五	鷹祭鳥	天地始肅	禾乃登
	公損	辟否	侯巽内卦
白露八月節離上九	鴻鴈來	玄鳥歸	群鳥養羞
	侯巽外卦	大夫萃	卿大畜
秋分八月中兑初九	雷乃收聲	蟄蟲抔〔一〕户	水始涸
	公賁	辟觀	侯歸妹内卦
寒露九月節兑九二	鴻雁來賓	雀入大水爲蛤	菊有黄花
	侯歸妹外卦	大夫无妄	卿明夷
霜降九月中兑六三	豺乃祭獸	草木黄落	蟄蟲咸俯
	公困	辟剥	侯艮内卦

〔一〕「抔」：四庫本譌作「坏」，經訓堂本、續經解本作「培」。

续表

立冬十月節兑九四	雉入大水〔二〕爲蜄	地始凍	水始冰
	卿噬嗑	大夫既濟	侯艮外卦
小雪十月中兑九五	閉塞成冬	天氣上騰地氣下降	虹藏不見
	侯未濟内卦	辟坤	公大過
大雪十一月節兑上六	荔〔三〕挺出	虎始交	鶡鴠不鳴
	卿頤	大夫蹇	侯未濟外卦

七十二候三微

易緯乾鑿度曰：「天氣三微而成一著，三著而成一體。」康成注云：「五日爲一微，

〔二〕「雉入大水」：經訓堂本、續經解本作「野雞入水」。

〔三〕四庫本脱「荔」字。

十五日爲一著，故五日有一候，十五日成一氣也。」

又曰：「八卦之生物也，畫六爻之移，氣周而從卦。」康成注云：「八卦生物，謂其歲之八節，每一卦生三氣，則各得十五日。今言畫六爻，是則中分之。言太史司刻漏者，每氣兩箭四十八箭，猶是生焉猶由通。」〔二〕

孔氏月令正義曰：「凡二十四氣，氣有十五日有餘，每氣中半分之爲四十八氣，

〔二〕　八卦分二十四氣，則一卦三氣也。若三畫卦，則每爻各十五日。今畫六畫卦，則爻數倍之，二爻一氣，故曰中分之，一爻值七日半。猶漏刻每七日半移一箭，一氣兩箭也。按續漢書律志中載：「永元十四年，……太史令舒、承、梵等對：「案官所施漏法令甲第六常符漏品，孝宣皇帝三年十二月乙酉下，建武十年二月壬午詔書施行。漏刻以日長短爲數，率日南北二度四分而增減一刻。一氣俱十五日，日去極各有多少。今官漏率九日移一刻，不隨日進退。夏曆漏刻隨日南北爲長短，密近於官漏，分明可施行。」其年十一月甲寅，詔曰：「告司徒、司空：漏所以節時分，定昏明。昏明長短，起於日去極遠年，日道周圜，不可以計率分，當據儀度，下參晷景。今官漏以計率分昏明，九日增減一刻，違失其實。至爲疏數以耦法。太史待詔霍融上言，不與天相應。太常史官運儀下水，官漏失天者至三刻。以晷景爲刻，少所違失，密近有驗。今下晷景漏刻四十八箭，立成斧官府當用者，計吏到，班予四十八箭。」」

漢家漏刻分晝夜。冬至晝四十刻，夜六十刻；夏至反是。故箭之晝夜分際常有改易，有司遂據二十四氣設四十八箭，每七日半換一箭，新箭較上箭增減一刻也。孫詒讓周禮正義卷五十八挈壺氏疏謂：「賈疏云：『此據漢法而言。則以器盛四十八箭，箭各百刻。以壺盛水，縣於箭上，節而下之水。水淹一刻，則爲一刻。四十八箭者，蓋取倍二十四氣也。』」詩東方未明孔疏云：「『以一年有二十四氣，每一氣之間又分爲二通，率七日強半而易一箭。故周年而用箭四十八也。』」然七日半一刻，則自冬至至夏至增二十四刻。若一刻一換，則當用四十箭而非四十八箭。是此法猶未密。華同旭以爲，隋書天文志上謂：「依日行黃道去極，每差二度四分，爲增減一刻。凡用四十八箭，終於魏、晉，相傳不改。」此李淳風誤解續漢志也。永平改制，當依去極每差二度增減一刻。（陳美東、華同旭：中國計時儀器通史古代卷，安徽教育出版社2011年版，第222—223頁。）據陳美東所言，各相鄰節氣之間白晝漏刻平均相差爲0.83刻。（中國古代的漏箭制度，載廣西民族學院學報2006年第4期）

氣有七日半有餘。故鄭注周禮云：『有四十八箭。』是一氣易一箭也。凡二十四氣，每三分之，七十二氣□〔一〕間五日有餘，故一年有七十二候也。故通卦驗：『冬至之前五日，商旅不行，兵甲伏匿，人主與群臣左右從樂五日。』以五日爲一候也。」

唐一行五卦候議曰：「七十二候，原于周公時訓、月令，雖頗有增益，然先後之次則同。」

朱子發卦氣圖説曰：「二十四氣、七十二候，見於周公之時訓。呂不韋取以爲月令焉。其上則見於夏小正。夏小正者，夏后氏之書，孔子得之於杞者。夏建寅，故其書始於正月。周建子，而授民時、巡守祭享，皆用夏正。説本周書。故其書始於立春。夏小正其〔二〕十二月而無中氣，〔三〕有候應而無日數。至于時訓，乃五日爲候，三候爲氣，六十日爲節。二書詳略雖異，其大要則同。豈時訓因小正而加詳與？左氏傳曰：『先王之正時也，履端於始，舉正於中，歸餘於終。』中，謂中氣也。漢詔曰：『昔者黄帝

〔一〕□：抄本空白，經訓堂本、續經解本作「氣」，四庫本作「之」。蓋原本爲重文符，四庫本誤認「之」。
〔二〕「其」：經訓堂本、續經解本、四庫本作「具」，是也。四庫本漢上易傳亦作「具」。
〔三〕四庫本「有」前有「雖」字。。

合而不死，名察庶驗〔二〕，定清濁，起五部，建氣物分數。」氣，謂二十四氣。則中氣其來尚矣。仲尼贊易時已有時訓，七月一篇則有取於時訓可知。易通卦驗，易家傳先師之言，所記氣候比之時訓晚者二十有四，早者三。當以時訓爲定。故子雲太玄二十四氣，關子論七十二候〔三〕，皆以時訓。」

漢儒傳六日七分學

後漢方術傳曰：「其流又有風角、遁甲、遁，古文巡。太玄所謂巡乘六甲，與斗相逢〔三〕也。七政日月五星之政、元氣開闢陰陽之書，漢書以太極爲元氣、六日七分逢占逢人所問而占之、日者挺專〔四〕折竹卜、須

〔二〕「庶驗」：四庫本作「發斂」。按漢書律曆志作「發斂」，四庫本漢上易傳作「庶驗」。四庫本易漢學蓋據漢書改訂也。

〔三〕「關子論七十二候」，見關氏易傳乾坤之策義第四：「陽爻九，一爻三十六策；陰爻六，一爻二十四策。三天兩地，舉生成而六之也。三六而又二之，故三十六策，爲乾；二六而又二之，故二十四策，爲坤。三其二十四與二其三十六，皆得七十二焉。三其七十二則二百一十六，乾之策也；二其七十二則百四十四，坤之策也。陰陽三五，每一五而變七十二候，二五而變三十六旬，三五而變二十四氣，凡三百六十五，周而復始。」

〔三〕「逢」：四庫本誤作「達」。

〔四〕「挺專」：四庫本作「筳篿」。

臾陰陽吉凶立成之法、孤虛之術。」

郎顗傳：「父宗，字仲綏，學京氏易，善風角、星算、六日七分。」

崔瑗傳：「瑗明天官、歷數、京房易傳、六日七分。」

何休傳：「休注孝經、論語、風角、七分，皆經緯典謨，不與守文同説。」

漢綏民校尉熊君碑曰：「治歐羊與陽同尚書、六日七分。」〔一〕

〔一〕四庫本文末多出：「晉書：『臺產少專京氏易，善圖讖、秘緯、天文、洛書、風角、星算、六日七分之學。』隋書經籍志：『梁有周易飛候六日七分八卷，亡。』」經訓堂本、續經解本多出：「隋經籍志：『京房周易飛候六日七分八卷五行家。』」

易漢學卷三

虞仲翔易

八卦納甲之圖

右圖：坎離，日月也；戊己，中土也。晦夕朔旦，坎象流戊；日中則離，離象就己。三十日會于壬，三日出于庚。孔子三朝記曰：「日歸于西，起明于東。月歸于東，起明于西。」〔一〕故月三日成震，時在庚西。仲翔曰：「戊己土位，象見于中，故坎離在中央。」八日見于丁，十五日盈于甲，十六日退于辛，二十三日消于丙，二十九日窮于乙，滅于癸。乾息坤，成震，三日之象；兑，八日之象。震本屬東方，兑本屬西方。然月之生明必于庚，上弦必于丁，故震在西，兑在南。諸卦可以類推。十五日而乾體成，坤消乾，成巽十六日也，艮二十三日也。二十九日而乾體就。出庚見丁者，指月之盈虛而言，非八卦之定體也。乾盈于甲，行至辛而始退。震爲始生，巽爲始退，而皆在西。兑上弦，艮下弦，而皆在南。乾滿于甲，坤窮于乙，而皆在東。此以月〔二〕所行之道言之，而納甲〔三〕由是生焉。甲乾乙坤相得合木，故甲乙在東；丙艮丁兑相得合火，故丙丁在南；戊坎己離相得合土，故戊己居中；庚震辛巽相得合金，故庚辛在西。天壬地癸相得合水，故壬癸在北。丙丁在南方，

〔一〕大戴禮記誥志第七十一。王聘珍曰：「此於三朝記爲第四。」三國志裴松之注引劉向七略曰：「孔子三見哀公，作三朝記七篇，今在大戴禮。」
〔二〕「月」：四庫本作「日」。
〔三〕「甲」：四庫本誤作「坤」。

所謂「二八應一斤」也。甲乙在東方，壬癸在北方，所謂「乾坤括始終」〔一〕也。御覽引京房易説曰：「月初光見西方，已後生光見東方，皆日所照。」法言曰：「月未望則載魄于東〔二〕，既望則終魄于東。其溯于日乎？」此天地自然之理。宋人作是圖者，依邵氏僞造伏羲先天圖之位，錯亂不可明。今正之，而附漢儒諸説于左方。〔三〕

坤象曰：「西南得朋，乃與類行。謂陽得其類，月朔至望，從震至乾，與時偕行，故乃與類行。東北喪朋，乃終有慶。」陽喪滅坤，坤終復生。謂月三日震象出庚，故乃終有慶。仲翔曰：「此指説易道陰陽消息之大要也。謂陽，月三日變而成震出庚，至月八日成兑見丁。庚西丁南，故西南得朋，謂二陽爲朋〔四〕。二十九日，消乙入坤，滅藏於癸。乙東癸北，故東北喪朋，謂之以坤滅乾。坤爲喪也。」

〔一〕兩句並參同契語。
〔二〕「東」：四庫本同，經訓堂本作『西』，是也。
〔三〕按此處自「此天地自然之理」至「于左方」數句，爲正文，四庫本同。然抄本又裁紙覆蓋其上，似欲刪去。經訓堂本、續經解本無此數句，而易以小注：「繫辭所云『在天成象』，又曰『懸象著明，莫大乎日月』是也。仲翔述道士之言，謂易道在天，三爻足矣，其言旨哉。」末句蓋惠氏刪改。抄本所載爲惠氏批駁宋儒之説，可見其真意。惠氏所謂錯亂不可名者，即朱震納甲圖也。朱震圖依震兑乾巽艮坤之次，中軸夾入離坎，適成邵雍先天八卦圖。竊謂以天干方位，則當如惠氏之圖；若依陰陽消長，則朱震圖亦無過。邵子之圖，亦有得于參同契。各行其是而已。
〔四〕「朋」：聚樂堂本、秘册匯函本、津逮秘書本周易集解皆作「用」，雅雨堂本集解（惠棟爲盧見曾所校，乾隆二十一年）作「朋」，此蓋惠氏校改。

小畜上九曰：「月幾望。」易説曰：「月十五盈乾甲，十六見巽辛，内乾外巽，故月幾望。」〔一〕中孚六四：「月幾望。」晁氏説之曰：「孟、荀、一行幾作既。孟喜云十六日也。案此，則孟長卿亦用納甲。」説之案：古文讀近爲既，詩『往近王舅』是也。此實〔二〕當作既。」棟案六四體巽，故云既望。晁説是。

蹇象曰：「蹇利西南，往得中也。不利東北，其道窮也。」仲翔曰：「坤，西南卦。坎爲月，月生西南，故『利西南，往得中』，謂西南得朋也。艮，東北之卦，月消於艮，喪乙滅癸，故『不利東北，其道窮也』，則東北喪朋矣。」説卦云：「艮，東北之卦也。萬物之所成終而所成始也。」仲翔曰：「萬物成始乾甲，成終坤〔三〕癸。艮東北，是甲癸之間，故萬物之所成終而成始者也。」案仲翔之意，艮本東北之卦，而消于丙，當在南方。乾十五日也，坤三十日也，艮在中，距乾坤，皆八日。甲東，癸北，故云「艮東北，甲、癸之間」。蹇象又云：「蹇之時用大矣哉。」仲翔曰：「謂坎月生西南庚丁而終東北甲癸，震象出庚，兑象見丁，乾象盈甲，巽象退辛，艮象消丙，坤象窮乙，喪滅于癸，終則復始，以生萬物，故用大矣。」

〔一〕惠士奇易説。
〔二〕「實」：四庫本作「字」。
〔三〕「坤」：四庫本誤作「藏」。

歸妹象曰：「歸妹，人之始終〔一〕也。」仲翔曰：「人始生乾而終于坤，故人之終始。」雜卦曰：「歸妹女之終。」謂陰終坤癸，則乾始震庚也。

繫辭上曰：「在天成象。」仲翔曰：「謂日月在天成八卦。震象出庚，兑象見丁，乾象盈甲，巽象伏辛，艮象消丙，坤象喪乙，坎象流戊，離象就己。故在天成象也。」三畫謂之象，六畫謂之爻。日月在天成八卦，止以三才言之。仲翔曰：「八卦乃四象所生，非庖犧之所造也。」觀此可悟〔二〕。又云：「縣象著明，莫大乎日月。」仲翔曰：「謂日月縣天，成八卦象。三日暮震象出庚，八日兑象見丁，十五日乾象盈甲，十六日旦巽象退辛，二十三日艮象消丙，三十日坤象滅乙。晦夕朔旦，坎象流戊；日中則離，離象就己。戊己土位，象見於中。」宋人作納甲圖，以坎離列東西者誤甚。〔三〕日月相推而明生焉。又曰：「四象生八卦。」仲翔曰：「乾二五之坤則生震坎艮，坤二五之乾則生巽離兑，故四象生八卦。乾坤生春甲乙，艮兑生夏丙丁，震巽生秋庚辛，坎離

〔一〕「始終」：四庫本、經訓堂本、續經解本作「終始」，是也。
〔二〕此蓋以仲翔駁康節。康節以伏羲畫八卦。
〔三〕此指朱震也。詳漢上易傳圖説上。

生冬者也。〔一〕

參同契曰：「子午數合三坎子離午，戊己號稱五。〔二〕三五既和諧，八石正綱紀。」又云：「水以土爲鬼，土鎮水不起。朱雀爲火精，執平調勝負。水盛火須滅，俱死歸厚土。三性古文姓皆作性，漢碑皆然既合會，本姓共宗祖。」仲翔注説卦云：「水火相通，坎戊離己，月三十，一會于壬〔三〕。」是坎離生冬之義。易乾〔四〕鑿度曰：「離爲日，坎爲月。日月之道，陰陽之經，所以終始萬物。故以坎離爲終。」康成云：「言〔五〕以日月終天地之道。」

繫辭下曰：「八卦成列，象在其中矣。」仲翔曰〔六〕：「象謂三才成八卦之象。乾坤列東甲乙，艮兑列南丙丁，震巽列西庚辛，坎離在中戊己，故八卦成列則象在其中。」

〔一〕四庫本句末衍「戊己」小注，蓋館臣臆補。且坎離生冬，當用壬癸，非戊己也。
〔二〕彭曉曰：「子水，數一；午火，數二。共合成三也。戊、己土，數五也。」
〔三〕「于壬」：四庫本誤作「予云」。
〔四〕「乾」：四庫本誤作「象」。
〔五〕「言」：四庫本誤作「易」。
〔六〕「曰」：四庫本作「云」。

說卦曰：「水火不相射。」仲翔曰：「謂坎離。射，厭也。水火相通，坎戊離己，月三十日，一會於壬，故不相射也。」仲翔又注歸妹曰：「乾主壬，坤主癸，日月會北。」又云：「萬物出乎震，震東方也。」仲翔曰：「出，生也。震初不見東震初出庚在西，故不稱東方卦也。」「齊乎巽，巽東南也。」注云：「巽陽隱初，又〔一〕不見東南巽在西，亦不稱東南卦，與震同義。」「離也者，明也，萬物皆相見，南方之卦也。」注云：「離象三爻，皆正日中，正南方之卦也。」日中則離。「兑，正秋也。」注云：「兑三失位不正，故言正秋。兑象不見西兑在南，故不言〔二〕西方之卦。」「戰乎乾，乾，西北之卦也。」注云：「乾剛正五月十五日晨，象西北暮在東，故西北之卦。」「坎者水也，正北方之卦也。」注云：「坎二失位不正，故言正北方之卦。與兑正秋同義。坎月夜中，故正北方。」「艮，東北之卦也，萬物之所成終而所成始也，故曰成言乎艮。」注云：「萬物成始乾甲，成終坤癸。艮東北，甲癸之間。說見前。故萬物之所成終而成始者也。」

〔一〕「又」：四庫本作「爻」，非是。
〔二〕「言」：四庫本作「曰」。

魏伯陽參同契曰：「天符有進退，詘伸以應時。故易統天心，復卦建始萌。長子繼父體，因母立兆基。沈括曰：「乾初爻交坤生震，故震初爻納子午，乾初子午故也。」消息應鍾律詳〔一〕後圖，升降據斗樞。漢書律曆志〔二〕云：「玉衡杓建，天之綱〔三〕也。」孟康曰：「斗在天中，周制四方；猶宮聲處中，爲四聲綱也。」太玄曰：「巡乘六甲，與斗相逢。」如淳曰：「杓音猋，斗端星也。」三日出爲爽爽，明也，震庚受西方。朱子曰：「三日，第一節之中，日生明〔四〕之時也。蓋始受一陽之光，昏見于西方庚也。」八日兑受丁，上弦平如繩。朱子曰：「八日〔五〕，第二節之中，月上弦之時，受二〔六〕陽之光，昏見于南方丁地。」十五乾體就，盛滿甲東方。朱子曰：「十五日，第三節之中，月既望之時，全受日光，昏見于東方甲地，是爲乾體。」蟾蜍與兔魄，日月氣雙明。蟾蜍視卦〔七〕節，兔〔八〕吐生光。七

〔一〕「詳」：四庫本誤「解」。
〔二〕「志」：四庫本誤作「注」。
〔三〕「綱」：四庫本誤作「象」。
〔四〕「日生明」：四庫本誤作「月生則」。
〔五〕「日」：四庫本誤作「月」。
〔六〕「二」：四庫本誤作「三」。
〔七〕「卦」：四庫本誤作「見」。
〔八〕此處空一字，經訓堂本、續經解本、四庫本作「魄」。按參同契舊本此處多作「者」，蓋惠氏猶豫不定，故闕疑，而後或有補作「魄」字之本。

八道已訖七八十五，屈折低下降。十六轉受統，巽辛見平明。朱子曰：「十六日，第四節之始，始受下一陰爲巽而成魄，以平旦而没于西方辛也〔一〕。」艮直于丙南，下弦二十三。朱子曰：「二十三日，第五節之中，復生中一〔二〕陰爲艮而下弦，以平旦而没于南方丙地。」坤乙三十日，東北喪其朋〔三〕，節盡相禪與，繼體復生龍。朱子曰：「三十日，第六節之終。全〔四〕變三陽而光盡，體伏于西北。一月六節既盡，而禪于後月，復生震卦云。」壬癸配甲乙，乾坤括始終。沈括曰：「乾納甲壬，坤納乙癸者，上下包之也。」七八數十五，九六亦相應，四者合三十七八九六皆合于十五，所謂四象生八卦也，陽氣索滅藏滅藏于癸〔五〕。」又云：「火記不虛作，演易以明之。偃月法鼎爐，白虎爲熬樞。郭洞林云：「兑爲白虎。」永日爲流珠。青龍與之俱。御覽引古注云：「日爲陽，陽精爲流珠，青龍東方少陽也。」舉東以合西日東月西，魂魄自相拘日魂月魄。上弦兑數八，下弦艮亦八。兩弦合

〔一〕「也」：經訓堂本、續經解本作「地」，是也。
〔二〕「一」：四庫本誤作「之」。
〔三〕「朋」：四庫本誤作「明」。
〔四〕「全」：四庫本誤作「合」。
〔五〕經訓堂本、續經解本後小注多出一段：「〇續漢書律曆志曰：故太史待詔張隆言：能用易九六七八爻，知月行多少。蓋用納甲之法，以知晦朔弦望耳。」

其精，乾坤體乃成。兑息成乾，艮消成坤。二八應一斤〔一〕，易道正不傾。」又云：「晦朔之間，合符行中坎戊離己。始于東北，箕斗之鄉甲癸之間，上爲箕斗。旋而右轉，嘔輪吐萌。潛潭見象，春秋緯有〔二〕潛潭巴，義與此同，昴畢之上。震出爲徵昴畢在庚，陽氣造端，初九潛龍注見上，下同，陽以三立，春秋緯元命包曰：「陽立于三，故三日出爲震。」陰以八通陰立於八。三日震動，八日兑行，九二見龍兑爲見，和平有明。三五德就十五日，乾體乃成。九三夕惕，虧折神符，盛衰漸革，終還其初。巽繼其統，固濟保持。九四或躍，進退道危巽爲進退。艮主進止，不得逾時。二十三日，典守弦期。九五飛龍，天位加喜。六五坤承〔三〕，結括終始。韞養衆子，世爲類母。上九亢龍，戰德于野。用九翩翩〔四〕，爲道規矩。陽數已訖，訖則復起。推情合性，轉而相與〔五〕。循環璇璣，升降上下，周流六爻，難可察覩。故無常位，爲易宗祖。」又云：「坎戊月

〔一〕兑爲初八日；艮二十三日，亦過望八日。艮兑爲二八，合爲十六，故一斤。
〔二〕「有」：四庫本誤作「書」。
〔三〕「承」：四庫本誤作「成」。朱子成書本周易參同契考異作「承」。
〔四〕「翩翩」：四庫本作「偏偏」，朱子成書本周易參同契考異亦作「翩翩」。
〔五〕自「陽數已訖」至「轉而相與」，朱子成書本周易參同契考異在「上九亢龍」前。

精，離己日光。日月爲易，繫辭下云：「易者，象也。」仲翔云：「易爲〔一〕日月。懸象著明莫大日月也。」剛柔相當，土旺四季，羅絡始終。青赤黑白，各居一方。甲乙青，丙丁赤，壬癸黑，庚辛白。皆稟中宮，戊己之功。戊己黃。」

龍虎上經曰：「丹砂流汞父，汞，說文作澒，云『丹沙所化爲水銀也』。戊己黃金母，鐘律還二六十二律，斗樞建三元。赤童戲朱雀郭洞林云離爲朱雀，變化爲青龍。坤初變成震，三日月出庚。東西分卯酉，龍虎自相尋震龍兑虎，卯東酉西。坤再變成兑，八日月出丁，上弦金半斤〔二〕。坤三變成乾，十五三陽備，圓照東方甲。〔三〕金水溫太陽，赤水〔四〕流爲汞，姹女弄明璫。月盈自合虧，十六運將滅，乾初缺成巽，平明月見〔五〕辛。乾再損成艮，二十三下弦，下弦水半斤。月出

〔一〕「爲」：經訓堂本、續經解本、四庫本皆作「謂」。據周易集解，作「謂」是。
〔二〕俞琰周易參同契發揮謂：「上弦金半斤，計一百九十二銖；下弦水半斤，計一百九十二銖。總而計之，共得三百八十四銖。易有六十四卦，卦有六爻。陽爻一百九十二，陰爻一百九十二。總而計之，共得三百八十四爻。魏公借此以論丹道之妙，不過取其陰陽兩齊而配合相生爾。蓋非真有所謂三百八十四銖，真有所謂三百八十四爻也。」
〔三〕經訓堂本、續經解本此後有小注「春秋保乾圖曰：『日以圓照。』」按此語在此抄本下段，詳後第二脚註。
〔四〕「水」：四庫本、經訓堂本、續經解本作「髓」，是也。
〔五〕「見」：四庫本作「出」。據龍虎經，作「見」是。

于丙南，乾三變成坤，坤乙三十日，東北喪其朋〔一〕。月没于乙地，坤乙月既晦。土〔二〕金將化，繼坤生震龍，乾坤括始終。如上三十日，坤生震兑乾，乾生巽艮坤。八卦列布曜，推移不失中。」

案龍虎經似宋初人僞撰，如「圓照東方甲」〔三〕、「坤生震兑乾」，皆不知漢易者也。「乾〔四〕照東方甲」，先天之説也。納甲異是。故謂「乾生震坎艮，坤生巽離兑」則可，謂「乾生巽，坤生震」則不可，謂「坤生乾，乾生坤」則尤謬也。〔五〕

漢書李尋曰：「月者，衆陰之長，銷〔六〕息見伏，百里爲品，千里立表，萬里連紀，妃后大臣諸侯之象也。朔晦正終始壬癸配甲乙，弦爲繩墨兑艮，望成君德乾爲君。春夏南，秋

〔一〕「朋」：四庫本作「明」。龍虎經作「明」。

〔二〕此處闕一字，經訓堂本亦空一格，續經解本作白匡，四庫本小注曰「闕」。據今傳古本龍虎經注疏，則當爲「木」字。

〔三〕抄本于「似宋初人僞撰」旁行、「推移不失中」下有雙行小注「春秋保乾圖曰『日以圓照』，『圓照』二字本此」，行書，墨色稍淡。他本皆無，或松崖覆閱此本時所批。

〔四〕「乾」，經訓堂本作「圓」。

〔五〕按此處小注，四庫本闕。而經訓堂本、續經解本則皆依正常行款刊刻（經訓堂本大、小字皆每行二十二字，續經解本皆每行二十四字）。此抄本則十分緊湊，句末一行，本餘十八字空格，此小注則雙行每行二十六字。顯爲後來補入。四庫本既無，則似初稿本無此小注；而此抄稿本所增小注，雖墨色與正文稍有異，仍可斷爲惠氏筆跡。故知此爲惠氏後來補入，非刻書者妄增也。

〔六〕「銷」：四庫本作「消」，非。

冬北。」

京房乾卦傳曰：「甲壬配外内〔一〕二象。」陸績曰：「乾爲天地之首，分甲壬入乾位。」

案：乾納甲壬。故内三爻甲，子、寅、辰；外三爻壬，午、申、戌。

京房履卦傳曰：「六丙屬八卦，九五得位，爲世身。九二〔二〕大夫合應象。」陸績曰：「艮六丙也。」

案艮五世履，故云六丙。〔三〕

京氏易傳曰：「分天地乾坤之象，益之以甲乙壬癸。陸績曰：『乾坤一卦爲〔四〕天地陰陽之本，故分甲乙壬癸，陰陽之始終。』震巽之象配庚辛庚陽入〔五〕震，辛陰入巽，坎離之象配戊己戊陽入坎，己陰入離，艮兑之

〔一〕「内」：四庫本誤作「丙」。

〔二〕「二」：四庫本誤作「三」。

〔三〕本宫爲第一，則五世卦爲第六。艮納丙。履爲艮宫五世卦，故曰六丙。

〔四〕「乾坤一卦爲」：程榮本、天一閣本、四庫本京氏易傳作「乾坤二分」，津逮秘書本作「乾坤二象」。蓋惠氏所據與以上諸本皆不同。按復旦大學圖書館藏有朱邦衡臨京氏易傳惠棟批校本，此處作「乾坤一卦爲天地陰陽之本」，與此易漢學抄本同。朱邦衡所臨，謂「照惠定宇先生手校宋本寫」，則松崖所據易傳宋本，其脱謁反較程榮本、天一閣諸本爲多。

〔五〕「入」：凡本段小注「入」字，四庫本皆誤作「八」。

象配丙丁丙陽入艮，丁陰入兑，八卦分陰陽，六位配五行，光明四通，效一作變〔一〕易立節。」

又曰：「鼎木能巽火，故鼎之象中虚見納，受辛于内也。」

案：巽納辛，謂離中虚而受巽辛，故有鼎象。古文尚書堯典曰：「女汝耐能䔞庸命𢁉巽朕朕立位？」説文曰：「𢁉，巽也。从丌从頭。」此易𢁉卦爲長女為風者，馬融注尚書曰：「𢁉，遜也。𢁉，古文巽。」巽納辛，許叔重謂「受辛者宜辭〔二〕之」，故辭字从受从辛，亦巽讓之義也。

唐律疏義〔三〕曰：「按禮，日見于甲，月見于庚。」

案仲翔注易訟上九曰：「乾爲甲。日出甲上，故稱朝。」説文曰：「早，从日在〔四〕甲上。古文早作皁。」十五乾盈甲，日月相望，月上屬爲天使，故日〔五〕見于甲也〔六〕。三日

〔一〕「效一作變」：經訓堂本、續經解本作「佼一作㑊，又作簡」。
〔二〕「辭」：四庫本誤作「解」。又此句二「辭」字，經訓堂本作「辤」。
〔三〕「疏義」：經訓堂本、續經解本作「義疏」。
〔四〕「从」：四庫本誤作「以」。「在」：四庫本誤作「爲」。
〔五〕「日」：四庫本誤作「曰」。
〔六〕「也」：四庫本誤作「地」。下「見于庚也」放此。

月出庚，震爲〔一〕庚，故月〔二〕見于庚也。夫婦之義取諸此。

五位相得而各有合

繫辭曰：「天數五，地數五，五位相得而各有合。」仲翔曰：「五位，謂五行之位。甲乾乙坤相得合木，謂天地定位也；丙艮丁兑相得合火，山澤通氣也；戊坎己離相得合土，水火相逮也；水火相通〔三〕合土，參同契所謂「三物一家，都歸戊己」也。庚震辛巽相得合金，雷風相薄也；天壬地癸相得合水，荀爽言：「建亥月，乾坤合居」。〔四〕言陰陽相薄而戰于乾。故五位相得而各有合。」

〔一〕「爲」：四庫本、經訓堂本、續經解本作「屬」。
〔二〕「月」：四库本誤作「日」。
〔三〕「通」：四庫本作「逮」，似是。
〔四〕此小注，經訓堂本、續經解本作：「虞注説卦「水火不相射」云：「謂坎離。射，厭也。水火相通，坎戊離己，月三十日，一會於壬，故不相射。」虞又注繫辭「四象生八卦」云：「乾坤生春，艮兑生夏，震巽生秋，坎離生冬。」皆是義也。」

乙	丁	己	辛	癸	**五位相得**
三木	二火	五土	四金	一水	**而各有合**
甲	丙	戊	庚	壬	

右圖見宋本參同契，〔二〕當是仲翔所作，與前説合。月令所謂「孟春之月，其日甲乙；孟夏之月，其日丙丁」是也。月令又云：「孟春其數八，孟夏其數七。」蓋以土數乘木火金水而成，即劉歆大衍之數也。皇侃禮記義疏以爲：「金木水火得土而成，以水數一得土數五，故六也；火數二，得土數五，爲〔三〕成數七；水數三，得土數五，爲成數八；又金數四，得土數五，爲成數九。」參同契謂：「土旺四季，羅絡始終，青赤黑白，各居一方。皆稟中宫，戊己之功。」皆是物也。

朱子發作易圖及叢説，據仲翔「甲乾乙坤相得合木」之注，以爲甲一、乙二、丙三、丁四、戊五、己六、庚七、辛八、壬九、癸十。乾納甲壬配一九，坤合乙癸配二十。殊不知

〔二〕按彭曉周易參同契真義、陳顯微周易參同契解（正統道藏本）等皆載有此圖，在補塞遺脱章。朱子考異此章有文無圖。

〔三〕「爲」：四庫本作「而」，非。

納甲之法，甲與乙合；生成之數，一與六合。兩説判然，朱氏合而一之，漢學由是日晦矣。〔二〕

〔二〕朱震漢上易傳卦圖下載有十日數之圖。

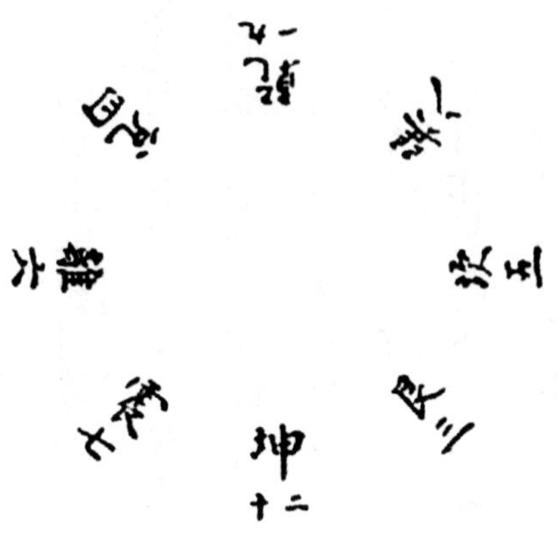

其説曰：「右圖十日數者，八卦五行分天地五十五之數也。虞翻曰：『甲乾乙坤相得合木，丙艮丁兑相得合火，戊坎已離相得合土，庚震辛巽相得合金，天壬地癸相得合水，故五位相得而各有合。』崔憬曰：『天三配艮，天五配坎，天七配震，天九配乾，地二配兑，地十配離，地八配巽，地六配坤。不取天一地四者，此數八卦之外。』臣曰：以三配艮，五配坎，七配震，八配巽是也；餘論非也。遁甲九天九地之數，乾納甲壬，坤納乙癸，自甲至壬，其數九，故曰九天。自乙至癸其數九，故曰九地。甲一，乙二，丙三，丁四，戊五，己六，庚七，辛八，壬九，癸十，故乾納甲壬配一九，坤納乙癸配二十，震納庚配七，巽納辛配八，坎納戊配五，離納己配六，艮納丙配三，兑納丁配四。此天地五十五之數也。」

周流六虚

繫辭曰：「變動不居，周流六虚。」仲翔曰：「六虚，六位也。乾坤十二辰分六位，陸績説也。乾三畫坤三畫分六位，仲翔説也。日月周流，終則復始。故周流六虚，謂甲子之旬辰爲虚，坎戊爲月，離己爲日，入〔一〕在中宮，其處空虚，故稱六虚。五甲如次者也。」棟案：甲子之旬辰爲虚者，六甲孤虚法也。裴駰曰：「甲子旬中無戌亥，戌亥爲孤，辰巳爲虚；甲戌旬中無申酉，申酉爲孤，寅卯爲虚；甲申旬中無午未，午未爲孤，子丑爲虚；甲午旬中無辰巳，辰巳爲孤，戌亥爲虚；甲辰旬中無寅卯，寅卯爲孤，申酉爲虚；甲寅旬中無子丑，子丑爲孤，午未爲虚。」太史公曰：「日辰不全，故有孤虚。」張存中四〔二〕書通證云：「陰陽家金匱曰：六甲旬〔三〕孤上坐者勝，虚上坐者負。伍子胥曰：月〔四〕遠行諸事不得往。」甲乙爲日，合而爲五行；子丑爲辰，分而爲六位淮南子謂之六府。故京房易傳曰：「降五行，頒六位。」漢書律曆志曰：「天數五，地數六，六爲律，五爲聲。

〔一〕「入」：四庫本誤作「八」。
〔二〕「四」：四庫本誤作「曰」。
〔三〕「旬」：四庫本誤作「有」。
〔四〕「月」：經訓堂本、續經解本、四庫本並作「凡」，據四書通證，作「凡」是。

周流于六虛，虛者爻律。」乾坤十二爻，黄鐘十二律，陰陽各六。其説皆與仲翔合。天有五行十二辰，參同契曰：「日合〔一〕五行精，月受六律化〔二〕，五六三十度，度竟復更始。」易有四正十二消息，樂有五聲十二律，參同契曰：「消息應鍾律。」其義一也。仲翔又謂「坎月離日，入在中宫，其處空虛」者，此謂坎離爲乾坤二用也。乾位六，坤位六，主一歲之消息。坎戊戊離己居中宫，旺四季，出乾入坤，流行于六位消息之中，而消息獨無二卦象，故云其處空虛也。參同契曰：「天地設位，而易行乎其中矣。天地者〔三〕，乾坤之象也。設位者，列陰陽配合之位也乾坤各六。易，謂坎離日月。坎離者，乾坤二用。二用無爻位，十二消息不見坎離象。朱子語類解參同契二用即乾坤用九、用六，殊誤。〔四〕周流行六虛。往來

〔一〕「合」：四庫本誤作「受」。

〔二〕「化」：經訓堂本、續經解本、四庫本並作「紀」，據參同契諸版本，作「紀」是。

〔三〕「者」：四庫本誤作「有」。

〔四〕朱子注曰：「乾坤二用，謂乾用九，坤用六。九老陽，六老陰也。乾坤二卦，六爻九六各有定位，唯用九用六無定位。而六爻之九六，即此九六之周流升降也。納甲之法，乾納甲壬，坤納乙癸，震納庚，巽納辛，艮納丙，兑納丁，皆有定位；而坎納戊，離納己，無定位。蓋六卦之陰陽即坎離中爻之周流升降也，故以此之無制彼之有，知器有形而其用乃在其形之空處。」又附載語類曰：「或問：『參同本是龍虎上經，果否？』曰：『不然。蓋是後人見伯陽傳有龍虎上經一句，遂僞作此經，大概皆是隱括參同之語而爲之也。其間有説錯了處，如二用云者，用九用六，九六亦坎離也；六虛者，即乾坤之初二三四五上六爻位也。言二用雖無爻位，而常周流乎乾坤六爻之間，猶人之精氣上下周流乎一身，而無定所也。龍虎經却錯説作虛危去。蓋討頭不見牽合一字來説。』」按今傳龍虎上經謂：「神室設位，變化在乎其中矣。神室者，上下釜也。設位者，列雌雄配合之密也。變化，謂砂汞。砂汞者，金土之二用。二用无定位，張翼飛虛危，往來既不定，上下亦无常。獨居不改化，歸中宫包囊。」其「二用无定位，張翼飛虛危，往來既不定，上下亦无常」云云，即與參同契「二用無爻位，周流行六虛。往來既不定，上下亦無常」同。故朱子謂其隱栝參同契之語而爲之也。然彼以二用爲金土，以六虛爲虛危，則又有别，故朱子謂「説錯了」。

既不定，上下亦無常。幽潛淪匿，變化於中。包囊萬物，爲道紀綱。以無制有，器用者空。故推消息，坎離没亡十二消息無坎離〔一〕。」是則坎離者，於五行爲土，於五聲爲宫。律曆志云：「天之中數五，五爲聲。聲上宫，五聲莫大焉。地之中數六，六爲律，律者著宫聲也。宫以九唱六，變動不居，周流六虚，始於子，終於亥，而乾坤六位畢矣。」十一月黄鐘，乾初九，至十月應鐘，坤六三，而一歲終〔二〕。

乾爲積善

坤文言曰：「積善之家，必有餘慶；積不善之家，必有餘殃。」仲翔曰：「謂初乾爲積善；以坤牝〔三〕陽，滅出復震，爲餘慶。乾成于震，謂月三日。坤積不善，以乾通坤，極姤生巽，爲餘殃。坤生于巽，謂十六日。仲翔又注履上九曰：「乾爲積善，故考祥。」漢議郎元賓碑曰：

〔一〕「十二消息無坎離」，雙行小注，占原文三格。經訓堂本、續經解本無此注，四庫本作「坎離在四正」。蓋經訓堂本所據稿本已删去，因上文有小注「十二消息不見坎離象」也。

〔二〕四庫本句末衍「矣」字。

〔三〕「牝」：四庫本誤作「壯」。

「乾乾積善。」蓋古人以陰爲惡，陽爲善。朱穆奏記曰：「善道屬陽，惡道屬陰。」〔一〕尚書大傳「考績」訓曰：「積不善至於幽，六極以類降，故黜之；積善至於明，五福以類升，故陟之。」〔二〕乾爲善，又爲福。故仲翔注謙卦云：「坤爲鬼害，乾爲神福。」乾乾積善，謂九三也。五福攸好德，其積善之謂乎。

虞氏逸象

荀、九家逸象三〔三〕十有一，載見陸氏釋文，朱子采入本義〔四〕。虞仲翔傳其家五世孟氏之學，八卦取象十倍于九家。如〔五〕：

乾爲王、乾爲君，故爲王。九家震爲王，乾初九也。爲神陽爲神、爲人、指九三。案：康成注乾鑿度曰：「人象乾德

〔一〕後漢書卷四三朱穆傳。
〔二〕路史卷二十一注引。
〔三〕「三」：四庫本誤作「五」。
〔四〕朱子本義於説卦傳「乾爲天」以下，注釋全用九家逸象爲説。
〔五〕抄本及諸刻本「乾爲王」以下均不提行。今爲閲讀便利，每卦另提行以示區别。

而生。」又云：「太乙常〔一〕行乾宫，降感〔二〕而生人。」**爲聖人**九五、**爲賢人**、**爲君子**、皆指九三。三于三才〔三〕爲人道〔四〕。**爲善人**、乾爲善、爲人，故爲善人。乾元善之長也〔五〕。**爲武人**、乾陽剛武。春秋外傳〔六〕曰：「天事武。」〔七〕**爲物**乾純粹精，故主爲物、**爲敬**、九三夕惕若厲。厲，説文引作䞇。䞇，敬也。左傳：「成季之生也，筮之，遇大有之乾，曰『同復於父，敬如君所』」，是乾爲敬也。**爲威**、**爲嚴**君悳威嚴〔八〕、**爲道**乾道變化〔九〕、**爲德**乾有四德、〔一〇〕**爲信**坎之孚也、**爲善**善道屬陽、**爲良**乾善爲〔一一〕良、**爲愛**長人故〔一二〕愛、**爲忿**乾剛武爲忿、**爲生**、**爲慶**陽稱慶、**爲祥**善也、**爲嘉**

〔一〕「乙常」：四庫本誤作「一帝」。
〔二〕「降感」：四庫本作「感降」。
〔三〕「指」：四庫本誤作「謂」。「三才」：四庫本誤作「五爻」。
〔四〕「爲賢人」下，經訓堂本、續經解本有小注「九二。二升坤五，故曰賢人」。「爲君子」下小注則作「謂九三。三于三才爲人道」。按惠氏初稿蓋以賢人、君子皆指九三，故稿本小注如此；後則以爲此説不妥，故分以九二指賢人，以九三指君子。
〔五〕「乾元善之長也」，四庫本譌作「乾爻善之義也」。
〔六〕「傳」：四庫本誤作「禮」。
〔七〕經訓堂本、續經解本此處多出「爲行人」一條。
〔八〕經訓堂本、續經解本小注多「太元曰地坎而天嚴」。
〔九〕經訓堂本、續經解本小注作：「乾爲天。道之大原出于天。故乾爲道。彖傳曰：『乾道變化』。」
〔一〇〕經訓堂本、續經解本此處多出「爲性天命之謂性」一條。
〔一一〕「爲」：四庫本、經訓堂本、續經解本皆作「故」，是也。
〔一二〕「故」：諸本同。抄本「故」字爲雌黄後改，蓋本作「爲」。

四悳，亨者嘉之會、爲福、爲祿、爲積善、爲介福介，大、爲先坤先迷後得主，故乾爲先、爲始乾知大始、爲知乾以易知、爲大、陽〔一〕稱大。九家易曰：「六爻純陽，故曰大。」義具泰否二卦。〔二〕爲盈十五乾盈甲、爲肥乾盈故肥、爲好賈逵曰：好生于陽、爲施陽主施、爲利利，四悳之一、爲清乾爲天，天得一以清〔三〕、爲治乾元用九天下治、爲高、爲宗〔四〕、爲甲、乾納甲。素問曰：「天氣始于甲。」、爲老四月乾已老、爲舊、〔五〕爲久不息則久、爲畏與威通、爲大明本卦〔六〕、爲晝、爲遠、虞注謙象云〔七〕：「天道遠，故乾爲遠。」〔八〕爲郊位西北之郊、爲野與郊同義〔九〕、爲門乾坤易之門、爲大謀、坎心爲謀，乾稱大，故爲大謀。爲道門〔一〇〕、爲車、漢儒皆以乾

〔一〕「陽」：四庫本誤作「易」。
〔二〕經訓堂本、續經解本僅有「陽稱大」三字。
〔三〕「天得一以清」：經訓堂本、續經解本作「輕清者爲天」，蓋嫌用老氏而改也。
〔四〕經訓堂本、續經解本多小注「宗，尊也。乾爲天，天尊，故爲宗。」
〔五〕經訓堂本、續經解本多出「爲古周書周祝曰：『天爲古。』尚書『曰若稽古帝堯』，鄭注云：『稽，同也。古，天也。』」一條。
〔六〕注「本卦」者，謂本卦爻辭中有此象也。乾象曰「大明終始」，故「大明」象在本卦。
〔七〕「云」：四庫本作「曰」。
〔八〕四庫本脱此小注。
〔九〕四庫本脱此小注。
〔一〇〕「道門」：四庫本誤作「大門」。繫辭「成性存存，道義之門」。虞翻曰：「乾爲道門，坤爲義門。」

爲車。王莽傳有「乾文車、坤六馬」。爲大車〔一〕、爲百〔二〕、乾三爻三十六〔三〕，故百。略其奇八，與大衍之五十同義。左傳：「陳敬仲生，周史筮之，遇乾之否，曰〔三〕：『庭實旅百，奉之以玉帛〔四〕。』」蓋互〔五〕艮爲庭爲實，坤爲旅爲帛，乾爲百爲玉也。爲歲、爲朱乾爲大赤，故朱。爲頂與首同義。爲圭爲玉，故爲圭。爲蓍蓍數百，與乾同〔六〕。

坤爲妣坤爲母爲喪〔七〕，母喪故稱妣。爲民一君二民。〔八〕爲刑人坤爲刑。爲小人陰稱小。爲鬼乾神坤鬼〔九〕。黄帝占〔一〇〕

〔一〕經訓堂、續經解本無「爲車」、「爲大車」兩條。核虞注，常以坤、坎爲車，坤爲大車，未有以乾爲車、爲大車者。又虞翻注小畜卦，明確地以「乾爲車」的説法爲非。經訓堂本無此二條，蓋即惠氏後覺不妥而刪去。

〔二〕訟「其邑人三百户」，繫辭「百官以治」、「百姓與能」。虞注皆以乾爲百。又「震驚百里」，虞以震爲百。震繼乾體，故亦得此象。

〔三〕乾之策，一爻三十六，六爻則二百一十有六，三爻則一百單八。此取三畫之乾爲説。

〔三〕「曰」：經訓堂本、續經解本誤作「日」。

〔四〕四庫本、经训堂本、续经解本此句後多「天地之美具焉」一句。

〔五〕「互」：四庫本、經訓堂本、續經解本無此字。

〔六〕經訓堂本、續經解本多小注「白虎通引禮雜記曰：『蓍，陽之老也。』」

〔七〕「爲母爲喪」：諸本作「爲喪爲母」。按下云「母喪」，宜作「爲母爲喪」。

〔八〕經訓堂本、續經解本此處多出「爲姓」一條。

〔九〕「乾神坤鬼」：四庫本作「乾爲神故爲鬼」。

〔一〇〕諸本「占」後有「以」字，是也。

坤爲鬼門〔一〕。爲尸坤爲身爲喪，身喪故爲尸〔二〕、爲形在地成形、爲自、爲我、〔三〕爲身、爲拇足大指〔四〕、爲至

〔一〕姚振宗隋書經籍志考證引嚴可均鐵橋漫稿輯書序曰：「黄帝占，世無傳本。開元占經徵引甚多，余始寫出，以乾象通鑑校補，疑者闕之，分爲三卷而爲之叙録曰：『古者以太陰紀年，至王莽用三統曆，始以太歲紀年。余向爲太初元年甲寅丙子説，既考之詳矣。此書占八穀有太陰乘寅乘卯乘辰等占，而又别有太歲，多非後世語。其占「少微，有聞如孔子，巧如魯般」二語，知譔書人在孔子後。蓋六國時依託也。漢志有黄帝雜子氣三十三篇，隋、唐志有黄帝五星占一卷（案唐志實無是書）。如謂此書即一卷本，則卷太大，疑隋、唐時有别本合雜子氣彙録之者，今故不題五星占，依占經題黄帝占焉。卷上日月、五星、歲星、熒惑、填星、太白七篇，卷中辰星、二十八宿、衆星三篇，卷下流星、客星、妖星、風、雨、虹、霧、濛、八穀、飛鳥十篇。』」考證又曰：「孫氏祠堂書目：『黄帝占經一卷，星衍集本。』」惠氏引黄帝占，除此外，尚有一條。後漢書注「戌亥之間爲天門」，惠氏補註曰「黄帝占：『乾天門。』」然黄帝占今既佚，開元占經所引僅有「兩戌間爲天門」（開元占經卷六十六石氏中官南北河戌占三十九：「黄帝占曰：『南北河戌，一名天高，一名天亭。兩河戌間爲天道。』……石氏曰：『天闕者，河戌也，主中國之難。此皆天之度以昭示人也。』郗萌曰：『兩河戌與戌俱爲帝闕。』又占曰：『兩戌間爲天門，日月五星常出其門中。』」）未知惠氏所據爲何書也。又，坤爲鬼門，亦未詳何據。周易集解引鄭玄注以艮爲鬼門。

開元占經卷一百二雷霆占引京房曰：「雷起乾宮，人民多疾病；雷起坎宮，國邑多雨；雷起艮宮，禾好梟長五穀賤；雷起震宮，五穀暴貴多傷；雷起□宮，雨霜傷五穀；雷起離宮，夏少水旱蝗虫；雷起坤宮，蝗虫害五穀；雷起兑宮，兵起銅鐵貴。雷起水門，流潦滂沱；雷起天門，人不安；雷起石門，蝗虫食，大凶；雷起木門，棺木貴，歲大熟；雷起風門，霜禾傷；雷起金門，銅鐵貴；雷起火門，夏旱蝗虫食；雷起土門，五穀賤，魚不長；雷起鬼門，人民常暴死。春始雷，東方，東方五穀盡熟，人民蕃殖；以夜雷，歲半熟。雷始南方，歲小旱；夜雷，大旱，羅倍種不成。雷始西方，穀小熟，有虫；夜雷，六畜病。雷始西方，五穀不熟，有曝骨其野，馬牛大病；夜雷，赤地千里，羅貴。雷始北方，海水出百川皆流溢，五穀不成；夜雷，百川皆溢，春不雷而霜樹木以風落，皆爲人疾病。」占經未詳言水門、天門、石門等九門是何方位。今以表格對應，次序其位，較然可見如下：

乾	人民多疾病	天門	人不安
坎	國邑多雨	水門	流潦滂沱
艮	禾好梟長五穀賤	土門	五穀賤魚不長
震	五穀貴多傷	木門	棺木貴歲大熟
巽	雨霜傷五穀	風門	霜禾傷
離	夏少水旱蝗虫	火門	夏旱蝗虫食
坤	蝗虫害五穀	石門	蝗虫食大凶

续表

兌	兵起銅鐵貴	金門	銅鐵貴
		鬼門	人民常暴死

其中乾確爲天門，坤爲石門。而鬼門不知何屬，似亦當與乾同位。此法亦見於敦煌文獻。趙貞嘗據上都日曆（S.P12）與乾符日曆（S.P6）作「八門占雷」對照表如下（S.P12上都東市大刀家印具注曆日殘頁考，載敦煌研究2015年第3期）：

八門	八卦	S.P12	S.P6	四時纂要	管蠡匯占
天門	乾	殘	人民不安	民多疾	人安
水門	坎	殘	五穀火（大）賤	歲多雨流	水滂沱
鬼門	艮	殘	人民暴亡	糴賤	人多病死／禾稼好
木門	震	五穀大收	五穀不成	棺木貴歲主豐	棺木貴／穀貴
火門	離	大旱	其年大旱	主旱	夏旱蝗灾
風門	巽	多風雨	多風雨	霜卒降蝗蟲	五穀傷有暴霜／多雪
石門／土門	坤	損田苗	注損田苗	有蝗灾	五□□／多疾病
金門	兌	同鐵貴	同鐵貴	金鐵貴	銅鐵貴

乾符日曆即循天、水、鬼、木、火、風、石、金序次八門，顯與八卦次序對應，而艮爲鬼門（與康成易同），坤爲土門，似與開元占經稍有不同。其石門或稱土門，而占經别以爲二，遂成九門乎？抑古法本即九門，而後世簡併土石爲一乎？今不可考。

〔二〕四庫本小注脱作「爲喪，故爲尸」。

〔三〕經訓堂本、續經解本此處多出「爲躳釋詁曰：『躳身，也。』」一條。又，下「爲身」，經訓堂本、續經解本多小注「釋詁曰：『身，我也。』」

〔四〕經訓堂本、續經解本無此條。

至哉坤元、**爲安**、坤〔一〕主静，故安。左傳：「畢萬筮仕，遇屯之比。辛廖占之曰：『安而能殺。』」杜預以爲坤安震殺也。月令「晏陰」，鄭註云「陰稱安」〔二〕。**爲康**猶安也、**爲富**吝嗇故富〔三〕、**爲財**〔四〕、**爲積**、〔五〕**爲重**、**爲厚**厚德載物、**爲基**、**爲致**與至同、**爲用**、**爲包**〔六〕、**爲寡**坤陰小，故爲寡〔七〕、**爲徐**、**爲營**、坤爲旬〔八〕。古文旬、營通。詩江漢「來旬來宣」，箋云「旬當爲營」，此其證。**爲下**地卑故下〔九〕、**爲裕**坤弱故裕、**爲虚**、乾息爲盈，坤消爲虚〔一〇〕。**爲書**、地事文，故爲書。坤爲文也。**爲永**坤用六「利永貞」、**爲邇**、〔一一〕**爲思**、**爲默**、**爲惡**好惡之惡。賈逵曰「惡生於陰」、**爲禮**、**爲**

〔一〕　四庫本「坤」後衍「道」字。

〔二〕　「鄭註云陰稱安」：四庫本作「康成以爲陰稱安也」。經訓堂本、續經解本同抄本。四庫本改「鄭註」爲「康成」，是四庫謄録者佞鄭乎？存疑。

〔三〕　經訓堂本、續經解本小注作：「大戴禮誥志曰：『地作富。』」

〔四〕　經訓堂本、續經解本有小注：「禮運曰：『天生時而地生財。』」

〔五〕　經訓堂本、續經解本此處多出「爲聚」一條。按後文坎下亦有「爲聚」。集解載虞注兩見坎爲聚，兩見坤爲聚（萃卦「聚以正也」、「有孚不終，乃亂乃萃」）

〔六〕　四庫本脱「爲包」。

〔七〕　四庫本脱此小注。「小」字，經訓堂本、續經解本誤作「水」。

〔八〕　「旬」：四庫本誤作「田」。

〔九〕　四庫本脱此小注。

〔一〇〕　經訓堂本、續經解本小注多出：「太元曰：『陽道常饒，陰道常乏，陰陽之道也。』」

〔一一〕　經訓堂本、續經解本此處多出「爲近法言曰：『近如地。』坤爲身，本諸身者最近。故爲邇爲近也。」一條。

義、周書曰：「地道曰義。」乾鑿度曰：「地靜而理曰義。」爲事、六三「或從王事」，京君明云〔一〕「陰爲事」。爲類〔二〕、爲閉〔三〕、爲密〔四〕〔五〕、爲恥、爲欲坤陰吝嗇爲欲、爲過〔六〕、爲醜、坤爲夜。太元：『夜以醜之。』詩「中冓之言，言之醜也」，薛君章句：「中冓，中夜也。」〔七〕。爲惡、惡道屬陰〔八〕。爲怨、爲害、爲終代終、〔九〕爲喪坤喪于乙、爲殺刑殺〔一〇〕、爲亂坤反君道，故亂〔一一〕、爲喪期、爲積惡初六〔一二〕、爲冥、爲晦月晦于坤、爲夜、爲暑、冬至

〔一〕「京君明」：經訓堂本、續經解本、四庫本作「京房」，又四庫本「云」譌「元」。

〔二〕經訓堂本、續經解本多小注「彖傳」。

〔三〕經訓堂本、續經解本多小注「坤闔户，故閉」。

〔四〕經訓堂本、續經解本多小注「兑上爻」。

〔五〕繫辭「君不密則失臣」，虞注：「坤爲閉，故稱密。」按虞兩注「密雲不雨」，皆以兑爲密。兑之三爲坤爻，故坤亦爲密，故惠氏注曰「兑上爻（三畫卦之第三爻）」。

〔六〕經訓堂本、續經解本多小注「積惡故爲過」。

〔七〕四庫本小注作：「坤爲夜。『夜以醜之』。詩『中冓之言，言之醜也』，薛君注：『中冓，中夜也。』」

〔八〕經訓堂本、續經解本小注多「春秋傳曰：『惟正月之朔，慝未作。』謂建巳之月惡未作也。是知陰爲惡。」

〔九〕經訓堂本、續經解本此處多出「爲死」一條。

〔一〇〕四庫本、經訓堂本、續經解本無此小注。

〔一一〕四庫本、經訓堂本、續經解本無此小注。

〔一二〕四庫本無此小注。

復〔一〕初九乾也。稽覽圖曰：「冬至之後三十日極寒。」故乾爲寒。夏至姤〔二〕初六，坤也。稽覽圖曰：「夏至之後三十日極暑。」故坤爲暑。爲乙坤納乙、爲年、爲十年坤數十、爲盇與闔同、爲户、爲闔户繫辭、爲庶政〔三〕、爲大業繫辭、爲土、爲田荀爽云「地上稱田」〔四〕、爲國、爲邑〔五〕、爲邦〔六〕、爲大邦、爲鬼方爲鬼爲方，故爲鬼方、爲器〔七〕、爲缶坤土、爲輻爲大輿，故爲輻、爲虎京易傳〔八〕「坤爲虎刑」、爲黄牛。

震爲帝帝出乎震、爲主主器、爲諸侯、漢司徒丁恭曰：「古者帝王封諸侯不過百里，故利以建侯，取法于雷。」〔九〕逸禮王度記曰：「諸侯卦不過百里，象雷震百里。」爲人、爲行人爲行爲人，故爲行人、爲士震初元士〔一〇〕、爲兄、爲

〔一〕「復」：四庫本誤作「没」。
〔二〕「姤」：四庫本誤作「始」。
〔三〕經訓堂本、續經解本多小注「坤衆，故爲庶。坤發于事業，故爲政。」。
〔四〕經訓堂本、續經解本無此小注。
〔五〕「爲國、爲邑」：經訓堂本、續經解本作「爲邑、爲國」。
〔六〕經訓堂本、續經解本多小注：「坤爲土，爲民。民以土服，故爲國爲邦。」
〔七〕經訓堂本、續經解本多小注「形而下者謂之器」。
〔八〕「京易傳」：四庫本、經訓堂本、續經解本作「京房易」。
〔九〕後漢書光武帝紀。
〔一〇〕四庫本無此小注，且「士」誤「上」。

夫〔一〕、爲元夫、爲行、韋昭曰：「震爲作足，故爲行。」〔二〕爲征猶行也、爲出三日出震、爲逐震爲驚走，故稱逐、爲作「東作」之義〔三〕、爲興〔四〕、爲奔、［爲奔］走、爲警衛、爲百、論語讖曰：「雷震百里，聲相附。」宋均注：「雷動百里，故因以制國也。」酈炎對事曰：「或曰：雷震驚百里，何以知之？炎曰：以其數知之。夫陽動爲九，其數三十六；陰静爲八，其數三十二。一陽動二陰，故曰百里。」〔五〕爲言、爲講、爲議、爲問、爲語、爲告震善鳴，故有諸象、爲響、爲音震爲鼓，故爲音、爲應〔六〕、爲交、爲懲、爲反、爲後爲長子故爲後〔七〕、爲世世子〔八〕、爲從〔九〕、

〔一〕經訓堂本、續經解本多小注：「晋語司空季子論屯之震曰：『一夫之行也。』韋昭云：『一夫，一人也。震一索而得男，故曰一夫。』」

〔二〕此小注，四庫本作「足能行」。经训堂本、续经解本後又有「晋语曰『一夫之行也』」。

〔三〕經訓堂本、續經解本後有「震爲作足，作，起也。震起，故爲作」。

〔四〕經訓堂本、續經解本多小注「猶起也」。

〔五〕太平御覽卷十三天部霹靂引。

〔六〕經訓堂本、續經解本多小注［同聲相應。鄭注曲禮曰：「雷之發聲，物無不同時應者。」］

〔七〕「爲長子故爲後」：四庫本作「初位在下，故言後」。按據下注世子，則四庫本非。

〔八〕四庫本無此小注。又，四庫本「爲世」譌作「爲後世」。

〔九〕經訓堂本、續經解本多小注：「春秋傳『大子曰冢子。君行則守，有守則從』，故爲從。」

爲守守宗廟社稷〔一〕、爲左震爲卯，卯爲左、爲明月三日生明〔二〕、爲緩、爲寬仁、〔三〕震爲春，春主仁。樂緯稽耀嘉曰：「仁者有惻隱之心，本生于木。」註云：「仁生于木，故惻隱出于自然也。」爲樂、春秋繁露曰：「春，蠢也。蠢蠢然喜樂之貌。」爲笑本〔四〕卦、爲大笑、爲陵、震爲阪生。阪，陵阪〔五〕。爲祭主祭、爲鬯長子主祭器、爲草莽〔六〕、爲百穀爲百爲稼，故爲百穀、爲麋鹿、麋鹿善驚。震，驚之象。京房易傳曰：「震遂泥，厥咎國多麋。」〔七〕爲筐、服虔曰：「震爲竹，竹爲筐。」〔八〕爲趾足也。

坎爲雲、上坎爲雲，下坎爲雨。爲玄雲、爲大川、爲志心志一也、爲謀〔九〕、爲惕加憂爲惕、爲疑、

〔一〕四庫本無此小注。

〔二〕「爲明」：四庫本、經訓堂本、續經解本作「爲生」，是也。小注，經訓堂本、續經解本前多「震春爲生，又」。按集解載虞注，皆以離爲明，震爲生。

〔三〕經訓堂本、續經解本小注前多「太玄曰：『三八爲木，木性仁情喜。』」

〔四〕「本」：四庫本小注誤作「木」。注「本卦」者，謂本卦爻辭中有此象也。震卦有「笑言啞啞」。

〔五〕「震爲阪生，阪，陵阪」：四庫本作「震爲九陵，故爲陵」。按今本説卦「震爲反生」，據釋文，虞本作阪生，云「陵阪也」。松崖周易述注屯「般桓」亦引「震爲阪」爲説。

〔六〕經訓堂本、續經解本多小注「太玄曰爲草」。

〔七〕四庫本脱「京房易傳曰」以下小注。

〔八〕左傳僖十五年正義引。

〔九〕經訓堂本、續經解本多小注：「洪範謀屬水。釋言曰：『謀，心也。』」

爲恤、爲逖恤、逖皆憂也、爲悔坎心爲悔、爲涕洟、爲疾坎折坤體，故爲疾〔一〕、爲災〔二〕、爲破、爲罪、爲悖、爲欲〔三〕、爲淫坎水爲淫〔四〕、爲獄〔五〕、爲暴坎盜爲暴、爲毒、爲虛、爲瀆煩瀆之瀆、爲孚、爲平水性平、爲則法則、爲經六經之經、爲法見左傳〔六〕、爲叢坎爲叢棘、爲聚、爲習本卦、爲美坎爲美脊，故美〔七〕、爲後〔八〕、爲納〔九〕、爲臀、爲腰〔一〇〕、爲膏坎爲雨，陰雨稱膏、爲陰夜坎月夜、爲歲、爲三歲〔一一〕、

〔一〕經訓堂本、續經解本無此小注。按此注亦見於周易述「无妄之疾」注。

〔二〕「災」：四庫本誤作「失」。

〔三〕經訓堂本、續經解本多小注「坎水爲欲」。

〔四〕此據繫辭傳「冶容誨淫」虞注「乾爲冶，坎水爲淫」也。又上條經訓堂本所增小注「坎水爲欲」，據集解載頤六四「虎視眈眈其欲逐逐」虞注「坎水爲欲，故其欲逐逐」也。

〔五〕經訓堂本、續經解本多小注「坎爲叢棘，故爲獄」。

〔六〕經訓堂本、續經解本小注後多「太玄曰：『一六爲水類，爲法。』」

〔七〕「脊故」：四庫本誤「故脊」。

〔八〕「後」：四庫本誤作「役」。又案，經訓堂本、續經解本此處多出「爲入」一條。

〔九〕經訓堂本、續經解本多小注「納古作内，與入同義」。

〔一〇〕經訓堂本、續經解本作「要」。按易中用字作「要」。

〔一一〕經訓堂本、續經解本多小注「坎上『三歲不覿』」。

爲酒、爲鬼〔一〕、爲校〔二〕、爲弧、爲弓輪，故爲弧。爲弓彈、爲穿木桎梏爲穿木。〔三〕。

艮爲弟、爲小子、爲賢人九三、爲童、爲童僕、爲官、爲友、爲道、爲徑路，故爲道。爲時、爲小狐、爲狼〔四〕、爲碩、爲碩果剥卦、爲慎、爲順、艮爲弟，善事兄爲弟，故爲順。古文慎、順通〔五〕。爲待、爲執爲〔六〕手故爲執、爲多多節故爲多、爲厚、爲節節止〔七〕、爲求蒙卦、爲篤實〔八〕大畜象、爲穴居、爲城、爲宫門闕〔九〕，宫象、爲庭、杜預注左傳〔一〇〕曰：「艮爲門庭。」爲廬、爲牖、爲居、爲舍與居同義、爲宗廟〔一一〕、

〔一〕經訓堂本、續經解本多小注：「太元曰：『類爲鬼。』范望注云：『陰所聚也。』」
〔二〕經訓堂本、續經解本多小注「桎梏之類」。
〔三〕四庫本脱「爲穿木桎梏爲穿木」一條。按蒙「用説桎梏」，集解載虞注曰：「坎爲穿木，震足艮手，互與坎連，故稱桎梏。」
〔四〕「狼」：四庫本誤作「猿」。
〔五〕此小注，四庫本僅「古文慎順通」五字。
〔六〕「爲」：四庫本誤作「齊」。
〔七〕經訓堂本、續經解本無此條。
〔八〕四庫本、經訓堂本、續經解本「大畜」前有「見」字。
〔九〕「闕」：四庫本誤作「閭」。
〔一〇〕「左傳」：四庫本誤作「在易」。
〔一一〕「宗廟」：四庫本誤作「家廟」。

［爲］〔一〕社稷、爲星、艮主斗，斗建十二辰，艮爲人斗，合于人統。故夏易首艮〔二〕。朱子發引仲翔注云：「離艮爲星〔三〕。」離爲日，非星也。朱誤讀虞注耳。〔四〕爲斗、艮上值〔五〕斗。九家易曰：「艮數三、七、九、六〔六〕、十三。」三主斗。爲沫小星、爲肱、爲背、艮爲多節，故稱背。艮卦云艮其背。爲尾、爲皮艮爲膚故爲皮。

巽爲命本卦、爲誥〔七〕姤卦、爲號、〔八〕爲隨、〔九〕爲利近利市、爲同〔一〇〕、爲交、爲白茅、爲草莽、

〔一〕四庫本脱「爲」字。此抄本旁行補出。

〔二〕四库本、经训堂本、续经解本无『故夏易首艮』五字。

〔三〕「星」：四庫本誤作「屋」。

〔四〕漢上易傳説卦（離卦）：「或曰：『星辰何象也？』曰：『艮離也。邵雍曰：「離爲星。」賁艮上離下，象曰「柔來文剛」，又曰「分剛上而文柔，天文也」。張衡曰：「地有山嶽，精鍾爲星。」蓋星辰者，地之精氣上發乎天而有光耀者也。星，日之餘也；辰，月之餘也。月生於日之所照也。衆星被耀，因水轉光，三辰同形，陰陽相配，其體則艮也。』」

〔五〕「值」：四庫本誤作「位」。

〔六〕「六」：四庫本作「大」。

〔七〕四庫本、經訓堂本、續經解本「姤」前有「見」字。

〔八〕經訓堂本、續經解本此處多出「爲商巽『近利市三倍』，故爲商。」一條。按此據兑九四「商兑未寧，介疾有喜」虞注曰：「巽爲近利市三倍，故稱『商兑』」。

〔九〕經訓堂本、續經解本此處多出「爲處巽陽居故爲處」、「爲歸」兩條。

〔一〇〕經訓堂本、續經解本多出小注「齊乎巽，齊同也」。

爲草木剛爻爲木，柔爻爲草、爲薪、爲帛、〔一〕爲牀巽木爲牀、爲桑、爲蛇位在巳〔二〕、爲魚。郭璞曰：「魚者震之廢氣也。」朱子發曰：「巽王則震廢，故仲翔以巽爲魚也。」

離爲黄六二、爲見相見乎離、爲飛鳥體飛、爲明嚮明而治、爲光、爲甲日出甲上〔三〕、爲孕爲大腹故爲孕、爲戎戈兵，戎器、爲刀、爲斧、爲資斧、爲矢、爲黄矢、馬、王亦云離爲矢，見釋文。離爲黄，故又爲黄矢。爲罔罔罟取諸離、爲鶴、爲烏見左傳〔四〕、爲飛鳥、爲甕、爲瓶皆中虚之象。

兑爲友〔五〕、爲朋〔六〕、爲刑〔七〕、兑正秋，春生秋殺，故爲刑。爲刑人〔八〕、爲小〔九〕、爲密、爲見、見雜卦。仲翔曰兑陽息二〔一〇〕故見。、爲右、兑在酉，酉右也。又手也。兑爲口，口助手，故爲右。仲翔云：「口助稱右。」説文曰：「右，

〔一〕經訓堂本、續經解本此處多出「爲墉」一條。
〔二〕後天八卦與十二支合位，震在卯辰，巽在巳。
〔三〕經訓堂本、續經解本小注後多「爲甲胄，故爲甲」。
〔四〕「左傳」：四庫本誤作「大傳」。左傳昭公五年「莊叔筮穆子生，遇明夷之謙」條，杜注「離爲日爲鳥」。
〔五〕經訓堂本、續經解本多小注「朋友講習」。
〔六〕經訓堂本、續經解本多小注「二陽爲朋」。
〔七〕四庫本「爲刑」在下行「爲密」下，無小注。經訓堂本、續經解本亦無小注。
〔八〕經訓堂本、續經解本多小注「兑秋爲刑」。
〔九〕四庫本「爲小」後多「爲折」一條，底本及經訓堂本、續經解本並無。蓋因説卦本有「兑爲毁折」而删去。
〔一〇〕「二」：四庫本誤作「元」。

手口相助也。」爲少知。以上取象共三百二十七，乾六十一，坤七十七，震五十，坎四十六，艮三十九，巽十六，離十九，兑八〔二〕。雖大略本諸〔三〕經，然其授受必有所自，非若後世嚮壁虛造，漫無根據者也。又説卦異同者五：「震爲旉」，旉作専；「爲反生」，「反」作「阪」；巽爲「廣顙」，作「黄顙」；「艮爲指爲狗」，狗作拘；「兑爲妾、爲羊」，羊作羔。

孔文舉書

孔融答虞仲翔書曰：「示所著易傳，自商瞿以來，舛錯多矣。去聖彌遠，衆説騁辭。

〔二〕此小注計取象之數，四庫本坎作四十五，兑作九。經訓堂本、續經解本作「共三百三十一。乾六十，坤八十二，震五十，坎四十六，艮三十八，巽二十，離十九，兑九」。按乾卦取象，經訓堂本較抄本多三條（爲行人、爲性、爲古），少二條（爲車、爲大車），抄本計六十一，經訓堂本實六十二。坤卦取象，抄本計七十八條，經訓堂本多五條（爲姓、爲躬、爲聚、爲近、爲死），少一條（爲拇），計八十二條。震五十條，諸本同。坎卦取象，抄本計四十六條，四庫本較抄本少一條（爲穿木），故云「四十五」，經訓堂本較抄本多一條（爲人），故云「四十七」。艮卦，抄本計三十九條，續經解本少一條（爲節），故爲三十八。巽卦，抄本計十六條，經訓堂本多四條（爲商、爲處、爲歸、爲墉），故爲二十條。離十九條，諸本同。兑卦，抄本計九條，經訓堂本同，四庫本多「爲折」一條，實爲十條，而云九條，誤。又案據經訓堂本小注所載之數，所加僅得三百二十四，非三百三十一，其實際數字相加，則得三百二十六。據抄本小注所載之數，所加僅得三百一十六，非三百二十七。其實際數字相加，則得三百一十八條。蓋版本先後不一，諸條細碎繁冗，歸併之法有别，故其總數容有出入，亦不必深究也。

〔三〕「諸」：四庫本作「于」。

曩聞延陵之理〔二〕樂，今觀吾子〔三〕之治易，知東南之美者，非徒〔三〕會稽之竹箭也。又觀象云物，察應寒温，原本〔四〕禍福，與神合契，可謂探索旁通者已。方世清，聖上求賢者，梁邱以卦筮寧世，劉向以洪範昭名。想當來者，追蹤前烈，相見乃盡，不復多陳。」〔五〕

仲翔奏上易注曰：「臣聞六經之始，莫大陰陽。是以伏羲仰天縣象而建八卦，八卦從納甲而生，故云仰天縣象。仲翔注繫辭曰：「八卦乃四象所生，非庖犧之所造也。故曰『象者，象此者也』。則大人造爻象以象天卦可知也。而讀易者咸以爲庖犧之時，天未有八卦，恐失之矣。天垂象，示吉凶，聖人象之，則天已有八卦之象。」〔六〕觀變動六爻爲六十四，以通神明，以類萬物。臣高祖父故零陵太守光，少治孟氏易〔七〕；曾祖父故平輿令成，纘

〔二〕「理」：四庫本作「禮」。
〔三〕「吾子」：四庫本作「虞君」，四庫本御覽作「吾君」。
〔三〕「徒」：四庫本作「但」。藝文類聚、御覽皆作「但」。
〔四〕「本」：經訓堂本、續經解本作「其」。
〔五〕經訓堂本、續經解本有小注「藝文五十五」。四庫本有小注「御覽六百九」。按孔融此書，見於三國志虞翻傳、藝文類聚卷五十五雜文部一經典、太平御覽卷六百九學部三。引文詳略不同，御覽卷六百九所引無「方世清」以下，故此所引當據藝文類聚。四庫本自「自商瞿」至「竹箭也」數句，移在文末，亦與四庫本御覽不同，蓋誤抄。
〔六〕經訓堂本、續經解本小注無「仲翔注繫辭」一下。
〔七〕經訓堂本、續經解本多小注：「兩漢以後，七十子之學，惟孟氏獨得其傳。」

述其業；至臣祖父鳳爲之最密。臣亡考故日南太守歆謝承書有傳〔一〕，受本於鳳，最有舊書，世傳其業，至臣五世。前人通講，多玩章句，雖有秘說，於經疏闊。臣生遇世亂，長於軍旅，習經於枹鼓之間，講論於戎馬之上，蒙先師之說，依經立注。非傳五世之學及蒙先師之說，不能注易。〔二〕又臣郡吏陳桃夢臣與道士相遇，放髮被鹿裘，布易六爻，挑〔三〕其三以飲臣，臣乞盡吞之。道士言：易道在天，三爻足矣。在天成象，納甲止據三爻。豈臣受命，應當知經？所覽諸家解，不離流俗，義有不當實，輒悉改定，以就其正。孔子曰：『乾元用九而天下治』、『聖人南面，蓋取諸離』，斯誠天子所宜協陰陽致麟鳳之道矣。謹正書副上，惟不罪戾。」

仲翔又奏曰：「經之大者，莫過於易。自漢初以來，海内英才，其讀易者，解之率

〔一〕此處小注，經訓堂本、續經解本作：「北堂書鈔一百二卷引會稽典録曰：『虞歆字文肅，歷郡守，節操高厲，魏曹植爲東阿王，東阿先有三十碑，銘多非實。植皆毁除之，以歆碑不虚，獨全焉。』又御覽四百十一卷引會稽典録云：『虞固字季鴻，少有孝行，後爲日南太守。』似又一人。」按天中記卷五八有「隨逐虞固」條，所録與御覽同，而注曰「謝承後漢書」。蓋此抄本小注據天中記也，後惠氏又自北堂書鈔考得虞歆事，因改訂焉。

〔二〕松崖以四世傳易，比之虞翻也。其自視如此。

〔三〕「挑」：今三國志作「撓」，御覽卷二百七十六及三百九十九兩處皆引作「燒」。蓋作「燒」是。

少。桓寬鹽鐵論桑大夫問易中一事，山東文學六十人皆不能對。〔一〕班固撰儒林傳〔二〕，不識「箕子之明夷」，古文作「其子」，讀爲「荄滋」。〔三〕至孝靈之際，潁川荀諝慈明〔四〕號爲知易，臣得其注，有愈俗儒。仲翔論兩漢之易，獨推慈明，最爲

〔一〕「桓寬鹽鐵論桑大夫問易中一事」：此桑弘羊問「金生于巳」以用刑殺之事，詳鹽鐵論卷九論菑五十四。（王利器校注本頁五五七。）又案「金生於巳」之説，詳本書卷五「京君明易」第一段。松崖文鈔卷二學福齋集序：「唐六典五行十二氣，俗謂長生法。而『金生于巳』，西漢桑大夫以問山東文學六十人，皆不能答。桑乃引月令『孟夏靡草死，決小罪』以爲證。蓋博物之難如此。」

〔二〕「儒林傳」：經訓堂本、續經解本作「孟喜傳」。孟喜在儒林傳中。

〔三〕按漢書儒林傳：「蜀人趙賓好小數書，後爲易，飾易文，以爲『箕子明夷，陰陽氣亡箕子；箕子者，萬物方荄茲也。』賓持論巧慧，易家不能難，皆曰非古法也。云受孟喜，喜爲名之。後賓死，莫能持其説。喜因不肯仞，以此不見信。」惠氏周易述於明夷六五「箕子之明夷」謂：「蜀才從古文作其子，今從之。其，古音亥，故讀爲亥，亦作箕。劉向曰：『今易箕子作荄滋。』荀爽據以爲説。蓋讀其子爲荄茲，古文作萁子。其與亥、子與茲，字異而音義同。三統曆曰『該閡於亥，孳萌于子』是也。五本坤也，坤終于亥，乾出于子，用晦而明，明不可息，故曰其子之明夷。明夷反晉。晉晝也，明夷晦也。馬融俗儒，不識七十子傳易之大義，以彖傳有箕子之文，遂以箕子當五。尋五爲天位，箕子臣也而當君位，乖于易例，逆孰大焉。謬説流傳，兆於西漢。西漢博士施讎讀其爲箕，時有孟喜之高弟蜀人趙賓述孟氏之學，斥言其謬，以爲箕子明夷，陰陽氣无箕子，其子者萬物方荄茲也。賓據古義以難諸儒，諸儒皆屈，于是施讎、梁丘賀咸共嫉之。讎、賀與喜同事田王孫，而賀先貴，又傳子臨，從讎問，薦讎爲博士。喜未貴而學獨高，施、梁丘皆不及喜。所傳卦氣及易家候陰陽灾異書皆傳自王孫，以授梁人焦延壽者。而梁丘惡之，謂無此事，引讎爲證，且以此語聞於上。於是宣帝以喜爲改師法，不用爲博士，中梁丘之譖也。讎、賀嫉喜而并及賓。班固不通易，其作喜傳亦用讎、賀之單詞，皆非實録。劉向別録猶循孟學，故馬融俗説，荀爽獨知其非，復賓古義，讀其子爲荄茲。而晉人鄒湛以爲漫衍无經，致譏荀氏。但魏晉已後，經師道喪，王肅詆鄭氏而禘郊之義乖，袁準毀蔡、服而明堂之制亡，鄒湛譏荀諝而周易之學晦。郢書燕説，一倡百和，何尤乎後世之紛紜矣。」

〔四〕經訓堂本、續經解本無此小注。

知言，所不滿者，下兩條而已。仲翔注易，大略本諸慈明，升降卦變其較著耳〔一〕。至所説『西南得朋，東北喪朋』，顛倒反逆，了不可知。荀以午至申得坤一體爲得朋，子至寅喪坤一體爲喪朋。虞據納甲，以荀説爲不然也。孔子嘆易曰：『知變化之道者，其知神之所爲乎！』以美大衍四象之作，虞爲一章之終〔二〕。而上爲章首，荀屬下章之首。尤可怪笑。又南郡太守馬融，名有俊才，其所解釋，復不及諝。融于易全無發明，不及荀諝遠甚。孔子曰『可與共學，未可與適道』，豈不其然。若乃北海鄭玄、南陽宋忠，雖各立注，忠小差玄而皆未得其門，言忠差勝玄，而皆未得門而入也。案忠注乾象傳「用九天德不可爲首」，及文言「閑邪存其誠」，獨冠群儒，又與仲翔合。故仲翔以爲勝康成也。康成自序曰：「黨錮事解，注古文尚書、毛詩、論語，爲袁譚所逼，來〔三〕至元城，乃注周易。」棟謂康成注易專用爻辰，又以乾坤六爻屬諸六子，如乾初爲震爻，坤初爲巽爻是也。又兼用卦氣消息六日七分，而獨不及升降與納甲，在軍旅之中，匆匆結撰，故其注易踈于諸經，時使之也。〔四〕難以示世。」

〔一〕「其較著耳」：經訓堂本無「其較著」，「耳」前空兩字，後空一字；續經解本作「消息耳」。
〔二〕此小注，經訓堂本、續經解本作：「四象，謂象兩、象三、象四時及閏。易有四象，所以示也。」
〔三〕「來」：四庫本誤作「東」。據孝經注疏及唐會要，當作「來」。
〔四〕此小注，經訓堂本、續經解本僅作「言忠差勝元，而皆未得門而入也。忠注『見群龍』一節，獨勝諸儒。」又案此段康成注經事，亦見於周易述復卦下。「康成自序曰……」，此據劉知幾孝經註議所引，載孝經注疏及唐會要卷七七。又案王鳴盛蛾術編卷五十八鄭氏著述條謂：「自序言『來至元城，乃注周易』。則此經注與自序全是逆旅臨終之筆。蓋元城居頗久，疑于建安五年春初即抵此縣，至季夏易注脱稿，著述大備。惟春秋傳未注，而以舊稿先付服虔，委託得人，可無遺恨。于是遂自序其一生而歿。」

附棟周易晳義序略 辛未元旦爲張君作〔一〕

説經者不一家，而易尤繁。故有漢易，有魏易，有晉易，有唐易，有宋易。而漢易用師法，獨得其傳。魏易者，王輔嗣也；晉易者，韓康伯也；唐易者，孔沖遠也。魏、晉崇老氏，即以之説易。唐棄漢學，祖述王、韓，皆不足取。宋易推程、朱，程子舉理之大要，朱子有意復古，頗及象數。然于聖人爲易之意終有未盡合者。何以知之？以漢易知之。西漢之學亡矣，京氏易傳止有積算法而佚其章句，可考者東漢數家耳，荀、虞、鄭、宋、九家是也。荀氏以升降，九家主荀，大略相同。虞兼納甲，鄭合爻辰。宋注寥寥，間有可采。辜較諸儒，荀、虞爲最，輔之者鄭、宋、九家矣。然則程、朱不如荀、虞乎？曰非程、朱不如荀、虞也。經師亡之故也。夫自孔子殁後，至東漢末，共八百年，此八百年中，經師授受咸有家法，至魏、晉而亡，于是王、韓之輩始以異説汩經。惜也程、朱不生

〔一〕按此下附録，諸本皆無。

于東漢之末也。設程、朱生於東漢之末，用師法以説易，則析理更精，而使聖人爲易之意煥如星日，其功當在荀、虞之上。易道大明，王、韓、老氏之説豈足以奪之哉？

易漢學卷四

京君明易上 附干寶〔一〕

八卦六位圖 出火珠林

乾屬金 ⚊壬戌土 ⚊壬申金 ⚊壬午火 ⚊甲辰土 ⚊甲寅木 ⚊甲子水

李淳風曰：「乾主甲子、壬午。甲爲陽日之始，壬爲陽日之終；子爲陽辰之始，午

〔一〕「干寶」：四庫本作「干令升」。

爲陽辰之終。初爻在子，四爻在午。乾主陽，内子爲始，外午爲終也。」〔一〕

坤屬土 ⚋癸酉金 ⚋癸亥水 ⚋癸丑土 ⚋乙卯木 ⚋乙巳火 ⚋乙未土

李淳風曰：「乾主乙未、癸丑。乙爲陰〔二〕之始，癸爲陰之終，丑爲陰辰之始，未爲陰辰之終。坤初爻在未，四爻在丑。坤主陰，故内主未而外主丑也。〔三〕

震屬木 ⚋庚戌土 ⚋庚申金 ⚊庚午火 ⚋庚辰土 ⚋庚寅木 ⚊庚子水

李淳風曰：「震主庚子、庚午。震爲長男，即乾之初九。甲對於庚，故震主庚。以父授子，故主子午，與父同也。

巽屬木 ⚊辛卯木 ⚊辛巳火 ⚋辛未土 ⚊辛酉金 ⚊辛亥水 ⚋辛丑土

李淳風曰：「巽主辛丑、辛未。巽爲長女，即坤之初六。乙與辛對，故巽主辛。以

〔一〕李淳風乙巳占卷十論五音六屬第七十三。

〔二〕四庫本「陰」後有「日」字，下「陰」字放此。

〔三〕經訓堂本、續經解本多一段：「朱震周易叢説曰：「甲壬得戌亥者均謂之乾，不一其甲子壬子也。乙癸得申未者均謂之坤，不一其乙未癸未也。故論乾則甲子與壬子同，甲寅與壬寅同，甲辰與壬辰同，壬午與甲午同，壬申與甲申同，壬戌與甲戌同。論坤則乙未與癸未同，乙巳與癸巳同，乙卯與癸卯同，乙丑與癸丑同，乙亥與癸亥同，乙酉與癸酉同。」」

母授女，故主丑未，同於母也。」

坎屬水　⚋戊子水 ⚊戊戌土 ⚋戊申金 ⚋戊午火 ⚊戊辰土 ⚋戊寅木

李淳風曰：「坎主戊寅、戊申。坎爲中男，故主于中辰。」

離屬火　⚊己巳火 ⚋己未土 ⚊己酉金 ⚊己亥水 ⚋己丑土 ⚊己卯木

李淳風曰：「離主己卯、己酉。離爲中女，故亦主于中辰。」

艮屬土　⚊丙寅木 ⚋丙子水 ⚋丙戌土 ⚊丙申金 ⚋丙午火 ⚋丙辰土

李淳風曰：「艮主丙辰、丙戌。艮爲少男，乾上爻主壬，對丙。用丙辰、丙戌，是第五配。」

兑屬金　⚋丁未土 ⚊丁酉金 ⚊丁亥水 ⚋丁丑土 ⚊丁卯木 ⚊丁巳火

李淳風曰：「兑主丁巳、丁亥。兑爲少女，坤上爻主癸，對丁。用丁巳、丁亥，乃第六配。」

右圖，胡一桂曰：「京氏云：『降五行，頒〔一〕六位，即納甲法也。』」〔二〕抱朴子曰：「案玉策記及開名經，皆以五音六屬知人年命之所在。子午屬庚原注〔三〕：庚主震，初爻庚子、庚午，丑未屬辛巽初爻，辛丑、辛未，寅申屬戊坎初爻，戊寅、戊申，卯酉屬己離初爻，己卯、己酉，辰戌屬丙艮初爻，丙辰、丙戌，已亥屬丁兑初爻，丁巳、丁亥。」禮記月令正義引易林云今易林無之：「震主庚子午，巽主辛丑未，坎主戊寅申，離主己卯酉，艮主丙辰戌，兑主丁巳亥。」案玉策記、開名經皆周秦時書。京氏之説本之焦氏，焦氏又得之周秦以來先師之所傳，不始于漢也。

朱子發曰：「乾交坤，而生震坎艮，故自子順行。震自子至戌六位，長子代父也乾初子午；坎自寅至子六位，中男也；艮自辰至寅六位，少男也。坤交乾而生巽離兑，故

〔一〕「頒」：四庫本誤作「領」。

〔二〕自「右圖」至此一句，經訓堂本、續經解本作「右圖載見周易六十四卦火珠林，即納甲法也」。何以隱去胡一桂之説？嫌其爲宋元儒歟？

〔三〕四庫本脱「原注」二字。

自丑逆行。巽自丑至卯六位，配長男；離自卯至巳六位，配中男也；兑自巳至未六位，配少男也。女，從人者也，故其位不起于未。易於乾卦言『大明終始，六位時成』，則七卦可以類推。」〔一〕

沈存中曰：「震納子午，順傳寅申，陽道順；巽納丑未，逆傳卯酉，陰道逆。」案沈氏又以震巽納庚辛，從下而上，與胎育之理同。〔二〕其説非也。易乾鑿度云「易氣從下生」，兼乾坤言之也。何獨六子耶？陽左行，故順；陰右行，故逆。爻辰亦然。朱、沈之説未盡。

項平庵曰：「陽卦納陽干陽支，陰卦納陰干陰支。陽六干皆進，陰六干皆退。惟乾納二陽，坤納二陰，包括首尾，則天地父母之道也。」〔三〕

〔一〕漢上易傳卦圖卷中乾坤六位圖（四庫本卷中頁三十六）。

〔二〕見夢溪筆談卷七象數一。其「胎育」云云，沈括謂：「乾坤始于甲乙，則長男長女乃其次宜納丙丁，少男少女居其末宜納庚辛。今乃反此者，卦必自下生，先初爻，次中爻，末乃至上爻。此易之叙，然亦胎育之理也。物之處胎甲，莫不倒生，自下而生者卦之叙，而宜合造化胎育之理。此至理合自然者也。」

〔三〕項氏家説卷二納甲法。

易乾九四「或躍在淵」，干寶曰：「躍者，暫起之言。既不安于地，而未能飛於天也。四以初爲應，謂初九甲子，龍之所由升也。」

案乾初九甲子水，干氏以喻武王孟津甲子之事，故云。

坤上六「龍戰于野，其血玄黄。」干寶曰：「陰在上六，十月之時也。爻終於西坤上六癸酉金，而卦成於乾卦本乾也。陽消成坤。乾體純剛，不堪陰盛，故曰『龍戰』。戌亥，乾之都也，故稱龍焉。」

蒙初六「發蒙，利用刑人」，干寶曰：「初六戊寅坎初六戊寅木平明之時，天光始照，故曰『發蒙』。坎爲法律，寅爲貞廉，以貞用刑，故利用刑人矣。」

案：廉貞，火也。寅中有生火，故云。〔一〕

〔一〕漢書卷七十五翼奉傳載奉上封事曰：「知下之術，在於六情十二律而已。北方之情，好也；好行貪狼，申子主之。東方之情，怒也；怒行陰賊，亥卯主之。貪狼必待陰而後動，陰賊必待貪狼而後用，二陰並行，是以王者忌子卯也。禮經避之，春秋諱焉。南方之情，惡也；惡行廉貞，寅午主之。西方之情，喜也；喜行寬大，巳酉主之。二陽並行，是以王者吉午酉也。詩曰：吉日庚午。上方之情，樂也；樂行姦邪，辰未主之。下方之情，哀也；哀行公正，戌丑主之。辰未屬陰，戌丑屬陽，萬物各以其類應。」廉貞在南，故爲火。又術家亦有九星五行之説：貪狼木，文曲水，禄存土，武曲金，廉貞火，破軍金，巨門土，左辅土，右弼金。

井初六「井〔一〕泥不食。」干寶曰：「在井之下，體本土爻巽初六辛丑土，故曰泥也。井而爲泥，則不可食，故曰不食。」

震六二象曰：「震來厲，乘剛也。」干寶曰：「六二木爻庚寅木，震之身也。得位無應，而以乘剛爲危。此託〔二〕文王積德累功，以被囚爲禍也。」〔三〕

月令：「季夏行春令，則穀實鮮落，國多風欬。」康成注云：「辰之氣乘之也。未屬巽辰，又在巽位，二氣相亂爲害。」正義云：「案易林云『巽主辛丑未』，是未屬巽也。」

〔四〕朱子語類曰：「火珠林占一屯卦則初九是庚子，六二是庚寅，六三是庚辰，六四是

〔一〕「井」：四庫本誤作「升」。

〔二〕「託」：四庫本、經訓堂本、續經解本作「記」。按周易集解諸版本皆作「託」。

〔三〕抄本本段滿格，續經解本有分段符號，蓋抄稿本亦當有，誤脱也。四庫本將下段「月令季夏」與此抄爲一段，可推知四庫本所據抄本與此抄本行款略同。

〔四〕經訓堂本、續經解本此前有一段：「漢書王莽傳曰：『徵杜陵史氏女爲皇后。群臣上壽曰：『廼庚子雨水灑道，辛丑清靚無塵。其夕，穀風迅疾，從東北來。辛丑，巽之宫日也。巽爲風，爲順。后誼明，母道得，温和慈惠之化也。』』」繼明按：巽宫本卦巽，世在上，納辛丑，故爲「巽之宫日」。

戊午當是戊申，九五是戊申當是戊戌，上六是戊戌當是戊子。」〔一〕

京氏易積算法曰：「夫子曰：八卦因伏羲，暨乎神農，重乎八純，聖理玄微，易道難究。迄乎西伯父子，研理窮通，上下囊括，推爻考象，配卦應世，加乎星宿，局〔二〕於六十四所、二十四氣，分天地之數，定人倫之理，驗日月之行，尋五行之端。灾祥進退，莫不因兹而兆矣。故考天地、日月、星辰、山川、草木、蟲魚、鳥獸之情狀，運氣、生死、休咎，不可執一隅。故曰易含萬象。」

如京説，則今占法所謂納甲、世應、游歸、六親、六神之説，皆始于西伯父子也。

此條今京氏易傳無之，載見困學紀聞〔三〕。案胡一桂云：「京君明易傳有兩種，其一題云京氏易傳，其間論積算法亦無起例可推，及卜筮新條例占求官家宅之類，及列六十四卦，定三

〔一〕語類卷六十五，「安卿問先天圖」條。（朱子全書第十六册，頁二一七三。）

〔二〕「局」：經訓堂本、續經解本作「屬」。按惠氏謂此條引據困學紀聞，困學紀聞原作「局」。

〔三〕觀其語氣，不似漢晋語。「易含萬象」，見於周易正義，得非唐以後僞託歟？

百八十四爻斷法，與今下卷同而尤詳備者。」〔二〕

八宫卦次圖

乾上爲世爻不變	震
姤一世	豫
遯二世	解
否三世	恒
觀四世	升
剥五世	井
晉游魂用離	大過用兑
大有歸魂	隨

〔一〕所引胡一桂說，見周易本義啟蒙翼傳外篇。

按京君明學貫天人，令儒生、術士咸共宗仰，自漢以來，唯邵康節堪與之頡頏而已（論經學，自推康成、文公）。故多有僞託京氏之作。姚振宗隋書經籍志考證卷三十六：「案京氏之書，除見存易傳三卷外，本志易家有易章句，兵家有征伐軍候，天文家有五星灾異傳、日占圖，及此類前載風角要占等七部，此一段所載十部，後文又有易律曆、推偷盜書、占夢書見于本志者如此。其間或亦有後世術者所推演，不盡出于易傳。唐日本國書目又有京房占六情百鳥鳴一卷，雜占一卷。宋志有陳襄校定京房婚書三卷。玉海引乾象新書云『京房有易備、易坤靈圖、通卦驗、通統』，洪氏容齋三筆有『孝經雌雄圖，云出京房易傳』，而太平御覽九百三十一引『京房易緯』，則讖緯家亦有所附託。其散見于諸書記載者又如此。要其遺文佚句大都略盡于王、嚴二家之所輯，而余未得見也。」

四庫全書總目子部術數類京氏易傳下曰：「房所著有……。今惟易傳存。考漢志作十一篇，文獻通考作四卷，均與此本不同。然漢志所載古書，卷帙多與今互異。不但此編，通考所謂四卷者，以晁、陳二家書目考之，蓋以雜占條例一卷合於易傳三卷，共爲四卷，亦不足疑。惟晁氏以易傳爲即錯卦，雜占條例爲即逆刺占灾異，則未免臆斷無據耳。其書雖以易傳爲名，而絶不詮釋經文，亦絶不附合易義。上卷、中卷以八卦分八宫，每宫一純卦統七變卦，而注其世應、飛伏、游魂、歸魂諸例。下卷首論聖人作易揲蓍布卦，次論納甲法，次論二十四氣候配卦、與夫天、地、人、鬼四易，父母、兄弟、妻子、官鬼等爻，龍德、虎形、天官、地官與五行生死所寓之類，蓋後來錢卜之法，實出於此。故項安世謂『以京易考之，世所傳火珠林即其遺法』。」

续表

坎	節	屯	既濟	革	豐	明夷用坤	師
艮	賁	大畜	損	睽	履	中孚用巽	漸
坤	復	臨	泰	大壯	夬	需用坎	比
巽	小畜	家人	益	无妄	噬嗑	頤用艮	蠱
離	旅	鼎	未濟	蒙	渙	訟用乾	同人
兌	困	萃	咸	蹇	謙	小過用震	歸妹

乾

⚊上爲世爻不變 ⚊五世變剥 ⚊四世變觀 ⚊三世變否下體成坤 ⚊二世變遯 ⚊一世變垢〔一〕

張行成曰：「若上九變，遂成純坤，無復乾性矣。乾之世爻，上九不變。九返於四

〔一〕「垢」：四庫本作「姤」。

而成離，則明出地上，陽道復行。故游魂爲晉，歸魂爲〔二〕大有，則乾體復於下矣。」〔三〕

震

⚋上世不變⚋五世變井⚊四世變升⚋三世變恒，下體成巽⚋二世變解⚊一世變豫

坎

⚋上世不變⚊五世變豐⚋四世變革⚋三世變既濟，下體成離⚊二世變屯⚋一世變節

艮

⚊上世不變⚋五世變履⚋四世變睽⚊三世變損，下體成兑⚋二世變大畜⚋一世變賁

坤

⚋上世不變⚋五世變夬⚋四世變大壯⚋三世變泰，下體成乾⚋二世變臨⚋一世變復

張行成曰：「若上六變，遂成純乾，無復坤性矣。坤之世爻上六不變，六返於四而成坎，則雲上于天，陰道復行，故游魂之卦爲需，歸魂於比，則坤體復于下矣。」

〔二〕「爲」：經訓堂本、續經解本作「於」。
〔三〕張行成元包數總義卷一元包卦變。（文淵閣四庫全書）下文「坎離肖乾坤，故用乾坤」云云亦同此卷。

巽

⚊上世不變 ⚊五世變噬嗑 ⚋四世變无妄 ⚊三世變益，下體成震 ⚊二世變家人 ⚋一世變小畜

離

⚊上世不變 ⚋五世變涣 ⚊四世變蒙 ⚊三世變未濟，下體成坎 ⚋二世變鼎 ⚊一世變旅

兑

⚋上世不變 ⚊五世變謙 ⚊四世變蹇 ⚋三世變咸，下體成艮 ⚊二世變萃 ⚊一世變困

張行成曰：「陰陽相爲用。用九以六，故乾之用在離；用六以九，故坤之用在坎。參同契曰：『易謂日月日月合爲古文易字。案説文云：『秘書日月爲易』是也。用無爻位，周流行六虚。』是故乾坤互變，坎離不動。坎離者，乾坤之妙用。二也。經云『乾道變化，各正性命』，性命者，坎離也。言乾坤互變，坎離不動，故云各正。坎爲性，離爲命。」又云：「凡八卦游魂之變，乾坤用坎離，坎離用乾坤，震艮用巽兑，巽兑用震艮，皆爲陰陽互用，以至六十四卦。若上爻不變，則皆然。是故諸卦祖於乾坤，皆有乾坤之性也。其正以坎離爲用者，惟乾坤爲然。坎離肖乾坤，故用乾坤。」

案乾用離爲晋，離用乾爲訟。坤用坎爲需，坎用坤爲明夷。故云乾坤用坎離，坎離

用乾坤也。震用兑爲大過，兑用震爲小過，艮用巽爲中孚，巽用艮爲頤。故云震艮用巽兑，巽兑用震艮也。若以世變言之，則乾與坤，坎與離，震與巽，艮與兑，兩卦陰陽互相爲用也。

九四爲八純，本爻又在上卦，故曰游魂。九三復歸本體，在内卦，故曰歸魂。

世應附游歸

京房易積算法曰：「孔子易云有四易：一世二世爲地易，三世四世爲人易，五世八純八純，俗本作六世，訛。〔一〕爲天易，游魂歸魂爲鬼易。」

易乾鑿度曰：「三畫成乾，六畫成卦。三畫以〔二〕下爲地，四畫已上爲天。易氣從下生。動於地之下，則應於天之下；動於地之中，則應於天之中；動於地之上，則應於天之上。注云：天氣下降以感地，故地氣動升以應天也。初以四，二以五，三以上，此之謂應。」

又云：「天地之氣必有終始。六位之設，皆由上下，故易始於一易本無體，氣變而爲一，故氣從

〔一〕按程榮本、天一閣本、汲古閣本京氏易傳皆作「六世」，朱邦衡所臨惠氏校宋本作「八純」。京房八宫本無六世卦。
〔二〕「以」：經訓堂本、續經解本作「已」。

下生也，分於二清濁分於二儀，通於三陰陽　氣〔一〕，人生其中，故爲三才□□□□□□□〔二〕，盛於五二壯於地，五壯於天，故爲盛也，終於上。」

〔三〕干寶易蒙卦注曰：「蒙者，離宫，陰也。世在四。」

謙象曰：「謙亨。」九家易曰：「艮山，坤地。山至高，地至卑。以至高下至卑，故謙也。謙者，兑世五世，艮與兑合，故亨。」

噬嗑初九「屨校滅趾」，干寶曰：「屨校，貫械也。初居剛躁之家震爲躁卦，體貪狼之性，坎爲貪狼，震爲陰賊〔四〕。二者相得而行，故云。以震掩巽，巽五世，故掩巽〔五〕。强暴之男也。行侵陵之罪，以陷屨校之刑也。」

〔一〕「陰陽　氣」：抄本陽、氣二字之間空一格，蓋闕，四庫本作「陰陽二氣」，經訓堂本、續經解本作「陰陽氣交」。

〔二〕抄本白圍，四庫本注「闕」，留六字空白。經訓堂本、續經解本作三大字白匡、八小字（雙行，每行四字）白匡。武英殿本及四庫本乾鑿度此處作：「通於三（陰陽氣交，人生其中，故爲三才），□於四（□□□□□□）。」並校注曰：「案原本脱『於四』二字，及闕文九方空，今據錢本補入。」蓋原稿本「陰陽氣交」誤空爲「陰陽　交」，四庫謄録者臆補作「二氣」。後據殿本補作「氣交」。

〔三〕經訓堂本、續經解本前有一段：「左傳昭五年正義曰：『卦有六位，初、三、五奇數，爲陽位也；二、四、上耦數，爲陰位也。初與四，二與五，三與上，位相值爲相應。陽之所求者陰，陰之所求者陽。陽陰相值爲有應，陰還值陰，陽還值陽爲無應。』」

〔四〕見上注引翼奉傳。震在東配陰賊爲怒，坎在北配貪狼爲好。

〔五〕謂下三爻本體巽，而爲震所掩覆。

恒象曰：「恒亨无咎，利貞，久于其道也。」荀爽曰：「恒，震世也。巽來乘之震三世下體成巽，陰陽會合，故通无咎。長男在上，長女在下，夫婦道正，故『利貞，久于其道也』。」

解象曰：「天地解而雷雨作，雷雨作而百果草木皆甲坼〔一〕。」荀爽曰：「解者震世也二世。仲春之月，艸木萌芽，雷以動之，雨以潤之，日以烜之，故甲坼也。」

益六三〔二〕曰：「王〔三〕用亨于帝吉。」干寶曰：「聖王先成民而後致力于神，故王用亨于帝。在巽之宫三世，處震之象，是則倉精之帝同始祖矣〔四〕。」

井卦曰：「改邑不改井。」干寶曰：「水，殷德也；木，周德。夫井，德之地也，所以養民性命而清潔之主者也。自震化行，至于五世震五世井，改殷紂比屋之亂俗〔五〕，而不易

〔一〕「坼」：經訓堂本、續經解本作「宅」。據釋文，馬融本作宅。然惠氏九經古義謂古文當作「垞」。
〔二〕「三」：經訓堂本、續經解本同，非是。四庫本作「二」。
〔三〕「王」：四庫本誤作「玉」。
〔四〕李道平曰：「月令：『孟春之月，其帝太皞，其神勾芒。』鄭注：『此蒼精之君，木官之臣。』又春官小宗伯『兆五帝于四郊』，鄭注：『蒼帝曰靈威仰。』震巽同聲，故曰蒼精之帝同始祖矣。」
〔五〕新語無爲第四：「故曰：堯舜之民可比屋而封，桀紂之民可比屋而誅者，教化使然也。」比屋，言其衆多。

成湯〔一〕昭假之法度也。故曰『改邑不改井』。」

豐：「亨。王假之，勿憂，宜日中。」干寶曰：「豐，坎宮陰〔二〕，世在五，以其宜中而憂其側〔三〕也。坎爲夜，離爲晝，以離變坎，至於天位五爲天子，日中之象。殷水德，坎象，晝敗而離居之〔四〕，周伐〔五〕殷居王位之象也。勿憂者，勸勉之言也。言周德當天〔六〕之心，宜居王位，故宜日中。」

下繫曰：「上古結繩而治，後世聖人易之以書契，百官以治，萬民以察，蓋取諸夬。」九家易曰：「夬本坤世五世，下有伏坤，書之象也坤爲文。上又見乾，契之象也乾爲金。以乾照坤，察之象也。夬者決也，取百官以書治職，萬民以契明其事。契，刻也。大壯進而成夬大壯坤四世，陽進成夬，金決竹木，爲書契象。故法夬而作書契矣。」

劉禹錫辨易九六論曰：「董生述畢中和之語云：『國語：「晋公子親筮之，曰：尚

〔一〕「湯」：四庫本誤作「蕩」。
〔二〕豐，坎宮五世卦，世爻爲陰爻，故曰「坎宮陰」。又干注蒙卦曰「離宮陽」，以蒙世在四亦爲陰爻。
〔三〕「側」：四庫本作「昃」。按聚樂堂本、胡震亨本、汲古閣本、雅雨堂本周易集解皆作「側」。
〔四〕豐爲坎五世卦。其下體於本宮爲坎，今爲離所揜覆。坎爲夜，離爲晝，離敗坎，故曰「晝敗」。
〔五〕「伐」：四庫本誤作「代」。
〔六〕「天」：四庫本、經訓堂本、續經解本作「天人」。

有晉國。得貞屯悔豫皆〔一〕八。」按坎二世而爲屯，屯六二爲世爻；震一世而爲豫，豫之初爲世爻。屯之二，豫之初，皆少陰不變，故謂之八。』兩卦至歸魂，始變爲九。」

京房乾傳曰：「精粹氣純，是爲游魂。」陸績曰：「爲陰極剥盡，陽道不可盡滅，故返陽道。道不復本位，爲游魂。例八卦。〔二〕」

先曾王〔三〕父樸庵先生易説諱有聲，字律和曰：「碩果不食，故有游歸。」

又曰：「陰陽代謝，至〔四〕于游魂。繫云：『精氣爲物，游魂爲變，是故知鬼神之情狀。』」〔五〕樸庵先生曰：「此易緯以游歸爲鬼易也。」

乾象〔六〕曰：「大明終始。」荀爽曰：「乾起坎而終於離，坤起離而終於坎，離坎者，

〔一〕「皆」，四庫本誤作「者」。
〔二〕「道不復本位，爲游魂。例八卦」：程榮本、天一閣本易傳作「道不復本位，爲歸魂例入卦。」朱邦衡臨惠棟校宋本亦同，然惠氏朱筆批校改「歸」爲「游」，改「入」爲「八」；且讀「魂」句，「卦」句。按諸家句讀不同，今既整理惠氏書，故從其讀。
〔三〕「王」：四庫本誤作「大」。
〔四〕「至」：四庫本作「主」。
〔五〕震宫游魂大過卦傳文。
〔六〕「象」：四庫本誤作「象」。

乾坤之家而陰陽之府，故曰大明終始。」

家君曰：「乾游魂於火地，歸魂於火天，故曰終於離。坤游魂於水天，歸魂於水地，故曰終於坎。」

干寶序卦注曰：「需，坤之游魂也。雲升在天，而雨未降，翱翔東西之象也。王事未至，飲宴之日也。夫坤者，地也，婦人之職也。百穀果蓏之所生，禽獸魚鼈之所托也。而在游魂，變化之象，即烹爨腥實以爲和味者也。故曰需者飲食之道也。」

又訟卦注曰：「訟，離之游魂也。離爲兵戈〔一〕。此天氣將刑殺訟主八月，聖人將用師之卦也。」〔二〕

〔一〕「兵戈」：四庫本、經訓堂本、續經解本作「戈兵」，是也。

〔二〕李道平曰：「四世陰卦，主八月，故云此天氣將刑殺。」按此本張惠言易義別録曰：「四世卦陰，主八月，故天氣將刑殺。」李氏以爲干寶用世卦起月之説。胡一桂謂：「四世卦陰主八月，四陰在酉也；陽主二月，四陽在卯也。游魂四世，所主與四世卦同。歸魂三世，所主與三世同。」此語實有歧義。或以爲，本宮游魂與本宮四世所主之月同，如訟爲離宮游魂，離宮四世卦爲蹇，蹇四爻陰主八月，故訟亦主八月，此李道平之説也。或以爲，游、歸魂與四、三世同例而已，非同月也。如訟爲游魂，視四世卦之例。四世陽爻主二月，陰爻主八月；則游魂亦陽爻主二月，陰爻主八月。訟四爲陽爻，故主二月。此劉玉建之説也（兩漢象數易學研究，第284頁）。劉説似是。劉氏以爲，干謂「離爲戈兵。此天氣將刑殺」，非指訟爲八月，乃離爲夏，下有伏陰故也。

隨彖曰：「隨，剛來而下柔，動而説，隨。大亨，貞无咎。」荀爽曰：「隨者震之歸魂。震歸從巽，故大通震三世下體成巽，至歸魂始復本體。動爻得正，故利貞。陽降陰升，嫌於有咎，動而得正，故无咎。」

蠱彖曰：「蠱，元亨而天下治也。」荀爽曰：「蠱者，巽也。巽歸合震巽三世至游魂皆震也，故元亨也。蠱者，事也，備物致用，故天下治也。」

姤彖曰：「天地相遇，品物咸章也。」荀爽曰：「謂乾成於巽而舍於離，坤出於離，與乾相遇南方夏位，萬物章明也。」九家易曰：「謂陽起子，運行至四月，六爻成乾，巽位在巳，故言乾成于巽。既成，轉舍于離，坤萬物皆盛大，從離出〔二〕，與乾相遇，故言天地相〔三〕遇也。」

家君曰：「乾一世外卦、四世内卦，皆巽也，故言『乾成于巽』；游魂于火地晋，故言『舍於離』。坤歸魂於火天大有，故言『出於離，與乾相遇』。又按巽本宫四月卦也，一世外卦、四世内卦皆乾也，知巽亦成於乾。」

〔二〕「坤萬物皆盛大，從離出」：諸本同。按周易集解聚樂堂本、汲古閣本亦同。雅雨堂本作「萬物皆盛大，坤從離出」，於義通順。
〔三〕「相」：四庫本、經訓堂本、續經解本無此字。

飛伏

朱子發曰：「凡卦見者爲飛，不見者爲伏。飛，方來也；伏，既往也。說卦『巽其究爲躁卦』，例飛伏也。太史公律書曰：『冬至一陰下藏，一陽上舒』，此論復卦初爻之伏巽也。」六十卦飛伏，詳京房易傳。〔一〕

京房易傳曰：「夏至起純陽，陽爻位伏藏。冬至陽爻動，陰氣凝地。」

乾初九：「潛龍勿用。」象曰：「潛龍勿用，陽在下也。」朱子發曰：「左傳蔡墨曰：『在乾之姤，曰潛龍勿用。』初九變坤，下有伏震，潛龍也。」〔二〕

坤上六：「龍戰于野。」荀爽曰：「消息之位，坤在於亥，下有伏乾，爲其兼王弼改作嫌

〔一〕經訓堂本、續經解本此後多一段小注：〔唐六典曰：「凡易用四十九算分而揲之，凡十八變而成卦，又視卦之八氣王相休囚夷胎没休廢，及飛伏、世應而使焉。」〕

〔二〕經訓堂本、續經解本多小注「此與漢易異」。按所謂飛伏者，非指變卦而言。左傳蔡墨之言，乃指説乾卦初九動爻而已，非論飛伏也。若論飛伏，則乾下當伏坤，姤之下卦巽當伏乾。經訓堂本小注所謂「此與漢易異」，蓋惠氏亦後來覺朱子發之非而特爲說明也。

于陽，故稱龍也。」〔一〕

坤文言曰：「易曰『履霜堅冰至』，蓋言順也。」荀爽曰：「霜者乾之命令，坤下有伏乾，履霜堅冰〔二〕，蓋言順也。乾氣加之，性〔三〕而讀爲能，猶耐也堅，象臣順君命而成之。」〔四〕

困象曰：「君子以致命遂志。」虞仲翔曰：「君子謂三伏陽也。」

案六三戊午火，故云伏陽。〔五〕

繫辭上曰：「樂天知命，故不憂。」荀爽曰：「坤建於亥，乾立於巳，陰陽孤絶，其法宜憂。坤下有伏乾爲樂天，乾下有伏巽爲知命巽爲命。陰陽合居，故不憂。」

繫辭下曰：「龍蛇之蟄，以全身也。」仲翔曰：「蟄，潛藏也。龍潛而蛇藏。陰息初

〔一〕經訓堂本、續經解本此後多兩段正文：「睽象曰：「説而麗乎明，柔進而上行，得中而應乎剛。」仲翔曰：「剛謂應乾五伏陽，非應二也。與鼎五同義也。」/鼎象曰：「柔進而上行，得中而應乎剛，是以元亨。」仲翔曰：「柔謂五。得上中，應乾五剛亦是伏陽，巽爲進，震爲行，非謂應二剛。與睽五同義也。」」

〔二〕四庫本「冰」後有「至」字。

〔三〕四庫本脱「性」字。

〔四〕經訓堂本、續經解本此後多一段正文：「又曰：「陰雖有美含之以從王事，弗敢成也。」荀爽曰：「六三陽位，下有伏陽。坤，陰卦也。雖有伏陽含藏，不顯以從王事，要待乾命，不敢自成也。」」

〔五〕惠氏以納支戊午，午爲陽故伏陽，此説非也。張皋文曰：「泰成於三，故否消之初，取三伏陽。否坤爲致，巽爲命。」

巽爲虵〔二〕，陽息初震爲龍。十月坤成，十一月復生。姤巽在下，龍虵俱蟄，初坤爲身，故以全身也。」

又云：「利用安身，以崇德也。」九家易曰：「利用，陰道用也，謂姤時也。陰升上究，則乾伏坤中，屈以求信。陽當復升，安身默處也。」

貴賤

乾鑿度曰：「初爲元士在位卑下，二爲大夫，三爲三公，四爲諸侯，五爲天子，上爲宗廟宗廟，人道之終也。凡此六者，陰陽所以進退，君臣所以升降，萬民所以爲象則也。」

坤六三「或從王事」，干寶曰：「陽降在四自否來，三公位也。陰升在三，三公事也。」

訟上九「或錫之鞶帶」，荀爽曰：「鞶帶，宗廟之服。三應於上，上爲宗廟，故曰鞶帶也。」

師上六：「大君有命，開國承家。」干寶曰：「離上九曰『王用出征，有嘉折首』。上

〔二〕「虵」：四庫本誤作「地」。

六爲宗廟，武王以文王行，故正開國之辭於宗廟之爻[一]，明己之受命、文王之德也。」

解上六「公用射隼」，仲翔曰：「上應在三。公謂三伏陽也伏陽亦謂戊午火[二]。」

損彖曰：「曷之用，二簋可用享。」荀爽曰：「二簋，謂上體二陰也。上爲宗廟。簋者，宗廟之器，故（不）可享獻也。」

益六三「有孚中行，告公用圭」，仲翔曰：「公謂三伏陽也。三公位乾爲圭。圭，玉也。乾爲玉。乾之二，故告公用圭。卦自否來，故稱乾。」

巽上九「巽在牀下」，九家易曰：「上爲宗廟。禮，封賞、出軍皆先告廟，然後受行。三軍之命，將之所專，故曰巽在牀下也。」

繫辭下曰：「二與四同功而異位。」崔憬曰：「二主士大夫位，佐於一國；四主三孤、三公，牧伯之位，佐於天子。皆同有助理之功也。二，士大夫，位卑；四，孤公牧伯，位尊。故有異也。」

[一]「爻」：四庫本誤作「文」。
[二]經訓堂本、續經解本無此注。按此處不宜以京氏飛伏説解之。

又曰：「三與五同功而異位。」崔憬曰：「三，諸侯之位；五，天子之位。同有理人之功，而君臣之位異者也。」

爻等

繫辭下曰：「爻有等，故曰物。」干寶曰：「等，群也。爻中之義，群物交集，五星四氣，六親九族，福德刑殺，衆形萬類，皆來發於爻，故總謂之物也。」

京房乾卦傳曰：「水配位而〔一〕福德，陸績曰：甲子水是乾之子孫。木入金鄉居寶貝，甲寅木，乾之財〔二〕。土臨内象爲父母，甲辰土，乾父母〔三〕。火來四上嫌相敵，壬午火，乾官鬼〔四〕。金入金鄉木漸微。壬申金，同位傷木。」

京房易積算法曰：「孔子曰：八卦鬼爲繫爻，財爲制爻，天地爲義爻，陸績曰：天地即父

〔一〕「而」：四庫本、經訓堂本、續經解本作「爲」，是也。

〔二〕小注：朱邦衡臨惠棟校宋本易傳同，程榮本、汲古閣本京氏易傳「乾」前多「是」字。

〔三〕小注：朱邦衡臨惠棟校宋本易傳同，程榮本、汲古閣本京氏易傳作「甲辰土是乾之父母」。

〔四〕小注：朱邦衡臨惠棟校宋本易傳同，程榮本、汲古閣本京氏易傳作「壬午火是乾之官鬼」。

母也。福德爲寶爻，福德即子孫也。同氣爲專爻。兄弟爻也。」

抱朴子引靈寶經周秦時書謂：「支干上生下曰寶日原注：甲午、乙巳是也，下生上曰義日壬申、癸酉是也，上克下曰制日戊子、己亥是也，下克上曰伐日甲申、乙酉是也，上下同曰專日〔一〕。」又云：「入山，當以保〔二〕日及義日。若專日者大吉。以制日、伐日必死。」吴越春秋范蠡據玉門第一篇，以戊寅爲罰日，又曰囚日。〔三〕

淮南天文曰：「子生母曰義，母生子曰保與寶通，子母相得曰專，母勝子曰制，子勝母曰困困即繫也〔四〕。以勝擊殺，勝而無報；以專從事而有功；以義行理，名立而不墮；以保畜養，萬物繁昌；以困舉事，破滅死亡。」淮南之説與京房及靈寶經合，

〔一〕　戊辰、壬子、己丑之類是也。梅花易數論六畫卦之内外體，其五行同則曰比和，比和亦吉。

〔二〕「保」：四庫本、經訓堂本、續經解本作「寶」。

〔三〕　此小注，墨色較淡，諸本皆無。吴越春秋勾踐入臣外傳第七載范蠡曰：「大王安心，事將有意，在玉門第一。今年十二月戊寅之日，時加日出(繼明按，即卯時)。戊，囚日也。寅，陰後之辰也。合庚辰歲後會也。夫以戊寅日聞喜，不以其罪，罰日也。時加卯而賊戊，功曹爲螣蛇而臨戊。謀利事在青龍，青龍在勝先而臨酉，死氣也，而剋寅。是時剋其日，用又助之。所求之事上下有憂，此豈非天網四張，萬物盡傷者乎？王何喜焉。」

〔四〕　小注：四庫本誤作「即擊也」。

蓋周秦以來相傳之法，九師言易，安知不用是爲占歟。」〔二〕

參同契曰：「水以土爲鬼。」

今占法：水以土爲官，以火爲妻。按左傳曰：「火，水妃也。」蓋從所勝者名之，

故鄭康成注尚書鴻範曰：「木八爲金九妻也。」

比六三「比之匪人」，象曰：「比之匪人，不亦傷乎？」干寶曰：「六三乙卯，坤之鬼吏。在比之家，有土之君也。周爲木德，卯爲木辰，同姓之國也。爻失其位，辰體陰賊，卯木以陰氣賊害土，故爲陰賊。管、蔡之象也。比建萬〔三〕國，唯去此人，故曰：比之匪人，不亦傷王政也。」

〔二〕經訓堂本、續經解本多小注：「師法用辰不用日，故京易止據辰也。」按漢書卷七十五翼奉傳載奉曰：「師法用辰不用日。辰爲客，時爲主人。見於明主，侍者爲主人。辰正時邪，見者正，侍者邪；辰邪時正，見者邪，侍者正。忠正之見，侍者雖邪，辰時俱正；大邪之見，侍者雖正，辰時俱邪。即以自知侍者之邪，而時邪辰正，見者反邪；即以自知侍者之正，而時正辰邪，見者反正。辰爲常事，時爲一行。辰疏而時精，其效同功，必參五觀之，然後可知。故曰：察其所繇，省其進退，參之六合五行，則可以見人性，知人情。難用外察，從中甚明，故詩之爲學，情性而已。五性不相害，六情更興廢。觀性以曆，觀情以律，明主所宜獨用，難與二人共也。」

〔三〕四庫本無「萬」字。

小畜九五象曰：「有孚攣如，不獨富也。」九家易曰：「有信，下三爻也。體巽，故攣如。如，謂連接其隣。隣，謂四也。五以四陰作財，卦體木，六四辛未土，乃制〔二〕爻也，故爲財。〔三〕與下三陽共之，故曰不獨富也。」

隨初九：「官有渝，此易經官爻之明文。貞吉，出門交有功。」九家易曰：「渝，變也，謂陽來居初，德正爲震，震爲子，得土之位，故曰官也。陰陽出門，相與交通，陰往之上，亦不失正，故曰貞吉而交有功。」

先儒皆以隨爲否上之初、初柔升上，是乾之上九居坤初爲震，坤之初六升乾上〔而〕爲兑也。震初庚子水，得坤初乙未土（之）之位，故曰官有渝。水以土爲官鬼，官鬼變，則吉也。上本陰位，故陰往之上，亦不失正。

漢書王莽傳曰：「太后聽公卿采莽女，有詔遣大司徒、大司空策告宗廟，雜加卜筮，

〔二〕「制」：四庫本誤作「卦」。
〔三〕小畜爲巽宮一世卦，六四爻納辛未，巽木克未土，故六四爲妻財，即京氏之制爻。

皆〔一〕曰：『兆遇金水王相，服虔曰：「卜法横者爲土，立者爲木，邪向經者爲金，背經者爲火，因兆而細曲者爲水。」孟康曰：「金水相生也。」卦遇父母得位，父母者，京房所謂天地爻也。皇后母天下，父母得位，故吉。所謂康强之占，逢吉之符也。』」〔二〕

〔一〕四庫本脱「皆」字。

〔二〕經訓堂本、續經解本多出「貞悔」一節，今録如下：「貞悔尚書鴻範曰：「曰貞，曰悔。」又云：「卜五，占用（句），二衍忒（句）。」鄭氏曰：「二衍忒，謂貞悔也。」左傳僖九年曰：「秦伯伐晋，卜徒父筮之，其卦遇蠱。曰：『蠱之貞，風也；其悔，山也。』」晋語曰：「公子親筮之，曰：『尚有晋國。』得貞屯悔豫皆八（繼明按：當作八）。」韋昭曰：「震在屯爲貞，在豫爲悔。」京房易傳曰：「静爲悔，發爲貞。」唐六典曰：「凡内卦爲貞，朝占用之；外卦爲悔，暮占用之。」胡氏炳文曰：「乾上九外卦之終，曰有悔。坤六三内卦之終，曰可貞。貞悔二字，豈非發諸卦之凡例歟？」」

易漢學卷五

京君明易下

五行

京房易積算法曰：「寅中有生火，孟康曰：「南方火，火生於寅，盛於午。」亥中有生木，「東方木，木生於亥，盛於卯。」巳中有生金，「西方金，金生于巳，盛于酉。」申中有生水。「北方水，水生于申，盛于子。」詩緯含神霧曰：「集微揆著〔一〕，上統元皇，下序四始，羅列五際。」推度灾曰：「建四始五際〔二〕而八節通。」汎曆樞曰：「午亥之際爲革命，卯酉之

〔一〕「著」：四庫本誤作「著」。
〔二〕「際」：四庫本誤作「極」。

際爲改正。辰在天門，出入聽候〔一〕。亥，水始也；寅，木始也；巳，火始也；申，金始也。」丑中有死金，孟康曰：「丑，窮金也。」戌中有死火，「戌，窮火也。」未中有死木，「未，窮木也。」説文曰：「五行木老於未。」辰中有死水，「辰，窮水也。」土兼於中。」〔二〕此即後世術家長生訣之先河也。長生訣有十二辰，見唐六典。〔三〕〔四〕

淮南天文曰：「凡日：甲剛，乙柔，丙剛，丁柔，以至於癸。木生於亥，壯於卯，

〔一〕「聽候」：四庫本、經訓堂本、續經解本作「候聽」，是也。

〔二〕本段京房文字見今京氏易傳卷下，孟康説見漢書翼奉傳注。

〔三〕「此即」以下小注，四庫本脱。抄本墨色稍淡。蓋四庫所據抄本即無之。

〔四〕按唐六典卷十四有「太卜令掌卜筮之法，視五行十二氣」。注謂：「一曰受氣，二曰胎，三曰養，四曰生，五曰沐浴，六曰冠帶，七曰臨官，八曰王，九曰老，十曰病，十一曰死，十二曰葬。以占之。」隋蕭吉五行大義「二者論生死所」節謂：「五行體別，生死之處不同，遍有十二月、十二辰而出没。」據五行大義可成一表如下：

	受氣	胎	養	生	沐浴	冠帶	臨官	王	衰	病	死	葬
木	申	酉	戌	亥	子	丑	寅	卯	辰	巳	午	未
火	亥	子	丑	寅	卯	辰	巳	午	未	申	酉	戌
金	寅	卯	辰	巳	午	未	申	酉	戌	亥	子	丑
水	巳	午	未	申	酉	戌	亥	子	丑	寅	卯	辰
土	亥	子	丑	寅	卯	辰	巳	午	未	申	酉	戌

上表中，土多出「寄行于寅」一句。然後世術家似與此稍别。

死於未，三辰皆木也。火生於寅，壯於午，死於戌，三辰皆火也。土生於午，壯於戌，死於寅，三辰皆土也。金生於巳，壯於酉，死於丑，三辰皆金也。水生於申，壯於子，死於辰，三辰皆水也。故五勝，生一、壯五、終九。」〔一〕

〔一〕此處所載生壯死之説，實即後世術家三合之説。如圖下：

以上之局，舍土不論，而以木火金水循環。子午卯酉爲水火木金之正，不可移易。水生木，子已爲正水，故生木者亥；木生火，卯爲正木，故生火者寅。金本當土生，然此處舍土不論，故依木火金水之序，則火生金。午爲正火，故生金者巳。金生水，酉爲正金，故生水者申。所以舍土弗論者，土爲四行之所歸，土者死所歸藏也。相間等分之，則木歸未，火歸戌，金歸丑，水歸巳。

又案：此所謂生，與五行相生之生不同。彼生爲實生之，如曰木生火，謂火氣實禀木氣而生。此生，則謂某行生起於某時也。此局生、死皆以時論，學者詳之。所謂生一、壯五、終九者，設申爲第一，則子爲第五，辰爲第九。

案乾鑿度言：「物有始，有壯，有究。」即生一、壯五、終九之説。〔一〕

翼奉上封事曰：「北方之情好也，好行貪狼，申子主之。孟康曰：「水性觸地而行，觸物而潤，多所好故；多好則貪而無厭，故爲貪狼也。」東方之情怒也，怒行〔二〕陰賊，亥卯主之。「木性受水氣而生，貫地而出，故爲怒。以陰氣賊害土，故爲陰賊也。」貪狼必待陰賊而後動，陰賊必待貪狼而後用，二陰並行，是以王者忌子卯也。禮經避之，春秋諱焉。「李奇曰：『北方陰也，卯又陰賊，故爲二陰。王者忌之，不舉樂。』張晏曰：『子刑卯，卯刑子，相刑之日，故以爲忌。』」南方之情惡也，惡行廉貞，寅午主之。孟康曰：「火性炎猛，無所容受，故爲惡。其氣精專嚴整，故爲廉貞。」西方之情喜也，喜行寬大，己酉主之。「金之爲物，喜以利刃加于萬物，故爲喜。利刃所加，無不寬大，故曰〔三〕寬大也。」二陽並行，是以王者吉

〔一〕經訓堂本續經解本此後多一段：〔高堂隆議臘用日云：「王者各以其行之盛而祖，以其終而臘。水始於申，盛於子，終於辰，故水行之君以子祖，以辰臘；火始於寅，盛於午，終於戌，故火行之君以午祖，以戌臘；木始於亥，盛於卯，終於未，故木行之君以卯祖，以未臘；金始於巳，盛於酉，終於丑，故金行之君以酉祖，以丑臘；土始於未，盛於戌，終於辰，故土行之君以戌祖以辰臘。」博士秦靜議：「易曰『坤爲土』，土位西南，盛德在未，故大魏以未祖。戊者歲終日窮之辰，不宜以爲歲初祖祭之行始也。易曰：『坤利西南得朋，東北喪朋。』丑者土之終，故以丑臘終西（繼明按：據通典「西」當作「而」）復始，乃終有慶，宜如前以未祖、丑臘。」通典四十四。〕

〔二〕「行」：四庫本誤作「生」。

〔三〕四庫本脱「曰」字。

午酉也。詩曰「吉日庚午」。上方之情樂也，樂行姦邪，辰未主之。「上方，謂北與東也。陽氣所萌生，故爲上。辰，窮水也。未，窮木也。翼氏風角曰『木落歸本，水流歸末』，故木利在亥，水利在辰，盛衰各得其所，故樂也。水窮則無隙不入，木上出窮則旁行，故爲姦邪。」棟案：水利在辰，辰當作申[一]。下方之情哀也，哀行公正，戌丑主之。「下方，謂南與西也。陰氣所萌，故爲下。戌，窮火也；丑，窮金也。翼氏風角曰『金剛火強，各歸其鄉』，故火刑于午，金刑于酉。酉午，金火之盛也。盛時而受刑，至窮無所歸，故曰哀也。火性無所私，金性方剛，故曰公正。」辰未屬陰，戌丑屬陽，萬物各以其類[二]。」[三]

五行休王論御覽曰：「立春艮王，震相，巽胎，離没，坤死，兑囚，乾廢，坎休。立夏巽王，離相，坤胎，兑没，乾死，坎囚，艮廢，震休。立秋坤王，兑相，乾胎，坎没，艮

[一] 申金生水，辰土克水。
[二] 四庫本多「應」字，蓋據漢書補。
[三] 漢書卷七十五翼奉傳（中華書局點校本第三一六八頁）。

死，震囚，巽廢，離休。立冬乾王，坎相，艮胎，震没，巽死，離囚，坤廢，兑休。」〔二〕唐六典以王、相、囚、死、胎、没、休、廢爲卦之八氣。

王充論衡所載略同。又云：「王之衝死，相之衝囚。王相衝位，有死囚之氣也。」〔三〕

京房易占曰：「夏至離王，景風用事，人君當爵有德，封有功。」「立秋坤王，涼風用

〔二〕 松崖謂所引五行休王論出自御覽，然今御覽（四部叢刊影宋本、四庫本）所載僅有立秋（卷二十五）、立冬（卷二十八）兩條，無立春、立夏。惠氏雖見宋本，然此處御覽無較大殘缺，蓋松崖引據時以己意補足也。此説僅及四立之王。今合下段所引京房易占，補齊二分二至，則卦之八氣可覩全貌焉：

	艮	震	巽	離	坤	兑	乾	坎
立春	王	相	胎	没	死	囚	廢	休
春分	休	王	相	胎	没	死	囚	廢
立夏	廢	休	王	相	胎	没	死	囚
夏至	囚	廢	休	王	相	胎	没	死
立秋	死	囚	廢	休	王	相	胎	没
秋分	没	死	囚	廢	休	王	相	胎
立冬	胎	没	死	囚	廢	休	王	相
冬至	相	胎	没	死	囚	廢	休	王

〔三〕 見論衡卷二十四難歲篇。

事。」[一]依休王論，「離王」之離當作巽[二]。

淮南墜形曰：「木壯[三]，水老，火生，金囚，土死；火壯，木老，土生，水囚，金死；土壯，火老，金生，木囚，水死；金壯，土老，水生，火囚，木死；水壯，金老，木生，土囚，火死。」

占驗

易緯辨終備曰：「魯人商瞿，使向齊國。瞿年四十，今後[四]使行遠路，畏慮恐絶，無子。夫子正月與瞿母筮，告曰：『後有五丈夫子。』子貢曰：『何以知之？』子[五]曰：

〔一〕見太平御覽卷二十三時序部八夏至條，及卷二十五時序部十立秋條引。
〔二〕「依休王論，離王之離當作巽」：四庫本無，經訓堂本、續經解本作「此與休王論之誼正合」。今按五行休王論謂「立夏巽王」，京房易占謂「夏至離王」，故松崖先生初以爲離當作巽。然巽王在立夏，離王在夏至，節氣不同，並不衝突。且據休王論可推坎離震兑王於二分二至也。蓋松崖初謄録時未察，經訓堂本所據則是改訂之本也。
〔三〕「壯」：四庫本誤作「旺」。
〔四〕「後」：四庫本誤作「復」。百衲本影宋元刻本、中華書局點校本史記皆作「後」。
〔五〕四庫本脱「子」字。

『卦遇大畜，艮之二世。九二甲寅木爲世，立□五景丙子水〔一〕爲應。世生外象生象來爻生互。内象艮別子，應有五子，一子短命。』顔回云：『何以知之？』『内象是本子一，艮變爲二，丑三陽爻，五。於是五，一子短命』。『何以知□□？』『□□〔二〕故也。』」有缺誤。〔三〕

〔一〕「立　五景丙子水」：經訓堂本、續經解本作「六五景諱丙爲景子水」，四庫本作「立六五丙子水」，史記正義引作「立五景行水」。蓋避唐李昺諱而以「景」代「丙」。

〔二〕抄本留白，占四格。四庫本、經訓堂本、續經解本作「短命他以」。

〔三〕文見史記卷六十七仲尼弟子列傳正義所引「中備」。按孫詒讓札迻卷一「易緯稽覽圖鄭康成注」條謂：「（卷上）推易天地人之元術。注云：『已上寫出一紙，本經易緯無此，於三備上録出以廣本耳。』案此唐人校書所注補。蓋此術及上推天元甲子之術，皆三備文也。釋湛然止觀弘輔行記决云：『孔子有三備卜經，上知天文，中知人事，下知地理。』（自注：史記孔子弟子傳正義引易中倪，孔子爲商瞿筮，當有五丈夫子，亦即三備中篇之文。惠棟易漢學謂是辨終備，非也。）隋書經籍志有易三備三卷，即此書。」

今排定所筮之卦如下：

官鬼丙寅木、
妻財丙子水、、　應
兄弟丙戌土、、
兄弟甲辰土、
官鬼甲寅木、　世
妻財甲子水、

今術家占子嗣，常取子孫（福德）爻。子孫爻「若旺遇生扶，或臨日月，或帝旺長生於日，或動而化吉，必産賢兒」（野鶴語）。然此卦並無子孫爻（僅三爻伏子孫），蓋孔子不以此法斷也。詳考原文，蓋以應生世爲吉，故有子。今此文錯訛不可讀，稍以己意正定如下：

繫辭下曰：「凡易之情，近而不相得，則凶或害之。」朱子語類曰：「凶或害之，如火珠林占法，凶神動，與世不相關，不能爲害，惟是克世則爲害。」

漢書西域傳：武帝詔曰：「古者卿大夫與謀，參以龜蓍〔一〕，不吉不行。迺者匈奴縛馬前後足，不詳（祥）甚哉。易之，卦得大過，爻在九五。匈奴困敗。公車方士、太史治星望氣，及太卜蓍龜皆以爲吉，匈奴必破。今計謀卦兆皆反謬。」程舜俞集筮法師春曰：「大過，木兆卦也。外克内，應克世之兆，所以敗也。」

案：大過，震游魂，故云木兆卦。五動又成震，初六辛丑土乃震之財，故云外克内。然大過九五丁酉、九四丁亥，皆水也，而皆受制于辛丑之土〔二〕。九四立世，初六

（接上頁注）「孔子曰：『卦遇大畜，艮之二世。九二甲寅木爲世，六五丙子水爲應。應世生（繼明按：丙子水生甲寅木），外象生内象（按：艮土生乾金）。内象艮，別子（按：内象既爲外象所生，故以内象爲子。内象乾下伏艮，爲別子）。應有五子，一子短命。』顔回云：『何以知之？』『内象是本子一（按：乾金，一子也），艮變爲二（乾下伏艮，二子也），丑三陽爻（内象又分三陽爻，故復得三子），五（合而爲五）。於是五子，一子短命。』『何以知短命？』『他以故也。』」

一子短命，不詳。或二爻值官鬼，故短命也。

〔一〕「龜蓍」：四庫本、經訓堂本、續經解本作「蓍龜」。

〔二〕「九五丁酉、九四丁亥，皆水也，而皆受制于辛丑之土」：四庫本、經訓堂本、續經解本作「九四丁亥水也，而受制於辛丑之土」。蓋後來訂正。

爲應，故云應克世。當時諸臣以漢爲内卦，匈奴爲外卦，故皆云吉，而實反謬也。〔二〕

干寶晋紀曰：「陸抗之克步闡，皓意張大，乃使尚廣筮并天下，遇同人之頤。對曰：『吉。庚子歲青蓋當入洛陽。』」

案：頤，巽游魂也。六四丙戌主世，初九庚子爲應，震爲木，故云青蓋。朱子發所引。

〔二〕漢武帝筮大過事，見漢書卷九十六下西域傳下（中華書局點校本第三九一三頁）。引程氏説，見周易本義啟蒙翼傳下篇筮法部分

今排定此筮卦如下：

妻財丁未土、、		庚戌土、、
官鬼丁酉金、△	→	庚申金、、
父母丁亥水、　世		庚午火、
官鬼辛酉金、		
父母辛亥水、		
妻財辛丑土、、　應		

按外克内者，謂外卦克内卦，兑金克巽木是也；應克世，即丑土克亥水也。松崖謂「五動成震，克初六辛丑土」爲外克内，非也。動爻不能克不應之静爻也。至於其初以爲吉，孟康注甚明：「其象曰『枯楊生華，何可久也』，謂匈奴破不久也。」非如松崖謂「諸臣以漢爲内卦，匈奴爲外卦」也。

曰：「庚子，震初爻也。震少陽，數七。鳳皇元年，至天紀四年春三月吴入晋，實七年。」〔一〕

南史曰：「梁大同中，同泰寺灾。帝召太史令虞履筮之，遇坤。之〔二〕履曰：『無害。其繫曰：「西南得朋，東北喪朋，安貞吉。」文言曰：「東北喪朋，乃終有慶。」』帝曰：

〔一〕見三國志卷四十八裴注所引晋紀。

今排定六爻如下：

子孫壬戌土、　應	丙寅木、
妻財壬申金、△	丙子水、、
兄弟壬午火、△	丙戌土、、
官鬼己亥水、△世	庚辰土、、
子孫己丑土、、	庚寅木、、
父母己卯木、	庚子水、

此卦應克世，世動又化回頭之克，其凶顯然，尚廣豈能不知？蓋以孫皓殘暴，故漫應之曰吉而已。庚子青蓋入洛者，尚秉和謂：「同人内卦離，離爲火爲午，頤又爲大離；至子年衝而兼克，故知必滅。」（尚氏易學存稿校理第一卷，第一〇一頁）朱子發以震數七説之，非是。青蓋，如惠説。

〔二〕經訓堂本、續經解本無「之」字，是也。南史無「之」字。按占卦得坤，非坤之履。後「履」字指虞履。

『斯魔也。酉應見卯，金來克木卯。』〔二〕

〔二〕南史卷七梁本紀中原文載：始天監中，沙門釋寶志爲詩曰：「昔年三十八，今年八十三，四中復有四，城北火酣酣。」帝使周捨封記之。及中大同元年，同泰寺灾，帝啟封見捨手迹，爲之流涕。帝生於甲辰。三十八，克建鄴之年也。遇灾歲實丙寅，八十三矣。四月十四日而火，火起之始，自浮屠第三層。三者，帝之昆季次也。帝惡之，召太史令虞履筮之，遇巛。履曰：「無害。其繇云：『西南得朋，東北喪朋，安貞吉。』文言云：『東北喪朋，乃終有慶。』」帝曰：「斯魔鬼也。酉應見卯，金來剋木，卯爲陰賊。鬼而帶賊，非魔何也。孰爲致之？酉爲口舌，當乎說位。說言乎兑，故知善言之口。宜前爲法事。」於是人人贊善，莫不從風。或刺血灑地，或刺血書經，穿心然燈，坐禪不食。及太清元年，帝捨身光嚴、重雲殿，游仙化生皆震動，三日乃止。當時謂之祥瑞。識者以非動而動，在鴻範爲祆。以比石季龍之敗，殿壁畫人頸皆縮入頭之類。（中華書局點校本，第二二五頁）

今排定六爻如下：

子孫癸酉金	世
妻財癸亥水	
兄弟癸丑土	
官鬼乙卯木	應
父母乙巳火	
兄弟乙未土	

梁武帝所謂「卯爲陰賊」者，前注引翼奉説「東方之情，怒也；怒行陰賊，亥卯主之」。鬼者陰類，陰賊可表鬼象也。又應爻值官鬼。故「鬼而帶賊」。鬼不必盡害人，而帶陰賊，則爲害人之鬼，曰魔鬼也。佛光大辭典釋「魔」曰：「全稱爲魔羅。意譯爲殺者、奪命、能奪、能奪命者、障礙。又稱惡魔。指奪取吾人生命，而妨礙善事之惡鬼神。『魔』字舊譯作『磨』，至南朝梁武帝時始改爲『魔』字。」酉與兑同位，兑爲口舌，故酉亦主口舌。

案：坤上六癸酉立世，六三乙卯爲應，故曰酉應見卯。

邱悦三國典略曰：「齊〔一〕趙輔和明易善筮。有人父疾，輔和筮之，遇乾之晋，告之以吉。退而謂人曰：『乾爲父，父變魂而升於天，能無死也？』果如其言。」〔二〕

梁元帝金樓子自叙曰：「初至荆州遇〔三〕雨。聊附見首木〔四〕。孟秋〔五〕之月，亢〔六〕陽日久。月旦雖雨，俄爾便晴。有人曰：『月雨額，千里赤，盖旱之徵也。』吾乃端筴拂蓍，遇動不動。既而言曰：『庚子爻爲世，於金七月連申，申〔七〕子辰又三五合，必在此月。』五〔八〕日庚

〔一〕「齊」：四庫本作「北齊」。

〔二〕據太平御覽卷七百二十八方術部九引。原文「變魂而升於天」者，乾變爲晋，晋者乾之游魂；乾九五動，爻辭曰「飛龍在天」，故升於天。凡占病，遇游歸則凶甚；若遇官鬼持世及化回頭之剋，亦凶。又北齊書卷四十九趙輔和傳所載與此稍異：「有一人父疾，是人詣館別託相知者筮之，遇泰。筮者云：『此卦甚吉。疾愈。』是人喜。出後，和謂筮者云：『泰卦乾下坤上，然則父入土矣，豈得言吉？』果以凶問至。」按此二事，乾之九五爻曰「飛龍在天」，泰之卦辭曰「小往大來吉亨」，若據辭斷，則皆吉。而一以京房法則爲歸魂而死；一據卦象則爲父入土之占。蓋神无方而易无體，不測之妙，存乎其人而已。

〔三〕「遇」：經訓堂本、續經解本作「卜」。今宋本御覽亦作「卜」。

〔四〕「木」：經訓堂本、續經解本作「末」。今宋本御覽亦作「末」。

〔五〕「秋」：四庫本誤「春」。

〔六〕「亢」：四庫本脱。

〔七〕四庫本誤作「甲」。

〔八〕「五」：四庫本作「翌」。

子，果值甘雨。余又以十七日筮，於[一]時雲卷金翹，日輝合璧，紅塵暗陌，丹霞映峙[二]，咸謂[三]亢陽之勢，未霑膏澤。筮遇坎之比，於是輟蓍而歎曰：『坎者水也。子爻爲世坎上九[四]戊子水，其在今夜三更，平地上有水。坎之爲比，其方有甘雨乎。』欣然有自得之志。」有脱訛字。[五]

[一]「於」：四庫本作「何」。

[二]「峙」：四庫本作「謂（此字誤）」。

[三]四庫本脱「咸謂」。

[四]「上九」：四庫本作「上六」，按當作「上六」。

[五]四庫本小注首有「此條」二字。經訓堂本、續經解本無「有脱譌字」小注，易之以小注「宋本御覽七百二十八」。按此實據太平御覽卷七百二十八方術部九引。

按文中謂占在七月，又謂「五日庚子」，考梁元帝未即位時，於普通七年（五二六年）出爲荆州刺史（據梁書卷五本紀五）。是年七月三日爲庚子。不得謂「五日庚子」，「五」乃「三」之譌。四庫本改爲「翌日」，亦通，蓋初一日雨，初二日占也。此占雖未言得何卦，然據「庚子爻爲世」可知得復卦也。疑「端筴拂蓍，遇動不動」，當作「遇復不動」（尚先生古筮考即作「復」），即占得復卦靜爻也。今排定六爻如下：

子孫癸酉金		
妻財癸亥水		
兄弟癸丑土	應	
兄弟庚辰土		
官鬼庚寅木		
妻財庚子水	世	

庚子爻爲世，七月建申，六三爻直庚辰，故申子辰三合成水局。成水局，則有雨。必待庚子日雨者，日辰與世爻合，得日建之力也。

其十七日之占，排定六爻如下：

（接上頁注）

兄弟戊子水	世	
官鬼戊戌土		
父母戊申金		
妻財戊午火	應	乙卯木
官鬼戊辰土	△ →	乙巳火
子孫戊寅木		乙未土

此卦動爻克世，似有妨礙。然子水持世，與之勢均力敵。待三更子時，得天時之力，則可雨矣。術家用時，多取日建月建，少用时辰，故易冒曰：「星宿之光，不及于日月，時辰之力，不敵於春秋，故曰日月六神爲要。」此月建申，既已生世；而十七日、十八日爲甲寅、乙卯，克制仇神辰土，是得日月之力矣。故復以時辰斷之，子時（三更）得助力最強也。「平地上有水」者，取比卦地上有水之象。

○御覽載金樓子自序尚有一占，稿本未載，經訓堂本載之（見脚註中之校記）。今附釋于此。占得謙之小過，先排六爻：

兄弟癸酉金		庚戌土
子孫癸亥水	世	庚申金
父母癸丑土	×	庚午火
兄弟丙申金		
官鬼丙午火	應	
父母丙辰土		

梁元帝此處不用納甲法，而參以卦象，坤、艮皆是土行，克水，故將晴亢。其實用納甲法亦可推。此卦雖亥水持世，然動爻克世。桃文烈謂此二十一日雨，按此日爲戊午，土得日建之生，克水克世有力，不得雨也。按凡占氣象，當以納甲與卦象合參。是以本書引周易集林曰：「占天雨否：外卦得陰爲雨，得陽不雨。其爻發變得坎爲雨，得離不雨。巽化爲坎，先風後雨；坎化爲巽，先雨後風。」

後漢司徒魯恭引易曰「有孚盈缶，終來有它吉」，「言甘雨滿我之缶，誠來有它而吉已」〔一〕。元帝以比有甘雨，本此。〔二〕

京氏占風雨寒温

漢書天文志曰：「月爲風雨，日爲寒温。」

王充論衡曰：「易京氏布六十四卦於一歲（之）中，六日七分，一卦用事，卦有陰陽，氣有升降。陽升則温，陰升則寒。寒温隨卦而至。」〔三〕

漢書京房傳曰：「房治易，事梁人焦延壽。延壽字贛，其説長於災變，分六十四卦，更值日用事，以風雨寒温爲候，各有占驗，房用之尤精。」

〔一〕後漢書卷五五魯恭傳。按彼傳今本作「誠來有我」。

〔二〕經訓堂本、續經解本此後多一段正文：「又曰：『桃文烈善龜卜，謂余曰：『此二十一日將雨，其在虞淵之時。』余乃筮之，遇謙之小過，既言曰：『坤艮二象，俱在土宫，非直無雨，乃應開霽。俄而星如玉李，月上金波，霧生猶縠，河垂似帶，余乃欣然。」七百二十八。」

〔三〕據易緯稽覽圖鄭注：凡卦，「九三、上六，决温；九三、上九，微温；六三、上九，决寒；六三、上六微寒。」（七緯，趙在翰輯，鍾肇鵬點校，中華書局二〇一二年，第六九頁）

易乾鑿度曰：「太初者氣之始。」鄭康成註云：「太初之氣，寒温始生也。」鄭康成註易通卦驗曰：「春三月，候卦氣者泰也、大壯也、夬也，皆九三上六。朱子發曰：「坎九五、上六泰，震初九、六二大壯，震六三夬。」〔一〕夏三月，候卦氣者乾也、姤也、遯也，皆九三、上九。震九四、六五乾，震上六、離初九姤。離六二、九三遯。秋三月，候卦氣者否也、觀也、剥也，皆六三、上九。離九四、六五否，離上九、兑初九觀，兑九二、六三剥。冬三月，候卦氣者坤也、復也、臨也，皆六三、上六。兑九四、九五坤，兑上六、坎初六復，坎九二、六三臨。」〔二〕

魏正光曆曰「九三應上九，清淨微温，陽風。九三應上六，絳赤絳一作絳決温，陰雨。六三應上六，白濁微寒，陰雨。六三應上九，麴塵決寒，陽風。諸卦上有陽爻者陽風，上有陰爻者陰雨。」〔三〕

〔一〕所引朱震語，四庫本作「坎六四、九五泰，坎上六、震初九大壯，震六二、六三夬」。按此抄本、經訓堂本、續經解本與四庫本漢上易傳同，然據理則四庫本是。蓋四庫本改訂也。

〔二〕正文所謂九三、上六云云，即上條注所謂寒温也。春三月消息卦九三、上六，是爲決温；夏三月消息卦九三、上九，是爲微温；秋三月消息卦六三、上九，是爲決寒；冬三月消息卦六三、上六，是爲微寒。朱震小注之意，以四正卦二十四爻，一爻主一氣，二爻主一月也。可參見漢上易傳所附卦氣圖。本書卷一注已具載。

〔三〕魏書卷一零七，正光曆推四正卦術後。

易緯稽覽圖曰：「有實無貌，屈道人也；有貌無實，佞人也。」康成注曰：「有寒温，無貌濁清靜與淨通，此賢者屈仕於不肖君也。有貌濁清靜，無寒温，此佞人以便巧任於世也。」

孟長卿説易本于氣，而後以人事明之。風雨寒温，氣也。道人、佞人，以人事明之也。

京房上封事曰：「臣前以六月言遯卦不效效，見也。法曰：道人始去，寒涌水爲災。至其七月，涌水出。臣弟子姚平謂臣曰：『房可謂知道，未可謂信道也。房言災異，未嘗不中。今涌水已出，道人當逐死，尚復何言。』」

案：遯六月辟卦也。道人有寒温，無貌濁清靜；道人去，佞人來，有貌濁清靜而無寒温。是以辟卦不効，當温反寒，而有涌水之灾。

郎顗上便宜七事曰：「去年已來，兑卦用事，類多不效。易傳曰：『有貌無實，佞人也；有實無貌，道人也。寒温爲實[一]，清濁爲貌。』今三公皆令色足恭，外厲内荏，以虚

[一]「實」：四庫本誤作「貴」。

事上，無佐國之實，故清濁効而寒温不効也。是以陰寒侵犯消息，占曰：『日乘則有妖風，日蒙則有地裂。如是三年，則致日食。』陰侵其陽，漸積所致。立春前後，温氣應節者，詔令寬也。其後復寒者，無寬之實也。」〔一〕

史記言絳侯、東陽侯兩人言曾不能出口，此有實無貌者也；嗇夫喋喋，利口捷給，此有貌無實者也。

京房上封事曰：「乃丙戌小雨，丁亥蒙氣去，然少陰并力而乘消息，戊子益甚，到五十分，蒙氣復起。此陛下欲正消息，雜卦之黨并力而争，消息之氣不勝。强弱安危之機，不可不察。己丑，夜有還風；盡辛卯，太陽復侵色；至癸巳，日月相薄，此邪氣〔二〕同力而太陽爲之疑也。」孟康注曰：「諸卦氣以寒温不效，後九十一日爲還風。還風，暴風也。

〔一〕盧央謂：「兑卦爲四正卦之一，主秋令，當七八九月。其辟卦爲否、觀、剥，皆爲六三上九決寒白濁之候。但三公皆以佞治事，貌爲清淨，而其實當爲陰寒，故有貌無實，佞人當道。立春前後，當爲温氣應節，但後即寒，表示雖有詔令爲寬，却没有寬的實際。」（京房評傳，第二四五頁。）

〔二〕「氣」：四庫本作「陰」。

風爲教令，言正令還也。」〔一〕

〔二〕京房易傳曰：「潛龍勿用，衆逆同志。至德乃潛，厥異風。初九坤之復，坤亂于上，故衆逆同志。乾陽隱初，故至德乃潛。坤爲土，風屬土，故厥異風。其風也，行不解，物不長，坤殺行，故物不長〔三〕。雨小而傷。陽息至二，體兑。兑爲澤，故雨小；爲毁折，故傷。政悖德隐，兹爲亂。坤反君道，故爲亂。厥風先風不雨，消息無坎，故先風不雨。大風暴起，發屋折木。守義不進，兹爲耗；厥風與雲俱起，折五穀莖。臣易上政，兹爲不順；厥風大焱發屋。賦斂不理，兹謂禍；厥風絶經緯。坎離爲經，震兑爲緯，絶經緯，四時不正也。止即温，温即蟲。侯專封侯卦，兹謂不統；厥風疾而樹不摇，穀不成。辟不思道利辟卦，兹謂無澤；厥風不摇木，旱無雲，傷禾。公常於利三爲三公，兹謂亂；厥風微

〔一〕據稽覽圖，太陽、太陰爲辟卦（消息卦），少陽、少陰爲雜卦。故雜卦之決寒、微寒爲少陰，決温、微温爲少陽。消息爲太陽，則雜卦少陰爲干擾；消息爲太陰，則雜卦少陽爲干擾。今消息當大壯，爲太陽；而雜卦當解，解六三、上六爲微寒，是爲少陰。故曰「少陰並力而乘消息」。盧央釋此段曰：「此丙戌日，當建昭二年二月二十三日，次日二十四日丁亥春分。二月辟卦是大壯卦，從去年十一月二十一日交冬至起公卦中孚，至今年二月二十三日正好九十一天，對應于二月公卦解卦當值。從每卦六日七分計算，則歷九十一日二十五分（一日八十分），應爲二月二十四日辰初。解卦于二十四日起當令，但解卦是雜卦。丁亥之次日戊子（二十五日）下午未末申初，蒙氣就明顯地强起來。次日己丑夜，有還（旋）風。其作用更加加重蒙氣。」

〔二〕此下一段，四庫本無。蓋其所據抄本即闕也。今觀此復旦抄本此段是另外剪裁紙張補上，墨色、紙色皆不同。

〔三〕坤之肅殺行于時，則物不長。

而温，生蟲蝗，害五穀。棄正作淫，兹謂惑；厥風温，螟蟲起，害有益人之物。侯不朝〔一〕，兹謂叛；厥風無恒，地變赤而殺人。」

郎顗詣闕拜章曰：「今立春之後，火卦用事，當温而寒，違反時節。」〔二〕

易緯稽覽圖曰：「侵消息者，或陰專政，或陰侵陽。」康成注云：「温卦以温侵，寒卦以寒侵。陽者君也，陰者臣也。專君政，事亦陰侵陽也。」〔三〕

參同契曰：「君子居室，順陰陽節。藏器俟時，勿違卦月。謹候日辰，審察消息，纖介不正，悔吝爲賊。憂悔吝者存乎介。介，纖介也。二至改度，乖錯委曲，隆冬大暑，盛夏霜雪。二分縱横，不應漏刻，水旱相伐，風雨不節。蝗蟲湧沸，群異旁出。皆卦氣悖亂之徵。」

〔一〕　經訓堂本、續經解本有小注「侯卦」。

〔二〕　所謂「火卦」，不知何意，或與「温」同義也。據稽覽圖鄭注，自否至臨爲太陰，自泰至遯爲太陽。太陰有決寒、微寒，太陽有決温、微温。盧央釋此段曰：「立春當爲正月節，泰卦用事，九三上六決温，卦象如此。但實際情況是天氣寒冷，違反時節。這是陽嘉二年正月，正是他剛入京的時候。」（京房評傳，第二四三頁。）

〔三〕　後漢書郎顗傳注引。

郎顗七事曰：「今春當旱，夏必有水。以六日七分候之可知。」〔一〕

樊毅修華嶽碑曰：「風雨應卦，瀸潤萬物。」

東觀漢記曰：「沛獻王輔善京氏易。永平五年，京師少雨。上御雲臺自卦，以周易林占之，其繇曰：『蟻封穴户，大雨將一作時至。』上以問輔，辅上書曰：『蹇艮下坎上。艮爲山，坎爲水，山出雲爲雨，蟻穴居，知雨將至，故以蟻爲興。』」御覽十卷，又七百二十七卷。〔二〕

周易集林雜一作象占曰：「占天雨否：外卦得陰爲雨，得陽不雨。其爻發變得坎爲雨，得離不雨。巽化爲坎，先風後雨；坎化爲巽，先雨後風。」御覽、初學記。〔三〕

易通卦驗曰：「乾得坎之蹇則當夏雨雪。」御覽十二卷。

〔一〕　後漢書原文謂：「臣聞天道不遠，三五復反。今年少陽之歲，法當乘起。恐後年已往，將遂驚動，涉歷天門，灾成戊己。今春當旱，夏必有水。臣以六日七分候之可知。」盧央引稽覽圖，以爲雜卦九三爲少陽之效，不效則爲水，太温甚者爲旱。是也。（京房評傳，第二四六頁。）

〔二〕　文選注所引略同。按此非據六日七分法占斷也。「蟻封穴户，大雨將集」見焦氏易林震之蹇林辭。

〔三〕　太平御覽卷十天部十；初學記卷二天部下。

蒙氣

易蒙彖曰：「初筮告，以剛中也；再三瀆，瀆則不告，瀆蒙也。」荀爽曰：「再三，謂三與四也。乘陽不敬，故曰瀆。瀆不能尊陽，蒙氣不除，故曰[一]瀆蒙也。」

易緯稽覽圖曰：「日食之比，陰得陽蒙之比也比者[二]庇，陰冒陽也。」康成注云：「蒙氣也。比非一也。邪臣謀覆冒其君，先霧從夜昏起，或從夜半，或平旦。君不覺悟，日中不解，遂成蒙。君復不覺悟，下爲霧也。」[三]

郎顗曰：「易内傳曰：『久陰不雨，亂氣也，蒙之比也。』蒙者，君臣上下相冒亂也。」後漢書本傳。

京房上封事建昭三年二月朔曰：「辛酉以來，蒙氣衰去。己卯，臣拜太守。迺辛巳蒙氣復

[一] 四庫本脱「曰」字。
[二] 「者」：四庫本作「音」。
[三] 後漢書郎顗傳注引。

來〔二〕卦，太陽侵色，此上大夫覆陽，而上意疑也。」

房至陝，復上封事曰：「乃丙戌小雨，丁亥蒙氣去。然少陰并力而乘消息，戊子益甚。到五十分〔三〕，蒙氣復起。」孟康曰：「分一日爲八十分，分起夜半。是爲戊子之日，日在巳西而蒙也。蒙常以晨夜，今向中而蒙起，是臣黨盛，君不勝也。」

後漢書黃瓊上疏順帝曰：「間者以來，卦位錯繆，寒燠相干，蒙氣數興，日闇月散〔三〕，原之天意，殆不虛然。」

京房易傳曰：「有蜺、蒙、霧。霧，上下合也。蒙，如塵。臣私祿及親，茲謂罔辟辟卦，君也，厥異蒙。其蒙先大溫，已蒙起，日不見。行善不請于上，茲謂作福，蒙一日五起五解。辟不下謀，臣辟異道臣指雜卦，茲謂不見，〔四〕蒙下霧，風三變而俱解。立嗣子疑，茲謂動欲繼嗣不定，蒙赤，日不明。德不序，茲謂不聽，蒙，日不明，溫而民病。德不試，茲謂

〔二〕「復來」：四庫本作「又乘」。
〔三〕據下文孟康注，一日八十分，起自夜半。則五十分者：24 × 50/80 = 15。即未時也。
〔三〕「散」：四庫本作「蔽」。
〔四〕漢書「蒙」前有「上」字。

主窳臣夭君惰窳，用人不以次第，爲夭，蒙起而白。君樂逸人，茲謂放，蒙，日青，黑雲夾日，左右前後〔一〕過日。公不任職公卦，茲謂怙禄，蒙三日，又大風五日，蒙不解。利邪以食，茲謂閉上，蒙大起，白雲如山，行蔽日。公懼不〔二〕道，茲謂蔽一作閉，下同下，蒙大起，日不見，若雨不雨，至十二日解雨卦而有大雲蔽日。禄生於下，茲謂誣君，蒙微而小雨，已乃大雨。下相攘善，茲謂盜明，蒙黄濁。下陳功求於上，茲謂不知，蒙微而赤，風鳴條，解復蒙。下專刑，茲謂分威，蒙而日不得明。大臣厭小臣，茲謂蔽，蒙微，日不明，若解不解，大風發，赤雲起而蔽日。衆不惡惡，茲謂蔽，蒙，尊卦用事，孟康曰：「尊卦，乾卦〔三〕也。」臣瓚曰：「京房謂之方伯卦，震兑坎離也。」師古曰：「孟説是〔四〕。」三日〔五〕而起，日不見。漏言亡喜，茲謂下厝千各反，蒙微，日無光，有雨雲，雨不降。廢忠惑佞，茲謂亡，蒙，天先清而暴，蒙微而日不明。有逸

〔一〕漢書「後」後有「行」字。
〔二〕漢書「不」後有「言」字。
〔三〕「乾卦」：四庫本誤作「就卦」，經訓堂本、續經解本作「乾坤」。
〔四〕四庫本多「也」字。
〔五〕經訓堂本、續經解本無「日」字。

民，茲謂不明，蒙濁，奪日光。公不任職，茲謂不絀，蒙白，三辰止〔一〕則日青，青而寒，寒必雨。忠臣進〔二〕善，君不試，茲謂遏，蒙，先小雨，雨已蒙起〔三〕，微而日不明。惑衆在位，茲謂覆國，蒙微而日不明，一温一寒，風揚塵。知佞厚之，茲謂庳，蒙甚而温。君臣故弼（弼，相戾也），茲謂悖，厥災風雨霧，風拔木，亂五穀，已而大霧。庶正蔽惡，茲謂生孽災，厥異霧。此皆陰雲之類云。」〔四〕

世卦起月例

胡一桂京易起月例曰：「一世卦陰主五月，一陰在午也；陽主十一月，一陽在子也。

〔一〕「止」：四庫本誤作「上」。

〔二〕「進」：四庫本誤作「盡」。

〔三〕「起」：四庫本誤作「氣」。

〔四〕漢書五行志第七下之上「皇之不極」節引。盧央謂：「京房認爲蒙氣是一種氣候的變化，而氣候變化是陰陽二氣相盪的結果。陰陽相盪，或者取得某種平衡，或者陽盛陰衰，或者陰盛陽衰。蒙氣則是一種陰盛陽衰的狀態。將這種氣變應用到人事時，京房强調的是陰盛，五行志引用京房時强調陽衰。」（京房評傳，第三〇九頁）

二世卦陰主六月，二陰在未也；陽主十二月，二陽在丑也。三世卦陰主七月，三陰在申也；陽主正月，三陽在寅也。四世卦陰主八月，四陰在酉也；陽主二月，四陽在卯也。五世卦陰主九月，五陰在戌也；陽主三月，五陽在辰也。八純上世陰主十月，六陰在亥也；陽主四月，六陽在巳也。游魂四世，所主與四世卦同。歸魂三世，所主〔二〕與三世同。」〔三〕

〔二〕四庫本無「所主」二字。

〔三〕經訓堂本、續經解本此後多兩段：「干寶注蒙彖曰：『蒙者離宮陰也，世在四，八月之時，降陽布德，薺麥並生。陽胎于酉仲。而息來在寅。息，消息。故蒙於世爲八月，於消息爲正月卦也。四世卦陰主八月。』又注比彖曰：『比，坤之歸魂也。亦世於七月，而息來在巳，義與師同也。三世卦，陰主七月。』」

按世卦起月，自一世至五世、八純，並無問題。唯游魂、歸魂，胡一桂之語似有歧義。或以爲，本宮游魂與本宮四世所主之月同，如訟爲離宮游魂，離宮四世卦爲蹇，蹇四爻陰主八月，故訟亦主八月，此李道平之説也。或以爲，游、歸魂與四、三世同例而已，非同月也。如訟爲游魂，視四世卦之例。四世陽爻主二月，陰爻主八月；則游魂亦陽爻主二月，陰爻主八月。訟四爲陽爻，故主二月。此劉玉建之説也（兩漢象數易學研究，第二八四頁）。劉説似是。

又世卦起月之原理，盧央謂：「視所得卦之世爻爲陰或陽，若世爻爲陰，則以初爻起五月，數至世爻爲幾月，即得該卦爲幾月之卦；若世爻是陽爻，則以初爻起十一月，數至世爻爲何月，即得該卦爲何月之卦。」（京房評傳，第四五四頁）

卦身考

震六二：「震來厲。」干寶曰：「六二木爻，震之身也。得位無應，而以乘剛爲危。」

案震爲木，六二庚寅亦木也，故曰震之身。然則乾之九四〔一〕壬申金，坎、巽、離之上九戊子水、辛卯木、己巳火，兑之九五丁酉金，皆身也。坤艮有二身。坤初六乙未，六四〔二〕癸亥；艮初六丙辰，六四丙戌，皆土也。所未詳也。〔三〕

洞林曰：「揚州從事慎曜伯婦病，其兄周産武令吾作卦，得蹇，身在戊土，與坎鬼

〔一〕「四」：四庫本作「五」。按據納甲之説，乾九五壬申金，九四壬午火。此蓋館臣改訂。
〔二〕「四」：四庫本作「五」，是也。
〔三〕「所未詳也」：經訓堂本、續經解本同。按此四字在惠氏自按語之句末，莫名其妙，似有闕誤。四庫本無此四字，下一段曰「郭璞洞林以世爲身。詳本書。」按此句，抄本在隔一段下。經訓堂本、續經解本此後又有一段：「義興郡丞仍叔實得傷寒疾，積日危困。令卦，得遯之姤。其林曰：『卦象出墓氣家囚，艮爲乾墓，世主丑，故卜時五月，申金在囚。變身見絶鬼潛游，身在丙午，夏入辛亥在五月。爻墓充刑鬼煞俱，壬戌爲鬼墓，而初六爲戌刑，刑在占，故言充刑。五月白虎在卯，與月煞并也。卜病得此歸蒿丘。誰能救之坤上牛，以下爻見丑爲牛。亥爲子，能扶身，克鬼之厭虎煞，上令伏不動。若依子色吉之尤。巽主辛丑，丑爲白虎，金色復徵以和，解鬼及虎煞，皆相制也。』案丙午世也。注云『身在丙午夏』，是以世爲身也。辛亥，子也，丙午變從之。午本鬼也，變以扶身，可以伏鬼。」

并卦中。當有從東北田家市黑狗畜之，以代人任患」御覽九百六〔一〕。洞林又以世爲身，見本書〔二〕。

案：蹇，兑宫陰也，世在四。戌土，謂九五戊戌土。此世在四者，以五爲身，與干寶異。坎鬼者，六二丙午火，兑之鬼吏。又互坎，故云與坎鬼并。云「東北田家市黑狗畜之，以代人任患」者，艮，東北之卦，蹇從觀來。觀坤爲田，二爲家，觀巽爲近世，坤爲黑，艮爲狗，故云「東北田家市黑狗」。身在戌土，戌亦狗也，故云「畜之，以代人任患」。景純之説，猶是漢學。〔三〕

〔一〕四庫本小注僅作「御覽」。經訓堂本、續經解本作「御覽九百□□六」。按此實在九百零五卷。

〔二〕四庫本無此句，經訓堂本、續經解本但作「洞林又以世爲身」，小注「詳本書」。

〔三〕尚秉和解此卦曰：「下卦艮東北，蹇不利東北。艮位狗，故於東北市狗，以代其不利。艮爲黔，故用黑狗。艮爲田爲家，故於田家市黑狗。坎爲鬼，爲血。惟蹇卦身在三，而曰身在戊戌。戊戌者五爻，則不解其故。」（周易古筮考卷七，見尚氏易學存稿校理第一册，頁一一三。）尚氏所論，較松崖先生明暢。

又經訓堂本所多仍叔寶一則，今亦附釋如下：

父母壬戌土、
兄弟壬申金、应
官鬼壬午火、
兄弟丙申金、　辛酉金、
官鬼丙午火、、世　辛亥水、
父母丙辰土、、　辛丑土、、

尚先生釋曰：「變身見绝者，言二爻世值午鬼，變爲之卦之身亥。火绝於亥，亥又克火，况午又與鬼臨，其兇甚矣（化回頭剋爲最大兇）。而初爻身值辰，復爲上爻戌所衝。夫戌既爲午火墓，而又衝身之辰，鬼爻迭見，占病遇此，其兇甚矣。然遇丑牛能救者，以土能制水，使不剋世，而生應爻休囚之申金故也。」（尚氏易學存稿校理第一册，第五〇頁）按原注所謂「身在丙午，夏入辛亥在五月」，指遯卦二爻動，所納由艮之丙午變爲巽之辛亥也。回頭剋，故「見绝」；官鬼持世，故「鬼潛游」。世爻丙午火，而上爻壬戌之戌爲火墓，故曰爻墓。未變之前，初爻丙辰，辰與戌衝；爻發之後，初爻值辛丑，丑與戌相刑。「丑爲子能扶身」者，世身午火，火生土，故丑土爲子。土克水，故能扶身。

四庫本此段按語有脱略，僅作：「案土謂九五戊戌土也蹇不利東北内艮爲狗故云東北有黑狗」。

以錢代蓍

儀禮〔一〕士冠禮曰：「筮與席，所卦者。」鄭注云：「所卦者，所以畫地記爻。易曰六畫而成卦。」賈疏曰：「筮法依七八九六之爻而記之。但古用木畫地，今則用錢。古謂三代，今謂漢以後。以三少爲重錢，重錢則九也；三多爲交錢，交錢則六也；兩多一少爲單錢，單錢則七也；兩少一多爲坼〔二〕錢，坼錢則八也。案少牢曰『卦者在左坐，卦以木』，故知古者畫卦以木也。」〔三〕

胡一桂筮法變卦說：「平庵項氏曰：『以京易考之，世所傳火珠林者即其法也。以三錢擲之，兩背一面爲坼，即兩少一多，少陰爻也；兩面一背爲單，即兩多一少，少陽爻也；俱面爲交，交者坼之聚，即三多，老陰爻也；俱背爲重，重者單之積，即三

〔一〕四庫本脱「儀禮」二字。
〔二〕「坼」：四庫本作「拆」。下三「坼」字放此。
〔三〕經訓堂、續經解本多一段（低一格）：「唐六典曰：『凡易之策四十有九。』注云：『用四十九算，分而揲之，其變有四：一曰單爻，二曰坼爻、三曰交爻，四曰重爻，凡十八變而成卦。』按此則揲蓍亦用交、單、重、坼之說。」此録自唐六典卷十四太常寺。

少，老陽爻也。蓋以錢代蓍，一錢當一揲，此後人務徑截以趨卜肆之便，而本意尚可考。』」

唐于鵠江南曲曰〔二〕：「衆中不敢分明語，暗擲金錢卜遠人。」

朱子語類六十六卷曰：「今人以三錢當揲蓍，此是以納甲附六爻。納甲乃漢焦贛、京房之學。」

又云：「南軒家有真蓍，云破宿州時得之。」又曰南軒語：「卜易卦以錢，以甲子起卦，始于京房。」

火珠林

宋史藝文志：周易六十四（爻）〔卦〕火珠林一卷。〔三〕

張行成元包數總義曰：「揚子雲太玄，其法本于易緯卦氣圖。衛先生元包，其法合于

〔二〕四庫本脱「曰」字。
〔三〕四庫本、經訓堂本、續經解本脱此條。

火珠林。卦氣圖之用出于孟喜章句，火珠林之用祖于京房。」

又云：「火珠林以八卦爲主，四陰對四陽，所謂天地定位，山澤通氣，雷風相薄，水火不相射。其於繫辭，則説卦之義也。」

朱子語類曰：「魯可幾曰：『古之卜筮，恐不如今日所謂火珠林之類否？』曰：『以某觀之，恐亦自有這法。如左氏所載，則支干納音配合之意，似亦不廢。如云『得屯之比』，既不用屯之辭，亦不用比之辭，却自別推一法，恐亦不廢道理也。』」

又曰：「火珠林猶是漢人遺法。」

又曰七十七卷：「伊川説：『未濟男之窮，爲三陽失位。』以爲斯義得之成都隱者。〔二〕見張敬夫説：『伊川之在涪也，方讀易，有箍桶人以此問伊川，伊川不能答。其人云：三陽失位。』火珠林上已有，伊川不曾看雜書，所以被他説動了。」

又曰六十六卷：「易中言『帝乙歸妹』、『箕子明夷』、『高宗伐鬼方』之類，疑皆當時帝乙、高宗、箕子曾占得此爻，故後人因得而記之，而聖人以入爻也。如漢書『大横庚庚，

〔二〕伊川注見周易程氏傳未濟卦下。按「三陽失位」朱子謂見于火珠林，今所傳火珠林無此語。

余爲天王，夏啟以光』，亦是啟曾占得此爻也。火珠林亦如此。」

陳振孫書目解題曰：「（余）〔今〕賣卦者擲錢占卦，盡用此書。」

季本曰：「火珠林者出於京房，而爲此書者，不知何人。」〔一〕

〔一〕「陳振孫」以下兩條，四庫本無，抄本墨色較淡，顯爲後補。經訓堂本、續經解本此後尚有一條：「困學紀聞曰：『納甲之法，朱文公謂今所傳京房占法，見於火珠林，是其遺説。』」此兩條録自經義考卷四十一。此蓋松崖爲盧見曾補刻經義考時批閲此書而補録入易漢學者。

易漢學卷六

鄭康成易

十二月爻辰圖

〔一〕

〔一〕此圖，抄本無内圈之律呂。經訓堂本、續經解本多出一圈律呂。按惠氏後文謂「宋儒朱子發作十二律圖，六二在巳，六三在卯，六五在亥，上六在酉。是坤貞于未而左行，其誤甚矣。今作圖以正之，並附鄭氏易説於後。」則似此圖當有律呂一層也。

易緯〔一〕乾鑿度曰：「乾，陽也；坤，陰也。並如而交錯行，乾貞於十一月子，左行陽時六；康成注曰：「貞，正也。初爻以此爲正。次〔二〕爻左右者各從次數之。坤貞於六月未，乾坤陰陽之主，陰退一辰，故貞於未。右行陰時六，以順成其歲。歲終，從於屯蒙。」歲終則從其次，屯蒙、需訟也。又云：「陰卦與陽卦同位者，退一辰，以〔三〕未爲貞，其爻右行。間辰〔四〕而治六辰。陰陽同位，陰退一辰。謂左右交錯相避。」棟案易緯之説與十二律相生圖合。鄭于周禮太師注云：「黄鐘，初九也，下生林鐘之初六，林鐘又上生太蔟之九二，太蔟又下生南吕之六二，南吕又上生姑洗之九三，姑洗又下生應鐘之六三，應鐘又上生蕤賓之九四，蕤賓又上生大吕之六四，大吕又下生夷則之九五，夷則又上生夾鐘之六五，夾鐘又下生無射之上九，無射又上生中吕之上六。」韋昭注周語云：「十一月黄鐘，乾初九也；十二月大吕，坤六四也；正月太蔟，乾九二也；二月夾鐘，坤六五也；三月姑洗，乾九三也；四月中吕，坤上六也；五月蕤賓，乾九四也；六月林鐘，坤初六也；七月夷

〔一〕「易緯」：經訓堂本、續經解本作「周易」。
〔二〕「次」：四庫本作「位」。
〔三〕「以」：四庫本誤作「一」。
〔四〕「辰」：經訓堂本、續經解本作『時』。按武英殿本乾鑿庚作「辰」。

則，乾九五也；八月南吕，坤六二也；九月無射，乾上九也；十月應鍾，坤六三也。」鄭氏注易，陸績注太玄，皆同前説。是以何妥文言注，以初九當十一月，九二當正月，九三當三月，九四當五月，九五當七月，上九當九月［也］。宋儒朱子發作十二律圖，六〔二〕二在巳，六三在卯，六五在亥，上六在酉。是坤貞于未而左行，其誤甚矣。今作圖以正之，並附鄭氏易説於後。〔一〕

〔一〕爻辰之説有多家。若易緯與康成之説，實不相侔。今松崖混而一之，於義未穩。張皋文、林忠軍、劉玉建皆嘗指出。易緯之説，乾坤二卦同於京房，據「天道左旋，地道右遷」也。二卦自下而上，乾起於十一月子，貞子寅辰午申戌，此即「左行陽時六」也；坤起於六月未，貞未巳卯丑亥酉，此即「右行陰時六」也。兩卦方向相反，且交錯而行。然易緯之爻辰，不局限於乾坤二卦，乃是據今本卦次，分六十四卦爲三十二組，每兩卦直一歲。乾坤之後爲屯蒙，屯爲陽卦，起自丑，貞丑卯巳未酉亥；蒙爲陰卦，起自寅，貞寅子戌申戌辰。屯蒙之後爲需訟，需起自卯，貞卯巳未酉亥丑；訟起自辰，貞辰寅子戌申戌。其餘諸卦以此類推。惟否泰二卦又爲特例，獨據消息之次，泰初九貞於寅，依次爲寅卯辰巳午未；否初六貞於申，依次爲申酉戌亥子丑。泰否二卦皆左行，且不交錯也。中孚小過亦爲特例，與乾坤同。

今附張皋文之圖於下（易緯略義卷一）

六十四卦貞辰圖

二卦間時而治六辰圖

否泰各貞其辰左行相隨圖

爻辰所值二十八宿圖

右圖，朱子發云：「子寅辰午申戌，陽也，乾之六位；未巳卯丑亥酉，此亦誤，當云未酉亥丑卯巳，所謂右行陰時六也。陰也，坤之六位。位之升降，不違其時，故曰『大明終始』，

康成之説則異於是。乾卦自下而上爲子寅辰午申戌，坤卦則爲未酉亥丑卯巳。惠棟、盧央謂此本于月律隔八相生之法也（京房評傳，第四二九頁）。朱震雖以十二律説之，然不知何故與周禮注違失，故顛倒而不可了。

惠氏引周禮注以説鄭氏爻辰則可，引易緯以説康成，則非是。朱震以鄭氏爻辰，坤卦納未巳卯丑亥酉，惠氏駁之，是也。而惠氏復以爲易緯不用未巳卯丑亥酉，則非也。

六位時成』。」〔一〕康成注月令云：「正月宿直尾箕，八月宿直昴畢，六月宿直鬼，又云六月宿直東井。九月宿直奎，十月宿直營室。」又云：「卯宿直房心二月，申宿直參觜七月。」又注季冬云：「此月之中，日歷虛危。」參同契曰：「青龍處房六兮，春花〔二〕震東卯。白虎在昴七兮，秋芒兑西酉。朱雀在張二兮，離南午。」又云：「含元虛危，播精於子。」皆與圖合。若以日所歷言之，則右行而〔三〕周二十八舍，明堂月令所謂「孟春之月，日在營室」是也。與此不同。

鄭氏易康成以爻辰説易，其書已亡，間見于唐人正義者，採以備攷。

坤文言曰：「陰疑於陽必戰，爲其慊於陽王弼俗本「陽」上有「无」字也。」注云：「慊讀如『群公溓』之『溓』，古書篆作立心，與水相近。讀者失之，故作慊。詩正義所引有訛字，今改正。溓，

〔一〕經訓堂本、續經解本「康成」前有「棟按」二字。
〔二〕「花」：四庫本誤作「分」。下「芒」字，四庫本亦誤作「分」。參同契諸本皆同底本。
〔三〕「而」：四庫本誤作「西」。

雜也。字書無訓溓爲雜者。古訓之亡□〔一〕久矣。陰，謂此上六也；陽，謂今消息用事乾也。上六爲蛇上六在巳，得乾氣雜似龍。」詩正義。繫辭曰：「觀鳥獸之文。」陸績曰：「朱鳥、白虎、蒼龍、玄武，四方二十八宿經緯之文。」

比初六：「有孚盈缶。」注云：「爻辰在未，上值東井，井之水人所汲用。缶，汲器。」詩正義。〔二〕春秋元命包曰：「東井八星，主水衡。」

泰六五：「帝乙歸妹，以祉元吉。」注云：「五爻辰在卯。春爲陽中，萬物以生，生育者嫁娶之〔三〕。仲春之月，嫁娶男女之禮，福禄大吉。」周禮疏。

蠱上九：「不事王侯，高尚其事。」注云：「上九艮爻〔四〕，艮爲山，辰在戌，得乾氣，父老之象。是臣之致事，故不事王侯。是不得事君。君猶高尚其〔五〕所爲之事。」禮記正義。〔六〕

〔一〕此處底本爲一字的空白，四庫本作「其來」，經訓堂本、續經解本作「來」。
〔二〕此空一格，乃是爲區别下文「春秋元命包」云云，而四庫本補一「引」字，殊誤。
〔三〕此空一格，經訓堂本、續經解本作白匡。四庫本補作「實」，非是。據周禮疏及雅雨堂本鄭氏周易，當作「貴」。
〔四〕「爻」：四庫本誤作「文」。
〔五〕「其」：四庫本誤作「六」。
〔六〕表記正義。松崖所輯鄭氏周易無此條。丁杰謂：「此條雖出正義，不言注文，其爲鄭注無疑。王附末簡，既屬過疑，惠乃删之，妄矣。易漢學以此條爲鄭注。」上九爲艮爻者，此康成爻體之説，初九九四爲震爻，初六六四爲巽爻，九二九五爲坎爻，六二六五爲離爻，九三上九爲艮爻，六三上六爲兑爻。

賁六四：「白馬翰如。」注云：「謂九三位在辰，得巽氣，爲白馬。六四巽爻也。翰，猶幹也。見六四適初未定，欲幹而有之。」禮記正義。

大過注云：「大過者，巽下兑上之卦。初六在巽，體巽爲木。上六位在巳，巳當巽位，巽又爲木。二木在外以夾四陽，四陽互體爲二乾，乾爲君爲父。二木夾君父，是棺椁之象。」禮記正義。

坎六四：「尊酒簋貳用缶，納約自牖。」注云：「六四上承九五，又互體在震。上爻辰在丑，丑上值斗，可以斟之象。斗上有建星，建星六星，在南斗北。賈逵曰：「古黄帝、夏、殷、周、魯歷，冬至日在建星。建星即今斗星也。」康成注月令云：「建星在斗上。」建星之形，似（簋）［簋］。貳，副也。建星上有弁星。石氏星經謂之「天弁」，在建近河。弁星之形又如缶，天子大臣以王命出會諸侯，主國尊于簋，副設玄〔一〕酒而用缶也。」詩宛邱〔二〕正義。

坎上六：「繫用徽纆。」注云：「繫，拘也。爻辰在巳，巳爲蛇。蛇蟠屈似徽纆也。」公羊疏。

〔一〕「玄」：經訓堂本作小字「廟諱」。

〔二〕四庫本無「宛邱」二字。

離九三：「不擊〔一〕缶而歌。」注云：「艮爻也。位近丑，丑上值弁星。弁星似缶。詩云『坎其擊缶』，則樂器亦有缶。」詩正義。

案離九四午也，艮六四丑也。故云位近丑。〔二〕

明夷六二：「明夷睇于左股。」注云：「旁視爲睇，六二辰在酉，々在西方。又下體離，離爲目。九三體在震，震東方。九三又在辰，辰得巽氣，爲股。〔三〕此謂六二有明德，欲承九三，故云睇于左股。」禮記正義。

困九二：「困于酒食，朱紱方來，利用享祀。」注云：「二據初辰在未，未爲土。此

〔一〕「擊」：四庫本誤作「鼓」，經訓堂本、續經解本誤作「繫」，雅雨堂本鄭氏周易作「擊」，按作「擊」是。

〔二〕此條按語，經訓堂本、續經解本作：［案位近丑，據周天玉衡圖也。丑爲大寒，艮爲立春，故云近也。］艮爻，此爻體説。位近丑者，于八卦方位圖，艮在坎震之間，即子卯之間也，故近丑。前文大過棺槨條，鄭注謂「巳當巽位」，亦據八卦方位爲説也。松崖按語，其抄稿本説以爻辰九四貞五、六四貞丑，九三爲艮爻故近丑，殊誤。其後經訓堂本據周天玉衡圖，改爲「丑爲大寒、艮爲立春」，亦稍迂曲。經訓堂本惠氏按語所謂「周天玉衡圖」者，其後漢書補注卷二十一曰：「孝經緯援神契曰：『周天玉衡六間曰：大寒後斗指艮爲立春。艮、寅、甲、卯、乙、辰、巽、巳、丙、午、丁、未、坤、申、庚、酉、辛、戌、乾、亥、壬、子、癸、丑，斗指丑爲大寒。二十四氣周而復始。』鄭志引堪輿亦用此圖。蓋周秦以來相傳舊法也。」惠氏蓋引自天中記卷四：「斗指周天玉衡六間曰：大寒後十五日，斗指艮爲立春；後十五日，斗指寅爲雨水；後十五日，斗指甲爲驚蟄；後十五日，斗指卯爲春分；後十五日，斗指乙爲清明；後十五日，斗指辰爲穀雨。孝經緯。」按此以十二支、八天干、四維卦合二十四方位，即式占中所謂二十四山也。

〔三〕經訓堂本、續經解本此處多小注：［亦據周天玉衡圖，巽近辰也。］

二爲大夫有地之象。未上值天厨，酒食象。案未上值柳，柳爲朱鳥喙。天之厨宰，主尚食和滋味。困于酒食者，采地薄，不足已用也。二與日爲體離，爲鎮霍，爻四爲諸侯，有明德受命當王者。離爲大〔一〕，火色赤，四爻九四辰在午時，離氣赤，又朱也。文王將王，天子製朱韍。」儀禮疏。〔二〕

案：鄭此注本乾鑿度。

中孚云：「中孚，豚魚吉。」注云：「三辰爲亥爲豕，爻失正，故變而從小名，言豚耳。四辰在丑，丑爲鼈蟹。鄭注月令云：「丑爲鼈蟹。」正義云：「案陰陽式法：丑爲鼈蟹。」鼈蟹，魚之微者。爻得正，故變而從大名，言魚耳。互體兑，兑爲澤，四上值天淵丑上值斗，天淵十星在天鼈東，一曰大海，主灌溉清渠之事。天〔三〕鼈在斗東，二五皆坎爻，坎爲水，水浸澤則豚利；五亦以水灌淵，則魚

〔一〕「大」：經訓堂本、續經解本作「火」，是也。

〔二〕曹叔彦元弼曰：「二與四互體離。離，方伯之卦，位在南，於山鎮爲霍山南嶽，文王爲方伯之象。四於爻位爲諸侯，體離明，文王爲諸侯，有明德當王之象。離火色赤；四辰在午，得離氣，又赤。赤之深者爲朱。」（周易鄭氏注箋釋，卷五上）惠氏按語所謂本乾鑿度者，乾鑿度曰：「孔子曰：『紱者，所以别尊卑、彰有德也，故朱。赤者，盛色也，南方陽盛之時。是以聖人法以爲紱服，欲百世不易也。故困九五，文王爲紂三公，故言困于赤紱也。至于九二，周将王，故言朱紱方來，不易之法。』」

〔三〕「天」：四庫本誤作「大」。

利。豚魚以喻小民也；而爲明君賢臣恩意所供養，故吉。」詩正義。〔一〕

說卦「震爲大塗」，注云：「國中三道曰塗，震上值房心，塗而大者。取房有三塗焉。」朱漢上易。

案：震在卯，卯上值房心。

乾鑿度 鄭氏注

孔子曰：「復表日角。」注云：「表者，人體之章識也。明〔二〕復者，初震爻也。震之體在卯，日於〔三〕出陽，又〔四〕初應在六四，於辰在丑，爲牛，牛有角，復人表象。」

王充論衡曰：「寅，木也，其禽虎也。戌，土也，其禽犬也。丑未，亦土也。丑禽

〔一〕曹叔彦曰：「云『丑爲鱉蟹』者，十二月建丑，月令季冬之月，其蟲介也。云『四上值天淵』者，江氏藩云：『丑上值斗天淵，星名，即天海，在南斗、牽牛南。史記正義曰：南斗、牽牛皆爲星紀，于辰在丑。』」

〔二〕「明」：四庫本、經訓堂本、續經解本作「名」，據後文「名夬者」、「名剥者」例，作「名」是。

〔三〕「於」：四庫本作「初」。

〔四〕「又」：四庫本作「爻」。

牛，未禽羊也。木勝土，故犬與牛羊爲虎所服〔一〕也。亥，水也，其禽豕也。巳，火也，其禽虵也。子亦水也，其禽鼠也；午亦火也，其禽馬也。水勝火，故豕食虵；火爲水所害，故馬食鼠屎而腹脹。」又云：「酉，雞也。卯，兔也。申，猴也。東方木也，其星蒼〔二〕龍也；西方金，其星白虎也；南方火也，其星朱鳥也；北方水也，其星玄武也。天有四星之精，降生四獸之體，以四獸驗之，以十二辰之禽效之。」

九家易注説卦曰：「犬近奎星，蓋戌宿直奎也。」

王伯厚曰：「『吉日庚午，既差我馬』，午爲馬之證也。『季冬出土牛』，丑爲牛之證也。説文亦謂：『巳謂〔三〕蛇，象形。』」〔四〕

「夬表升骨履文。」注云：「名夬者，五立於辰，據消息也。爻辰在申。在斗魁所指者。三月斗建辰。又五於人體當艮卦艮爲人，於夬亦手體成艮爲手，其四則震爻也，爲足。其三猶艮爻

〔一〕「服」：四庫本作「伏」。
〔二〕「蒼」：四庫本作「倉」。
〔三〕「謂」：四庫本作「爲」。
〔四〕困學紀聞卷九。

□□□□□□〔一〕七曜之行起焉。七者屬文。北斗在骨足履文，夬人之表象明也。」

「剥表重童古瞳字明曆元。」注云：「名剥者，五□〔二〕也。五離爻，離爲日。童子□〔三〕六五於辰又在卯，卯酉屬也。剥，離人〔四〕，表童焉。」

易正義

乾九二「見龍在田。」正義曰：「先儒以爲九二當太蔟之月，陽氣見地一作發見，則九三爲建辰之月，九四爲建午之月，九五爲建申之月，爲陰氣始殺，不宜稱飛龍在天，上九爲建戌之月，群陰既盛，上九不得言與時偕極。於此時，陽氣僅存，何極之有。先儒此說於理稍乖。此乾之陽氣漸生，似聖人漸出，宜據十一月之至建巳之月已來，此九二當據建丑建寅之間，於時地之萌芽初有出者，即是陽氣發見之義。乾卦之象，其應然也。」

〔一〕抄本空六字，經訓堂本、續經解本作六白匡。
〔二〕四庫本補作「爻」。
〔三〕經訓堂本、續經解本多一白匡。
〔四〕「人」：四庫本作「爻」，是也。

所云「先儒」者，謂康成、何妥諸人也。王輔嗣解易不用爻辰，孔氏正義黜鄭存王，故有是説。

文言曰：「終日乾乾，與時偕行。」正義曰：「先儒以爲建辰之月萬物生長不有止息，與天時而俱行，若以消息言之，是建寅之月，三陽用事，三當生物之初，生物不息，同於天時，故言與時偕行。」

附泰否所貞之辰巽于地卦圖

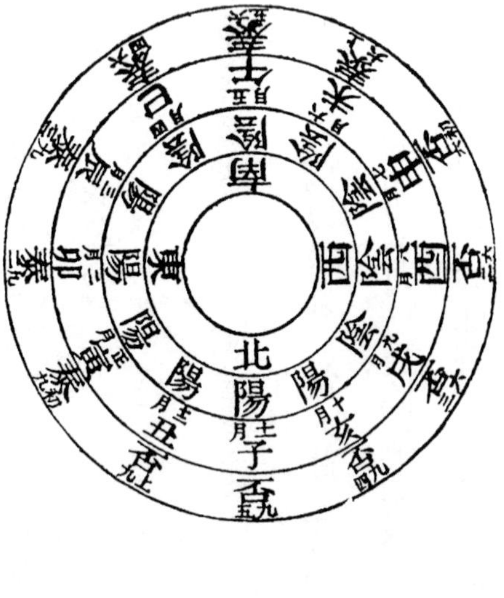

乾鑿度曰：「泰否之卦，獨各貞其辰。其共北斗〔一〕左行相隨也。」康成云：「言不用卦次。泰當貞於戌，否當貞於亥。戌，乾體所在乾上九；亥又乾消息之月。荀爽曰：「消息之位，坤在於亥，下有伏乾。」干寶曰：「戌亥乾之都也。」京房曰：「戌亥，乾本位。」詩緯亦以乾爲天門，在亥也。泰否乾坤體氣相亂，故避而各貞其辰。謂泰貞於正月，否貞於七月。六爻者，泰得否之乾，否得泰之坤。之乾、之坤，謂泰變乾，否變坤也。」又云：「北辰共者，否貞申，右行，則三陰在西，三陽在北；泰貞寅，左〔二〕行，則三陽在東，三陰在南。此坤卦西南得朋，東北喪朋之一說。是則陰陽相比，共復乾坤之體也。否九四在亥，至泰九三而乾體備。泰六四在巳，至否六三而坤體全。乾位在亥，坤位在未。今在〔三〕巳者，陰實始于巳，不敢敵陽，故立於正形之位。」案鄭于主歲卦注云：「北辰左行，謂泰從正月至六月，此月陽爻。否從七月至十二月，此月陰爻。否泰各自相隨。」此説與圖不合，故鄭于卷末言「否泰不比及月」，先師不改，故亦不改也。朱子發卦圖合鄭（氏）前後注而一之，學者幾不能辨。余特爲改正，一目了然矣。

〔一〕「斗」：四庫本、經訓堂本、續經解本作「辰」。
〔二〕「左」：經訓堂本、續經解本作「右」。
〔三〕「在」：四庫本作「云」。

易漢學卷七

荀慈明易

乾升坤降

荀慈明論易，以陽在二者當上升坤五爲君，陰在五者當降居乾二爲臣。蓋乾升爲坎，坤降爲離〔一〕，成既濟定，則六爻得位。〔二〕乾彖所謂「各正性命，保合太和利貞」之道也。坎

〔一〕「乾升爲坎，坤降爲離」：經訓堂本、續經解本作「乾升坤爲坎，坤降乾爲離」。

〔二〕經訓堂本、續經解本多一句：［繫詞所謂「上下無常，剛柔相易」。］

爲性，離爲命。二者乾坤之游魂也。乾坤變化，坎離不動，各能還其本體，是各正之義也。此説得之京房。左傳史墨論魯昭公之失民，季氏之得民云：「在易卦，雷乘〔一〕乾曰大壯，天之道。」言九二之大夫當升五爲君也。慈明之説，〔二〕合于古之占法，故仲翔注易亦與之同。王弼泰六四注云：「乾樂上復，坤樂下復。」此亦升降之義，而弼不言升降。

文言曰〔三〕：「水流濕，火就燥。」慈明曰：「陽動之坤而爲坎。坤者純陰，故曰濕。陰動之乾而成離，乾者純陽，故曰燥。」

又曰：「本乎天者親上，本乎地者親下。」慈明曰：「謂乾九二本出於乾，故曰『本乎天』；而居坤五，故曰『親上』。坤六五本出於坤，故曰『本乎地』；降居乾二，故曰『親下』也。」

又曰：「雲行雨施，天下平也。」慈明曰：「乾升於坤曰雲行，坤降於乾曰雨施。乾

〔一〕「乘」：四庫本誤作「來」。
〔二〕四庫本多「有」字。
〔三〕經訓堂本、續經解本此前多一段：〔文言曰：「易曰見龍在田，利見大人，君德也。」仲翔曰：「陽始觸陰，當升五爲君。時舍於二，宜利天下。」〕此段之「文言曰」遂改作「又曰」。

坤二卦成兩〔一〕既濟，陰陽和均，而得其均〔二〕。故曰天下平。慈明注「時乘六龍以御天」云：「御者行也，陽升陰降，天道行也。」

又曰：「與天地合其德。」慈明曰：「與天合德，謂居五也。與地合德，謂居二也。」「與日月合其明。」慈明曰：「謂坤五之乾二成離，離爲日。乾二之坤五爲坎，坎爲月。」

坤象曰：「含弘光大，品物咸亨。」慈明曰：「乾二居坤五爲含，坤五居乾二爲弘。坤初居乾四爲光，乾四居坤初爲大。乾上居坤三亦爲含，故六三含章可貞。坤三居乾上亦成兩〔三〕既濟也。天地交萬物生，故咸亨。」

師象曰：「能以衆正，可以王矣。」慈明曰：「謂二有中和之德，而據群陰，上居五位，可以王也。」

六四「師左次，无咎。」慈明曰：「左謂二也。陽稱左。次，舍也。二與四同功，四

〔一〕「兩」：四庫本誤作「雨」。
〔二〕「均」：四庫本、經訓堂本、續經解本作「正」。
〔三〕「兩」：四庫本誤作「雨」。

承五，五无陽，故呼二舍於五。四得承之，故无咎。」

上六：「大君有命，開國承家。」承，讀如墨子引書「承以大夫師長」之承。慈明曰：「大君謂二。師旅已息，既上居五，當封賞有功，立國命家也。」宋衷曰：「陽當之五，處坤之中，故曰開國。陰下之二，在二承五，故曰承家。」

泰九二：「朋亡得尚于中行。」慈明曰：「朋爲〔一〕坤。朋亡而下則二得上居五而行中和矣。」

臨九二〔二〕象曰：「咸臨，吉，无不利，未順命也。」慈明曰：「陽感〔三〕至二，當升居五。群陰相承，故无不利也。陽當居五，陰當順從，今尚在二，故曰未順命也。」

升象曰：「巽而順，剛中而應，是以大亨。用見大人，勿恤，有慶也。」慈明曰：「謂二以剛居中而來應五，故能大亨，上〔四〕居尊位也。大人，天子，謂升居五。見爲大人，

〔一〕「爲」：四庫本、經訓堂本、續經解本作「謂」，是也。
〔二〕「二」：四庫本作「三」。
〔三〕「感」：四庫本誤作「咸」。
〔四〕「上」：四庫本誤作「正」。

群陰有主，无所復憂而有慶也。」

九二象曰：「九二之孚，有喜也。」仲翔〔一〕曰：「升五得位，故有喜。」

六五象曰：「貞吉升階，大得志也。」慈明曰：「陰正居中，爲陽作階，使居五〔二〕；己下降二，與陽相應，故吉而得志。」

繫辭上曰：「天下之理得，而［易］〔三〕成位乎其中矣。」慈明曰：「陽位成于五，陰位成於二。五爲上中，二爲下中，故曰成位乎其中也。」

易尚時中說〔四〕

易道深矣，一言以蔽之曰：時中。孔子作象傳，言時者二十四〔五〕卦，乾、蒙、大有、豫、隨、

〔一〕「仲翔」：四庫本作「慈明」。按集解所載爲虞氏之説，此惠松崖據虞氏證荀氏也。館臣蓋據上下文「慈明曰」誤改。

〔二〕「五」：四庫本無座「立」。

〔三〕「易」：復旦抄本爲旁行小注。經訓堂本、續經解本有，四庫本無。蓋初稿無此字，後來增補。

〔四〕「易尚時中説」一篇文字，復旦抄本爲另紙裁割，紙色、墨色及書體皆與前後稍別。

〔五〕「二十四」：四庫本作「二十」，又案後文小注，四庫本實有二十一卦，脱豐、節、小過三卦。按豐象云「天地盈虚，與時消息」，節象曰「天地節而四時成」，小過象曰「與時行也」，館臣蓋以爲三者皆未專言「時」義，故不數。

觀、賁、頤、大過、坎、恒、遯、睽、蹇、解、損、益、姤、革、艮、豐、旅、節、小過。言中者三十六〔一〕卦，蒙、需、訟、比、小畜、履、同人、大有、臨、觀、噬嗑、无妄、大過、坎、离、睽、蹇、解、益、姤、萃、升、困、井、鼎、漸、旅、巽、兑、涣、節、中孚、小過、既濟、未濟。象傳言時者六卦，坤，蹇初六「宜待時也」〔二〕，井，革大象，節，既濟。〔三〕言中者三十九〔四〕卦，坤、需二五、訟、師二五、比、小畜、履、泰、同人、大有、謙、豫二五、隨、蠱、臨、復、大畜、坎二五、離、恒、大壯、晉、蹇、解、損、夬二五、姤、萃、困二五、井、鼎、震、艮、歸妹、巽二五、節、中孚、既濟、未濟。其言時也，有所謂時者，待時者〔五〕，時行者，時成者，時變者，時用，時義者〔六〕。其言中也，有所謂中者，中正者，正中者，大中者，中道者，中行者，行中者，剛中、柔中者。而蒙〔七〕之象則又合時中

〔一〕「三十六」：經訓堂本、續經解本作「三十五」，據小注，當爲三十五。四庫本作「三十三」，小注多師，無小畜、大有、漸。按師曰「剛中而應」，小畜曰「剛中而志行」，大有曰「柔得尊位大中」，漸曰「剛得中也」，皆當數之。蓋復旦抄本作三十六者，其小注本當有「師」而脱去；經訓堂本數小注有三十五卦，遂改正文三十六爲三十五。

〔二〕經訓堂本、續經解本無「宜待時也」四字。又按：今王弼本作「宜待也」，無「時」字，集解據鄭、虞本有時字。

〔三〕自「言時者六卦」至此，四庫本脱。

〔四〕「三十九」：經訓堂本、續經解本作「三十八」，據小注，當爲三十九。四庫本作「三十」，其小注，「需二五」作需，「師二五」作「師」，「復」作「復六五」，無泰、大壯、鼎、震、艮、歸妹、巽二五、節、中孚、既濟、未濟，多遯。

〔五〕四庫本脱「待時者」三字。

〔六〕「時用時義者」：四庫本「時用」後多「者」字；經訓堂本、續經解本作「時用者，時義、時發、時舍、時極者」。

〔七〕「蒙」：四庫本誤作「象」。

而命之。蓋時者舉一卦所取之義而言之也，中者舉一爻所適之位而言之也。時無定而位有定，故象多言中少言時[一]。位之中者惟二與五，漢儒謂之中和。楊子法言曰：「立政鼓衆，莫尚于中和。」又云：「甄陶天下，其在和乎。龍之潛亢，不獲其中矣。是以過則惕，不及中則躍，其近於中乎。」註云：「二五得中，故有利見之占。」太玄曰：「中和莫尚于五」[二]，故象傳凡言中者，皆指二五。二尚柔中，五尚剛中。五柔二剛，亦得无咎。二與四同功，而二多譽；三與五同功，而五多功。以其中也。文王[三]爻辭于泰之六二、夬之九五，皆以「中行」言之。而益之三四、復之六四，亦稱「中行」，先儒謂一卦之中[四]，非也。乾之三四，文言謂之不中，獨非一卦之中乎？竊謂益之「中行」，皆指九五，所謂

[一]　四庫本誤作「象言中不言時」，經訓堂本、續經解本多小注：「乾九二言時舍，坤六三言時發，一見文言，一見象傳。蓋乾坤消息之卦，三二皆失位，二當升坤，五三以時發，故皆言時。」四庫本、經訓堂本、續經解本後又多正文：「然六位又謂之六虛，唯爻適變，則爻之中亦無定也。」

[二]　今太玄玄圖第十四「尚」作「盛」。

[三]　「文王」：經訓堂本、續經解本無，四庫本作「周公」。按作「文王」是，惠氏以爲：卦爻辭爲文王作，後人讀「其子」爲「箕子」而以爲周公作爻辭，非也（見本卷末）。館臣據注疏，以爲周公作爻辭，故改之，其實非惠氏意。

[四]　四庫本多小注「先儒謂宋儒也，漢儒無此説」。未知惠氏所補抑或館臣擅增。節齋蔡氏曰：「中行在一卦之中也，故三四皆曰中行。」（易本義附録纂疏、周易會通諸書皆嘗引用）。

「告公用圭」、「告公從」者，五告之也。古者君命臣，上命下，皆謂之告。三者五所信也，故曰「有孚」；四者五所比也，故曰「利用爲依遷國」。三爲三公，四爲諸侯，故或稱公，或稱國〔二〕。復六四曰〔三〕「中行獨復」，復善初九。先儒有一聖二庸之目。一聖謂復初也，復一陽初生，董子以二至爲天地之中〔三〕，故彖傳云「復其見天地之心乎。」冬至復加坎，坎爲極心。極，中也。今作亟。古文極。故曰「天地之心」，心猶中也。是則復之中行，專指初爻。〔四〕六四得位應初，獨得所復，故云「中行獨復」〔五〕。初非中而稱中者，其時中之義歟〔六〕。愚謂孔子晚而好易，讀之韋編三絶，而爲之傳，盖深有味于六十四卦三百八十四爻時中之義，故于彖、象二傳言之重，詞之復。子思作中庸，述孔子之意，而曰「君子而時中」，

〔一〕「或稱公，或稱國」：四庫本、經訓堂、續經解本作「或稱國或稱公」。
〔二〕四庫本、經訓堂本、續經解本無「曰」字。
〔三〕周易述卷八：「『董子謂二至爲天地之中』者，見春秋繁露。其文謂：『陽之行始於北方之中，而止於南方之中；陰之行始於南方之中，而止於北方之中。陰陽之道不同，至於盛而皆止於中。其所始皆必於中。中者，天地之太極。』是以二至爲天地之中也。」（見春秋繁露循天之道第七十七。）
〔四〕自「復善初九」至此數句，四庫本、經訓堂本、續經解本作「象曰『中行獨，復以從道也』。」
〔五〕「故云中行獨復」：四庫本、經訓堂本、續經解本脱。
〔六〕此句，四庫本、經訓堂本、續經解本作「四非中而稱中行者，以從道也，其時中之義歟」。

孟子亦曰「孔子聖之時」。夫執中之訓，肇于中天據論語堯曰章〔一〕；時中之義，明于孔子。乃堯舜以來相傳之心法也。其在豐〔二〕曰「天地盈虛與時消息」，在剥曰「君子尚消息盈虛，天行也」，文言曰「知進退存亡而不失其正者，其唯聖人乎」，皆時中之義也。知時中之義，其于易也思過半矣。

九家逸象

陸氏釋文曰：「説卦荀爽九家集解本，乾後更有四：爲龍，項安世曰：「震之健〔三〕也。」〔四〕爲直，項曰：「巽之躁也。」爲衣，項曰：「乾爲衣，上服也；坤爲裳，下服也。」爲言。項曰：「兑之決也。震之龍，巽之繩，兑之口，皆以乾爻故也。」巛後有八：爲牝，爲迷，爲方，皆據坤象及文言。爲囊，爲裳，爲黄，皆據爻辭。

〔一〕此小注，四庫本、經訓堂本、續經解本在後文「相傳之心法也」下。
〔二〕經訓堂本、續經解本「豐」後有「象」字。
〔三〕「健」：四庫本作「建」。
〔四〕見周易玩辭卷十五。本節所引項安世説放此。

爲帛，杜預注左傳曰：「坤爲布帛。」朱震曰：「帛當在布之下〔一〕。」項曰：「乾爲蠶精而出于震，至巽離而有絲，至坤而成帛也。」案八音離爲絲。爲漿。項曰：「酒主陽，漿主陰。故坤爲漿。坎震爲酒，皆乾之陽也。」震後有三：爲王，項曰：「爲王者，帝出乎震。」爲鵠，吳澄本作鴻〔二〕。爲鼓。項曰：「鵠，古鶴字。爲鵠、爲鼓，皆聲之遠聞者也。與雷同。鵠色正白，與畢的同。」〔三〕巽後有二：爲楊，朱震、項安世皆作揚〔四〕，讀爲稱揚之揚，非也。巽爲木，故爲楊。大過「枯楊生稊」，仲翔曰「巽爲楊」。不從手也。爲鸛，項曰：「鸛，水鳥，能知風雨者。」朱曰：「震爲鶴，鶴陽禽也；巽爲鸛，鸛陰禽也。」坎後有八：爲宮，朱以爲宮商之宮。項曰：「宮與穴同象，皆外圍土而内居人，陷也，隱伏也，陽在中也。」爲律，釋言曰：「坎，律，銓也。」樊光曰：「坎卦水，水性平。律亦平，鈐〔五〕亦平也。」坎爲水，故古刑灋議[氵+讞]〔六〕之字皆從水。又爲律。師初六曰「師出以律」。爲可，可當爲河。坎爲大川，故爲河。逸象出老屋，「河」字磨滅之餘，故爲「可」也。或云：當爲「坷」。説文曰：「坷，坎坷也。」古文省作

〔一〕「下」：四庫本作「上」。作「下」是。朱震之語非就左傳注而言，乃謂「帛」當在説卦「（坤）爲布」之下，即説卦傳文當作「爲布帛」也。

〔二〕據吳澄易纂言説卦傳第八所附逸象，此處實作「爲鶴」，小注曰「誤作鵠，中孚九二」。作「鴻」者，在巽卦逸象下。

〔三〕經訓堂本、續經解本小注此後多一句：「考工記曰：「凡冒鼓必以啟蟄之日。」鄭注云：「蟄蟲始聞雷聲而動，鼓所取象。」太元曰：「三八爲木，爲東方，爲春，類爲鼓。」注云：「如雷聲也。」」

〔四〕「揚」：四庫本誤作「楊」。

〔五〕「鈐」：四庫本、經訓堂本、續經解本皆作「銓」，是也。

〔六〕[氵+讞]：四庫本作讞，非也。惠氏既曰「皆從水」，是其以古讞字當作[氵+讞]。

可。」亦通。朱子發解「可」字多曲説，不可從〔一〕。**爲棟，**項本作「棟」〔二〕，云「當作棟，棟在屋中，有陽之象焉。大過肖〔三〕坎，故爲棟〔四〕。」**爲叢棘，**仲翔引作「藂棘」〔五〕。朱云：「叢棘，獄也。」**爲狐，**子夏傳曰：「坎爲小狐。」干寶〔六〕亦云。**爲蒺藜，**困坎爲蒺藜。**爲桎梏，**項曰：「皆物之險而能陷者也。」**離後有一：爲牝牛。**見本卦。春秋傳曰：「純雜〔七〕爲牛。」**艮後有三：爲鼻，**管寧曰：「鼻者天中之山。」裴松之案：「□〔八〕書曰：鼻爲天中，有山象，故曰天中之山。」〔九〕**爲虎，**吳澄曰：「履象、六三、九四，頤六四，革九五。履、革皆無艮，艮不象虎也。」項曰：「艮主寅，虎寅獸。」案艮之上九丙寅，故項依以爲

〔一〕漢上易傳曰：「水可動而動，可止而止，故爲可。」復舉易辭中「可」字之例以説，蔓延支離。故松崖以爲曲説。項安世之意與朱震略同。

〔二〕「項本作棟」：四庫本誤作「項曰作棟」。

〔三〕「肖」：四庫本誤作「次」。按周易玩辭作「肖」。又經訓堂本、續經解本無「大過肖坎」四字。

〔四〕「棟」：經訓堂本、續經解本誤作「棟」。按周易玩辭作「棟」。

〔五〕「藂」，四庫本誤作「叢」。此蓋據周易集解困九三象傳注也（「案三居坎上，坎爲藂棘，而木多心，蒺藜之象」）。然集解彼處實爲李鼎祚按語，非虞氏注。

〔六〕「寶」：四庫本誤作「實」。

〔七〕「雜」：四庫本、經訓堂本、續經解本作「離」，是也。

〔八〕此處空一字，經訓堂本、續經解本作「相」。四庫本臆補作「道」。據三國志，當作「相」。

〔九〕三國志魏志卷二十九管輅傳：「又鼻者艮，此天中之山。」裴松之案：「相書謂：鼻之所在爲天中。鼻有山象，故曰天中之山也。」

説。京房以坤爲虎刑，陸績以兑之陽爻稱〔一〕虎。先儒解易，皆取二象，不聞艮爲虎也。虎當爲膚字之誤也。仲翔注易云「艮爲膚」〔二〕是也。爲狐。吴澄本作豹，非也。左傳「秦伐晉，卜徒父筮之，其卦遇蠱，曰『獲其雄狐』。」蠱艮爲狐。項曰：「坎爲狐，取其心之險也；艮爲狐，取其喙之黔也。」兑後有二：爲常，九家注曰：「常，西方之神也。」朱以爲當屬坤，項以爲當作商，皆臆説。〔三〕爲輔頰。見咸卦。〔四〕朱子發曰：「秦、漢之際，易亡説卦，孝宣帝時，河内女子發老屋，得説卦、古文老子。至後漢，荀爽集解，又得八卦逸象三十有一。九家易，魏晉以後人所撰，其説以荀爽爲宗，朱氏遂謂爽所集，失之。今考之六十四卦，其説若印圈鑰，非後儒所增也。」

荀氏學

荀悦漢紀曰：「孝桓帝時，故南郡太守馬融著易解，頗生異説，及〔五〕臣悦叔父故司空

〔一〕「稱」：四庫本作「爲」。
〔二〕周易集解噬嗑六二「噬膚滅鼻」引虞注。
〔三〕所引九家及注，見釋文。不特朱震、項安世爲意説，以尚秉和先生之精於易象，似未於此多言。約略言之，常羲之神、常陽之山皆在西方（大荒西經：「帝俊妻常羲，生月十有二。……大荒之中，有山名曰常陽之山，日月所入。」又曰「有大巫山。有金之山。西南，大荒之中隅，有偏句、常羊之山」，與兑爲巫、爲金合。）九家或據此爲説也。
〔四〕四庫本脱此小注。
〔五〕四庫本脱自「孝桓」至「異説及」一句。

爽著易傳，據爻象承應陰陽變化之義，以十篇之文解説經意，由是兖、豫之言易者咸傳荀氏學。」

馬融易傳，彌近理而彌害理，故當時以爲異説。如「其子之明夷」，以爲「箕子」之類。後人遂謂爻辭爲周公作，則亂易者融，故謂之異説也。〔一〕

〔一〕「馬融易傳」以下按語，諸本皆無。

附易漢學卷八

辨河圖洛書

宋姚小彭氏曰：「今所傳戴九履一之圖，乃易乾鑿度九宮之法。其説詳鄭注。自有易以來，諸易師未有以此爲河圖者。後漢劉瑜上書曰：『河圖授嗣，正在九房。』九房，疑即太乙所行之九宮。盖讖緯家以爲河圖，桓譚、張衡所痛斥爲非者也。至本朝劉牧以此爲河圖；而又以生數就成數，依五方圖之，以爲洛書。又世所傳關子明洞極經，亦言河圖、洛書，如劉氏説；而兩易之，以五方者爲圖，九宫者爲書。案唐李鼎祚易解盡備前世諸儒之説，獨無所謂關氏者。至本朝阮逸，始僞作洞極經，見后山陳氏談叢之書。則關氏亦不足爲證矣。」朱子語類亦云：「關子明易，阮逸作，陳无己集中說得分明。」雷思齊又謂：「楊次公撰洞極經，託名于關子明。」要皆後人假託也。棟案：九宮之法，一二三四五六七八九，一北，九南，三東，七西，四東南，六西北，二西南，八東北，五居中方。位與說卦同。乾鑿度所謂「四正四維皆合于十五」是也。以五乘十，即大衍之數。故劉牧謂之河圖。阮逸撰洞極經，以此爲洛書，而取楊子雲「一六相守，二七爲朋」之説以爲河圖。鄭康成注大衍之數云：「天一生水于北，地二生火于南，天三生木于東，地四生金于西，天五生土于中。陽無偶，陰無妃，未得相成。地六成水于北，與天一并；天七成火于南，與地二并；地八成木于東，與天三并；天九成金于西，與地四并；地十成土于中，與天五并。」虞仲翔注亦云：「一六合水，二七合火，三八合木，四九合金，五十合土。」其説皆與河圖合。然康成、仲翔未嘗指此爲河圖。則造此圖以爲伏羲時所出者，妄也。仲翔謂八卦乃四象所生，非庖犧所造也。桓譚新論〔一〕曰：「河圖、洛書但有兆朕〔二〕，而不可知。」〔三〕緑圖曰：「亡秦者胡也。」其説始于秦、漢時。河洛八十一篇，皆託之孔子，故君山辨之。見桓子新論。乃知漢以來並未有圖書之象。夫子

〔一〕「桓譚新論」：四庫本作「桓君山」。
〔二〕「但」：四庫本誤作「俱」。「朕」：四庫本誤作「然」。
〔三〕按此語出意林卷三所引。

曰：「河不出圖。」餘姚黃宗羲以河圖爲九丘之類，圖出于河，爲聖人有天下之徵。棟案：水經注載春秋曆序曰：「河圖，帝王之階。圖載江河山川州界之分野。」梨洲據此以爲九丘之類也。詳象數考。〔一〕東序河圖，後人安得見之？雖先儒皆信其説，吾不敢附和也。

辨先天後天

半農先生易説曰：「道家創爲先天、後天圖。朱子語類曰：『先天圖次第，是方士輩所相傳授底〔二〕。』棟案伏羲四圖皆出于邵氏，邵氏之學本之廬山老浮圖。見謝上蔡傳易堂記序。以先天爲伏羲卦，後天爲文王卦，妄也。即以乾坤二〔三〕卦言之：乾爲寒，爲冰，南非寒冰之地，曷爲而移在南？坤爲土，王四季，在中央。西南者中央土也。曷爲而移之北乎？且天地定位，定位者，天尊地卑而乾坤定，卑高以陳而貴賤位也。如道家言，先天乾在南，後天在西北；先天坤在北，後天在西南。是天地無定位矣。又北極在上，南極在下，乾南坤北；是天在下，地在上也，謂之定位，

〔一〕自「棟案」以下小注，四庫本脱去。
〔二〕「底」：四庫本作「者」。
〔三〕四庫本脱「二」字。

可乎？以此知道家之説，妄也。莊子曰：「至陰肅肅，至陽赫赫。肅肅出乎天，赫赫發乎地。兩者交通成和而物生焉。」乾位西北，故至陰出乎天；坤位西南，故至陽發乎地。周禮〔一〕亦云『天産作陰德，地産作陽德』者，以此。道家之老、莊，猶儒家之孔、孟。乾南坤北，其説不合乎老、莊，必出于後世道家之説。故未聞乎古，至宋而後盛行焉，以後世道家之説，託爲伏羲，而加之文王、周公、孔子之上，學者不鳴鼓而攻，必非聖人之徒也。」

棟案：宋人所造納甲圖與先天相似，蔡季通遂謂先天圖與參同契合。殊不知納甲之法，乾坤列東，艮兑列南，震巽列西，坎離在中。詳虞仲翔易註。別無所謂乾南坤北、離東坎西者。道家所載乾坤方位，亦與先天同，而以合之參同契，是不知易，并不知有參同者也。蓋後世道家亦非漢時之舊，漢學之亡，不獨經術矣。

又曰：「聖人作八卦，所以奉天時。道家創爲先天之學而作先天八卦位，託之伏羲，誕

〔一〕「周禮」：四庫本作「禮家」。

之甚，妄之甚。所爲先天者，兩儀未判，四象未形，八〔二〕卦何從生？天地定位，乾坤始作，六子乃索，八卦相錯，陰陽交感，山澤氣通，水火雷風各建其功。明明後天，安得指是爲先天哉。然則卦無先天乎？曰：有。一卦各有一太極，聖人以此先古文作『先』，俗作『洗』心，退藏于密，所謂先天而天弗違也。學者不知來，觀諸往；不知先，觀諸後。知後天則知先天矣。捨後天而别造先天之位，以周、孔爲不足學，而更問庖犧，甚矣，異端之爲害也，不可以不闢。」閻若璩潛邱劄記引吴鸞他石録外編儒辯第二十五，論先天八卦之非。又云：「本義之混濫者多矣，以天地定位章爲第一。」

干寶注周禮曰：「伏羲之易小成，爲先天；神農之易中成，爲中天；黄帝之易大成，爲後天。小成，謂八卦也；中成，謂重卦；大成，謂備物制用也。」

辨兩儀四象

半農人〔三〕易説曰：「易有太極，是生兩儀，兩儀生四象，四象生八卦。兩儀，天地

〔二〕「八」：四庫本誤作「分」。
〔三〕「人」：四庫本作「先生」。

也；四象，四時也；四時有四正、有四維，震春離夏兑秋坎冬爲四正，巽東南坤西南乾西北艮東北爲四維，此四正四維以時言之爲四時，以象言之爲四象，而八卦出于其中。不曰卦〔一〕而曰象者，八卦以象告也。陰陽太少，可謂之儀，不可謂之象。宋儒遂以四象當之，誤矣。太、少在陰陽之中，有陰陽即有太少，非先有陰陽後有太少也。若云始爲一畫以分陰陽，次爲二畫以分太少，是陰陽生太少，有是理乎？謂陰陽分太少，可；謂陰陽生太少，不可。易言生，不言分。父生子、子生孫，可謂之生，不可謂之分。邵子割裂太極，穿鑿陰陽，一分爲二，二分爲四，四分爲八，所謂加一倍法，朱子篤信之，吾无取焉。」

「邵子曰：『太極生陰陽。兩儀：⚊爲陽，⚋爲陰。吾不知所謂陽儀者，太陽耶？少陽耶？所謂陰儀者，太陰耶？少陰耶？抑陰陽初生未分太少耶？如其然，則是先有陰陽，後有太少也。由是推之，將使陽儀加⚊畫爲陽生太陽，陽儀加⚋畫爲陰生少陰；陰儀加⚊畫爲陽生少陽，陰儀加⚋畫爲陰生太陰。是陰陽生太少矣。然則所謂陰儀、陽儀者，

〔一〕「卦」：四庫本作「時」，似是。

非太非少，是何物耶？曰加曰分，乃邵易，非周易也。由是太陽⚌畫，又加⚊畫爲乾，是太陽生乾；又加⚋畫爲兌，是太陽生兌。少陰⚎畫，又加⚊畫爲離，是少陰生離；又加⚋畫爲震，是少陰生震。餘四卦皆然。是太少生八卦矣。陰陽生太少，太少生八卦，誰能知其説哉。」王伯厚曰：「上蔡謝子爲晁以道傳易堂記後序言：『安樂邵先生皇極經世之學，師承頗異。安樂之父昔于廬山解后文恭胡公，從隱者老浮圖游。隱者曰：胡子世福甚厚，當秉國政；邵子仕雖不耦，學業必傳。因同授易書。』上蔡之文，今不傳。僅載于張祺書文恭集後。康節之父，伊川文人，名古，字天叟。」

棟案：朱子語類言：「程子説易，只云三畫上疊成六畫，此賈公彦之説，亦非漢法。〔一〕八卦上疊成六十四卦，與邵子説異，蓋康節不曾説與程子，程子亦不曾問之，故一向隨他所見去。」又云：「伊川易傳有未盡處。當時康節傳得數甚佳，却輕之不問。」又云：「邵子所謂易，程子多理會他底不得。」愚謂邵子一分爲二，二分爲四，四分爲八之説，漢、唐言易者不聞有此。程子非不能理會邵易，但以之解周易，恐其説之未必然也。且上蔡，程子之高弟也。邵子，又程子之妻兄弟也。老浮圖之授受，上蔡猶知之，曾程子

〔一〕四庫本無此小注。

也而肯爲異説所惑哉！

辨太極圖

秀水朱錫鬯〔一〕曰：「自漢以來，諸儒言易，莫有及太極圖者。惟道家者流，有上方大洞真元妙經，著太極三五之説。唐開元中，明皇爲製序，而東蜀衛琪注玉清無極洞仙經，衍有無極、太極諸圖。陳摶居華山，曾以無極圖刋諸石，爲圜者四，位五行其中，自下而上。初一曰玄牝之門；次二曰煉精化氣、煉氣化神；次三五行定位，曰五氣朝元；次四陰陽配合，曰取坎填離；最上曰煉神還虚，復歸無極。故謂之無極圖，乃方士修煉之術爾。相傳受之吕嵒，嵒受之鍾離權，權得其説于伯陽，伯陽聞其旨于河上公。在道家未嘗詡爲千聖不傳之秘也。周元公取而轉易之，亦爲圜者四，位五行其中，自上而下。最上曰無極而太極；次二曰陰陽配合，曰陽動陰静；次三五行定位，曰五行各一其性；次四曰乾道成男坤道成女；最下曰化生萬物。更名之太極圖，仍不没無極之旨。由是諸儒推演

〔一〕四庫本多「先生」二字。

其說。南軒張氏謂元公自得之妙，蓋以手授二程先生者，自孟氏以來未之有也。」曝書亭集。

錫鬯〔一〕又言：「程子未曾受業于元公，元公亦無手授太極圖之事。其說備載集中。」愚謂道教莫盛于宋，故希夷之圖、康節之易、元公之太極，皆出自道家。世之言易者，率以是三者爲先河，而不自知其陷於虛無，而流於他道也。惜哉。〔二〕王伯厚言程子教人大學、中庸，而無極、太極，一語未嘗及。夫程子言易，初不知有先天；言道，初不知有無極。此所以不爲異端所惑，卓然在邵、周之上也。伯厚謂程子不言無極太極，是性道不可得聞之義，此說却涉禪學矣。顧寧人〔三〕曰：「夫子之教人文行忠信，而性與天道在其中。故曰不可得而聞。」忠恕之與一貫，豈有二耶。黄氏日鈔曰：「夫子述六經，後來者溺於訓詁，未害也。濂、洛言道學，後來者借以談禪，則其害深矣。」

重卦說

重卦之始，其說紛紜。虞翻、王弼以爲伏羲，鄭康成以爲神農。愚以繫辭考之，鄭氏

〔一〕四庫本多「先生」二字。
〔二〕四庫本無「惜哉」二字。
〔三〕四庫本多「先生」二字。

之說是也。繫辭曰：「八卦成列，象在其中矣。納甲始于此。因而重之，爻在其中矣。消息、爻辰始於此。」又曰：「古者庖犧氏之王天下，仰則觀象于天，俯則觀法于地，于是始作八卦。」繼之曰：「作結繩以爲網罟，以佃以漁，盖取諸離。」離八純卦，則知庖犧未嘗重卦也。庖犧氏没，神農氏作，始云「盖取諸益」、「盖取諸噬嗑」。二卦皆有貞悔，則神農重卦明矣。八卦成列，謂伏羲也；因而重之，謂神農也。凡作者曰造，始作八卦。述者曰因。因而重之。禮器曰：「夏造殷因。」論語曰：「殷因於夏禮，周因于殷禮。」古有因國。王制：「天子諸侯祭因國之在其地而無主者。」春秋傳曰：「遷閼伯於商丘，商人是因。遷實沈于大夏，唐人是因。」又齊晏子對景公曰：「昔爽鳩氏始居于此地，季萴因之，有逢伯陵因之，蒲姑氏因之，而後太公因之。」蓋古有是國，而後人居之者爲因；猶古有是卦，而後人仍之者亦爲因。因而重之，非因伏羲所作之八卦而重之者乎？若云自作之而自重之，則不得言因矣。

京房易積算法引夫子曰：「八卦因伏羲，暨乎神農，重乎八純。」此說與繫辭合。魏博士淳于俊亦云：「庖犧制八卦，神農演之爲六十四。」演，猶衍也。蓋自重卦之後，于是有揲蓍之法。洪範謂之衍忒，繫辭謂之大衍，皆是物矣。

卦變說〔一〕

卦變之說，本於彖傳。荀慈明、虞仲翔、姚元直及蜀才范長生、盧氏、侯果等之註詳矣。而仲翔之説尤備。乾坤者，諸卦之祖也；坎離者，乾坤之用也。乾二五之坤成坎，坤二五之乾成離。不從卦例。復、臨、泰、大壯、夬，陽息之卦，皆自坤來；姤、遯、否、觀、剥，陰消之卦，皆自乾來。故以例諸卦。自臨來者四卦：明夷、震、解、升也。自遯來者五卦：訟、巽、革、家人、无妄也。自泰來者八卦：歸妹、節、損、賁、既濟、蠱、井、恒也。自否來者八卦：漸、咸、困、未濟、涣、隨、噬嗑、益也。自大壯來者五卦：需、大畜、睽、兑、鼎也。自觀來者四卦：晉、萃、蹇、艮也。豫自復來，謙自剥來。蜀才謂師與同人皆自剥來，大有不言所自，當自夬來。此外不從卦例者十：豐從噬嗑來也；仲翔曰：「此卦三陰三陽之例，當從泰二之四，而豐三從噬嗑上來之三，折四於坎獄中而成豐。」旅從賁來也，仲翔曰：「與噬嗑之豐同義，非乾坤往來也。」

〔一〕按此條見於易例及周易述，文字偶有不同。

頤，晉四之初也；仲翔曰：「與乾坤坎離大過小過中孚同義，故不從臨觀四陰二陽之義。」小過，晉上之三也；仲翔曰：「當從四陰二陽臨觀之例。臨陽未至二，而觀四已消也。又有飛鳥之象，故知從晉來。」大過，訟上之三也；仲翔曰：「訟上之三，或説大壯五之初。」中孚，訟四之初也；仲翔曰：「此當從四陽二陰之例，遯陰未及三而大壯陽已至四，故知從訟來。」比，師二之五也；蜀才亦云。屯，坎二之初也；蒙，艮三之二也。慈明同。一爻變者二卦：小畜，需上變也；履，訟初變也。其後李挺之作六十四卦象生圖，以一生二，二生三，至于三而極。朱子又推廣爲卦變圖，復出大壯、觀，夬、剥兩條，視李圖而加倍。然其作本義，則又拘于二爻相比者而相易，並不與卦例相符。故論者猶欲折中于漢儒焉。

附四庫全書提要

易漢學八卷光禄寺卿陸錫熊家藏本

國朝惠棟撰。是編乃追考漢儒易學，掇拾緒論以見大凡。凡孟長卿易二卷，虞仲翔易一卷，京君明易二卷干寶易附見，鄭康成易一卷，荀慈明易一卷。其末一卷，則棟發明漢易之理，以辨正河圖、洛書、先天、太極之學。其以虞翻次孟喜者，以翻別傳自稱五世傳孟氏易。以鄭玄次京房者，以後漢書稱玄通京氏易也。荀爽別爲一卷，則費氏易之流派矣。考漢易自田王孫後，始岐爲施、孟、梁邱三派。然漢書儒林傳稱：「孟喜得易家候陰陽灾變書，詐言田生且死時，枕喜膝獨傳。梁邱賀疏通證明，謂田生絶於施讎手中。時喜歸東海，安得此事？」又稱：「焦延壽嘗從孟喜問易，京房以爲延壽即孟氏學，而翟牧、白生不肯，皆曰：非也。」劉向亦稱：「諸易家説皆祖田何、楊叔、丁將軍，大義略同，惟京氏爲異黨。」則漢學之有孟、京，亦猶宋學之有陳、邵，均所謂易外別傳也。費氏學自陳元、鄭衆、馬融、鄭玄以下，遞傳以至王弼，是爲今本。然漢書稱：「直長於卦筮，無章句，徒以彖、象、繫辭十篇文言解説上、下經。」隋志五行家有直易林二卷，易内神筮二卷，周易筮占林五卷，則直易亦兼言卜筮，特其爻象承應陰陽變化之説，與孟、京兩家體例較異。合是三派，漢學之古法亦約略盡此矣。夫易本爲卜筮作，而漢儒多參以占候，未必盡合周、孔之法。然其時去古未遠，要必有所受之。棟采輯遺聞，鉤稽考證，使學者得略見漢儒之門徑，於易亦不爲無功矣。孟、京兩家之學，當歸術數。然費氏爲象數之正傳，鄭氏之學亦兼用京、費之説，有未可盡目爲讖緯者，故仍列之經部焉。

易例

本書點校説明

惠棟及其易學的簡要介紹，已見本册易漢學的點校説明中。前文提到，易漢學還是有一些遺憾。易例則試圖彌補這個遺憾。相較於易漢學，此書有以下幾個特點：

首先，易漢學以人物爲綱，介紹每家的具體學説，各家之間的體例不免有重複。易例則打散各家，以體例爲綱，進行纂輯。

其次，易漢學鮮下己意，而易例却頗多論定。

最重要的在於，易例作爲晚年作品，鮮明地表達了惠棟的義理和經世訴求。惠棟在易例中指出，孔子作易，首先是要贊化育，其次是寡過。這當然有所針對。比如有些人强調易是卜筮之書，用來指導自己的人生。而惠棟却説，這僅僅是次要的功用；首要的意義則是贊化育。所以惠棟還將易與中庸相貫通，作中庸注。他竭盡心力考察古代明堂之制，其實是要藉此構建他心目中的宇宙—政治論模型。而説卦與明堂相關，也在易例中加以揭示。

但易例畢竟是一部未完的稿件。許多條例比較散漫，所以四庫館臣對此頗有批評。另外，易例中間的許多條例，直接過録自易漢學的一部分。儘管有諸多不足，却也不能掩蓋此書的光芒。通過此書，以及明堂大道録等書，我們可以看到惠棟的易學不是瑣屑的考據，也不是「信古而愚」，乃是有其宏偉志向和深刻體悟的。

此書最早是由李文藻收入貸園叢書中加以刊刻，半頁十一行，行二十二字。四庫全書即據此謄録，後來的清經解續編本亦據此刊刻。此外，還有借月山房匯抄本、指海本，亦皆祖于貸園本。

本書整理凡例：

一、易例有貸園叢書本、文淵閣四庫全書本等，四庫本實根據貸園本著録。今以貸園叢書本爲底本（校記中簡稱底本或貸園本），以文淵閣四庫全書本爲對校本（簡稱四庫本）。

二、易例爲未完稿，故間或有誤字。其中不少條目援引易漢學、周易述、周易集解等，特别是有三分之一内容直接過録自易漢學。故此次整理亦多運用他校法。易漢學有多種版本，已見本册易漢學點校説明。經過校勘我們發現，易例過録易漢學所依據版本，與經訓堂叢書本比較一致。此次引用易漢學，如無特别説明，即用經訓堂本。凡引用周易集解，如無特别説明，即指嘉靖聚樂堂刻朱氏本，其他諸本異同需要説明，則嘉靖聚樂堂刻本簡稱嘉靖本，胡震亨秘册匯函本簡稱胡本，汲古閣津逮秘書本簡稱毛本，雅雨堂叢書本簡稱雅雨本，木瀆周氏刻本簡稱周本。凡引用周易述，即用雅雨堂所刻本。另外一些錯誤，若無版本依據，用理校法。不敢擅改底本原文，僅在校記中説明。

三、此次校訂，除了校勘之外，在必要的地方稍加注釋，主要是涉及文獻來源，或者某些條例的歸併、次序問題。

四、貸園本凡惠氏引用經典，頂格；惠氏自下按語，低一格。偶有雙行小注。標題低三格。今整理本，標題用黑體字。底本頂格段落，整理本不縮進；底本低一格段落，整理本縮進兩字符。正文皆用宋體字。底本雙行小字，整理本比正文小兩個字號。

五、凡避諱字，直接改回，不再出校。

谷繼明

二〇一八年六月

易例上

太極生次

繫上曰：「易有太極，是生兩儀，兩儀生四象，四象生八卦，八卦定吉凶，吉凶生大業。」

乾鑿度曰：「孔子曰：易始於太極。鄭註云：『氣象未分之時，天地之所始也。』太極分而爲二，七九八六。故生天地。輕清者上爲天，重濁者下爲地。天地有春秋冬夏之節，故生四時；四時各有陰陽剛柔之分，故生八卦。八卦成列，天地之道立，雷風水火山澤之象定矣。其布散用事也，震生物於東方，位在二月；巽散之於東南，位在四月；離長之於南方，位在五月；坤養之於西南方，位在六月；兑收之於西方，位在八月；乾制之於西北方，位在十月；坎藏之於北方，位在十一月；艮終始之於東北方，位在十二月。八卦之氣終，則四正四維之分明，生長收藏之道備，陰陽之體定，神明之德通，而萬物各以其類成矣。萬物是八卦之象，定其位則不遷其性，不淫其德矣。故各得自成者也。皆易之所包也。至矣哉，易之德也。」

三統曆曰：「經：『元』一以統始，易太極之首也。『春秋』二以目歲，春，陽中；秋，陰中。易兩儀之中也。即天地之中。於春每月書『王』，易三極之統也。於四時雖亡事，必書時月，易四象之節也。時月以建分至啓閉之分，即四正四維。易八卦之位也。象事成敗，易吉凶之效也。朝聘會盟，易大業之本也。故易與春秋，天人之道也。傳曰：『龜，象也。筮，數也。物生而後有象，象而後有滋，滋而後有數。』是故元始有象，一也；春秋，二也；三統，三也；四時，四也。合而爲十，成五體，以五乘十，大衍之數也。而道據其一；其餘四十九，所當用也。」

虞氏註曰：「太極，太一也。分爲天地，故『生兩儀』也。四象，四時也。兩儀，謂乾坤也。乾二五之坤成坎離震兑，震春，兑秋，坎冬，離夏，故『兩儀生四象』。乾坤生於春，艮兑生於夏，震巽生於秋，坎離生於冬，故『四象生八卦』。」

禮記禮運曰：「夫禮必本於太一，分而爲天地，轉而爲陰陽，變而爲四時，列而爲鬼神。其降曰命，其官於天也。」正義曰：「必本於太一者，謂天地未分，混沌之元氣也。極大曰太，未分曰一。其氣既極大而未分，故云太一也。」〔一〕未分曰一，故謂之太一。未發爲中，故謂之太極。其理一也。

吕覽大樂曰：「音樂之所由來者遠矣。生於度量，本於太一。太一出兩儀，高註：『兩儀，天地也。出，生也。』兩儀出陰陽。」棟謂：春夏爲陽，秋冬爲陰。則陰陽即四時也。

太易

乾鑿度曰：「有太易，有太初，有太始，有太素也。太易者，未見氣也。以其寂然無物，故名之爲太易。太初者，氣之始也。元氣之所本始。太易既自寂然無物矣，焉能生此太初哉。則太初者，亦忽然而自生。太始者，形之始也。形見也。天象，形見之所本始也。太素者，質之始也。地質之所本始也。氣、形、質具而未

〔一〕底本空一格區分，四庫本改作圈標。後放此。

離，故曰渾淪。雖含此三始，而猶未有分判。老子曰：『有物渾成，先天地生。』渾淪者，言萬物相渾成而未相離。言萬物莫不資此三者也。視之不見，聽之不聞，循之不得，故曰易也。」老子道經曰：「道常無名。」禮記曲禮正義引河上公註云：「能生天地人，則當大易之氣也。」

易

八卦由納甲而生，故繫辭曰「在天成象」，「易者象也，象也者象也」。古只名「象」。皋陶謨「帝曰『予欲觀古人之象』」是也。至周始有三易之名。然春秋傳曰「見易象」，則象之名猶未亡也。夏建寅，象首艮，故謂之連山；商建丑，象首坤，故謂之坤乾，坤以藏之，又謂之歸藏。夏、商占七八；文王演易，始用九六，以變者爲占，故謂之易。

說文據秘書曰：「日月爲易。」參同契曰：「日月爲易，剛柔相當。」虞仲翔註曰：「字从日下月。」坎爲月，離爲日，故仲翔註繫辭曰：「易謂坎離。」〔一〕蓋坎上離下，成既濟定，六爻得位，利貞之義。既濟象曰：「利貞，剛柔正而位當也。」「象」之名「易」，其取諸此乎。

荀慈明註易，以乾在二者當居坤五，在四者當居坤初，在上者當居坤三。坤在初者當居乾四，在三者當居乾上，在五者當居乾二。如此則六爻得位，所謂「日月爲易，剛柔相當」，合于坎離之義。此説最爲名通，當本諸漢經師。故當時兗、豫言易者，皆宗荀氏；而九家易以荀爲主，謂之荀九家。惜其書已亡，李氏集傳所載者，僅三之一耳。

祭義曰：「昔者聖人建陰陽天地之情，立以爲易。易抱龜南，而天子卷冕北面。雖有明知之心，必進斷其志焉。元〔三〕不敢專，以尊天也。」鄭註：「『立以爲易』，謂作易。『易抱龜』，易，官名，周禮曰太卜。」

〔一〕按「易謂坎離」，參同契文。此書後文即引爲參同契。蓋此處誤記。又虞注繫辭「易者象也」，有「易謂日月」之文。蓋此處本當作「仲翔註繫辭曰：『易謂日月。』」坎離即日月。
〔三〕「元」：四庫本同，非是。據祭義原文，當作「示」。

論語子曰：「加我數年，五十以學易，可以無大過矣。」五十而知天命，正指學易時。易者，贊化育之書也，其次爲寡過。夫子以易贊化育，其義詳於中庸。而言「無大過」者，謙辭。

史記孔子世家曰：「孔子晚而喜易，序易序卦、彖、繫、象、説卦、文言，不書雜卦。讀易，韋編三絶，曰：『假我數年，若是我於易則彬彬矣。』」

漢書儒林傳曰：「孔子蓋晚而好易，讀之韋編三絶，而爲之傳。」

淮南泰族曰：「易之失鬼。」註云：「易以氣定吉凶，故鬼。」

莊子曰：「易以道陰陽。」

漢書儒林傳曰：「蜀人趙賓以爲箕子明夷，陰陽氣無箕子。箕子者，萬物方荄兹也。」

蜀才本作「其子」，讀爲「荄兹」。荀爽亦主此説。劉向曰：「今易『箕子』作『荄兹』。」古音其、亥、子、兹同物。明夷體坤，坤終亥出子，故云「其子之明夷」。

班固不通易，反以賓言爲非，非實録也。

參同契曰：「日月爲易。」虞翻註云：「字从日下月。」説文曰：「秘書説：日月爲

易，象陰陽也。」秘書在參同契之先，魏伯陽蓋有所受之也。〔一〕

漢書儒林傳曰：「自魯商瞿子木受易孔子，商瞿，姓也。以授魯橋庇子庸。姓橋，名庇，字子庸。子庸授江東馯韓臂子弓。子弓授燕周醜子家。子家授東武孫虞子乘。子乘授齊田何子裝。及秦禁學，易爲卜筮之書，獨不禁。故傳受者不絕也。漢興，田何以齊田徙杜陵，號杜田生，授東武王同子中、雒陽周王孫、丁寬、齊服生，皆著易傳數篇。同授淄川楊何字叔元，元光中徵爲大中大夫；齊即墨成，至城陽相；姓即墨，名成。廣川孟但，爲太子門大夫；魯周霸、莒衡胡、臨淄主父偃，皆以易至大官。要言易者本之田何。」

班固曰：「詩、書、禮、樂、春秋，五者五常之道，易爲之原。」

阮籍曰：「文王繫其辭，於是歸藏逝而周與〔二〕興。上下無常，剛柔相易，不可爲典要，惟變所適，故謂之易。」

紀瞻曰：「昔庖犧畫八卦，陰陽之理盡矣。文王、仲尼係其遺業，三聖相承，共同一

〔一〕按此條當歸併入前「易」例下。
〔二〕「與」：四庫本同，非是。據阮籍通易論原文，當作「典」。

致，稱易準天，無復其餘也。」〔一〕

褚澄曰：「易彌天地之道，通萬物之情。雖有」〔二〕「體，不可以一體求；屢遷，不可以一遷執也。」

顏延之曰：「淳象始于三畫，兼卦終于六爻。」〔三〕

伏羲作易大義

伏羲用蓍而作八卦，而筮法亦由之而始。後人專謂筮法者，非也。作八卦者，所

〔一〕晉書卷六八。

〔二〕按底本「褚澄曰」一行，「體不可」一行。「褚澄曰」行「雖有」二字後空六字至底。而後另起「體不可」句。四庫本據貸園本謄録，知其闕，故補「象數爲宗蓋無」六字，但所補有誤。考惠棟所引，當非南齊書原文，乃類書天中記所載，惠棟常引此書。天中記卷三七載此段曰：「易彌天地之道，通萬物之情。雖有異家之學，同以象數爲宗。蓋無體，不可以一體求；屢遷，不可以一遷執也。」準此而推，貸園本所據鈔本蓋每行二十七字，故至「體不可以一體求」换行。而「異家之學，同以象數爲宗。蓋無」十二字漫漶，貸園叢書本改易鈔本行款，遂致此誤解。

〔三〕弘明集卷四重釋何衡陽。

以贊化育。聖人幽贊於神明而生蓍，贊化育之本也。天地之數五十有五，而五爲虚。土生數五，成數五，二五爲十，故有地十。太玄經：「五五爲土。」月令：「中央土，其數五。」亦是成數。故大衍之數五十，三才、五行畢舉于此矣，故以作八卦。三才者，京房章句曰：「日十也，月十二也，星二十八也，合之爲五十。」三統曆曰：「日合于天統，月合于地統，斗合于人統。」乾天也，坤地也，艮人也。艮爲星，星主斗，故斗合于人統。後世三統之説本此。其德圓而神，故四十九。七七，故圓而神。其一，天之主氣也。即昊天上帝，道之本也。馬融以爲北辰。分而爲二以象兩，乾坤也。乾道成男，坤道成女。挂一以象三，六子也。天地人並生于太初。傳曰：「易有太極，是生兩儀。」舉兩儀，而三才在其中矣。揲之以四以象四時，明堂之本也；歸奇于扐以象閏，定朔之始也。象兩、象三、象四時、象閏，是爲四象。四象由分二而生，故云兩儀生四象。四營而成易，太初之氣寒温始生，故云易也。三氣相承。十有八變，乾坤各三畫，故成卦。六子三索而成，故八卦而小成。所謂四象生八卦也。引信三才，觸類而長之，以成六十四卦。聖人成能，故天下之能事畢矣。大衍之數有三才，故分二以象兩，挂一以象三。卦亦有三才，有兼才。大衍之數有五行，播五行于四時，故揲之以四以象四時。四時爲明堂之位，故説卦「帝出乎震」三節，皆陳明堂之法。明堂以聽朔爲先，以閏月定四時成歲，而合朔之法正。故歸奇于扐以象閏。王者坐明堂聽朔行政，明堂月令由是出焉，所以贊化育也。伏羲用蓍作八卦以贊化育，其道如此。始于幽贊，終于嚮明。「聖人南面而聽天下，嚮明而治，蓋取諸此」，言明堂之法取諸離。蔡邕引説卦謂「雖有總章以下五名，而總謂之明堂」。孔子所謂「吾道一以貫之」也。明則有禮樂，幽則有鬼神。繫辭所謂「知幽明之故，原始反終，故知死生之説」是也。

伏羲作八卦之法

聖人之作易也，以至誠能盡其性，立天下之大本，故「幽贊于神明而生蓍」。大衍之數五十，其用四十有九，所謂「蓍之德圓而神」也。分二則有陰陽，所謂「觀變于陰陽而立卦」也。挂一則有三才，所謂「參天」也。揲四歸奇則「發揮于剛柔而生爻」，所謂「兩地」也。「和順于道德而理于義」，則人道立而三才具。兼三才而兩之，立六畫之數，所謂「參天兩地而倚數」也。六畫而有六十四，八八之數，所謂「卦之德方以知也」。

繫下曰：「陽卦多陰，陰卦多陽。陽一君而二民，陰二君而一民。」揲卦之時，尚未有畫，故仲翔曰「不道乾坤」者也。

乾六爻，二四上爲陰，則坤之位也；坤六爻，初三五爲陽，則乾之位也。故用九、用六之法，乾二居坤五，坤五降乾二。乾四居坤初，坤初居乾四。乾上居坤三，坤三居乾上。坤稱用，發揮于剛柔而生爻，立地之道，故稱用也。

大衍　太極

天地之數五十有五，虚五而可衍。大衍之數五十，虚一而可用。一與五，皆道之本也。一者，大也。五者，極也。故謂之太極。洪範五「皇極」，鄭注云：「極，中也。」楊子曰：「中和莫尚于五。」

元亨利貞大義

易道晦蝕且二千年矣。元亨利貞，乃二篇之綱領。魏、晉已後註易者，皆不得其解。案革彖辭曰：「巳日乃孚，元亨利貞，悔亡。」虞翻註云：「悔亡，謂四也。四失正，動得位，故悔亡。離為日，孚謂坎，四動體離，五在坎中，故巳日乃孚。已成既濟，乾道變化，各正性命，保合太和，乃利貞。故元亨利貞悔亡。與乾彖同義。」又乾文言曰：「時乘六龍，以御天也。雲行雨施，天下平也。」荀爽注云：「乾升于坤為雲行，坤降于乾爲雨施。乾坤二卦成兩既濟，陰陽和均而得其正，故曰『天下平也』。」是漢已前解四德者，皆以既濟爲言。莊三年穀梁傳曰：「獨陰不生，獨陽不生，獨天不生。三合然後生。」乾鑿度曰：「天地不變，不能通氣。」鄭玄注云：「否卦是也。」又曰：「陰陽失位，皆爲不正。」注云：「初六陰不正，九二陽不正。」故虞翻注下繫云：「乾六爻，二四上非正；坤六爻，初三五非正。」蓋乾必交坤而後亨，爻必得位而後正。若四德專謂純乾，獨陽不生，不可言亨，二四上爻不可言貞。既非化育之常，又失用九之義。原其所以，因漢末術士魏伯陽參同契用坎離爲金丹之訣，後之學者徵𠛬異說，諱言坎離，于是造皮膚之語以釋聖經。微言既絶，大義尤乖。殊不知聖人贊化育，以天地萬物爲坎離，何嫌何疑而諱言之乎。今幸東漢之易猶存，荀、虞之説具在。用申師法，以明大義，以溯微言。二千年絶學庶幾未墜，其在兹乎，其在兹乎！

利貞

虞仲翔注易，以易之「利貞」皆謂變之正，及剛柔相易、乾升坤降之類。案荀子臣道篇曰：「上下易位，然後貞。」此説與易合。但荀子專指湯、武，則有不盡合耳。

天地之始

序卦曰：「有天地，然後萬物生焉。」干寶注云：「物有先天地而生者矣。今正取始于天地。天地之先，聖人弗之論也。」余謂：聖人言太極、太一，禮運。言元，言一，即天地之先也。但不言元〔二〕與言先天圖耳。

象五帝時書名

象者，五帝時書名也。堯典「曆象日月星辰」，此曆書也；「象以典刑」，臯陶謨俗稱益稷曰「方施象刑惟明」，此刑書也；「予欲觀古人之象」，此易書也。易曰「在天成〔三〕象」，「法象莫大乎天地」。聖人因天，故治天下之書，皆名象。周禮六官稱六象，懸于象魏，故春秋傳「命藏象魏，曰『舊章不可忘也』」，「韓宣子聘魯，見易象」，猶沿五帝之名。則象爲書名無疑也。

〔二〕「元」：四庫本同。按聖人極言元，不可謂不言元，但不言无耳。當作「无」。
〔三〕「成」：四庫本誤作「在」。

八卦

伏羲時止有八卦，參天兩地而有六畫，故有六十四。其六十四卦之名，則後人所加也。

兼三才

兼才之説：乾稱天行；坤稱地勢；坎稱習，習，襲也；離稱兩，兩地之義；震稱薦，薦，再也；巽稱重；艮稱兼，兼三才之義；兑稱麗，麗澤兑，君子以朋友講習，習亦習也。皆有重義。繫下所謂「因而重之」也。

易初爻

乾初爻曰「潛龍勿用」，坤初爻曰「履霜堅冰至」，虞仲翔以乾初爲積善，坤初爲積惡，故曰「善不積不足以成名，惡不積不足以滅身」。史記太史公自叙曰：「故易曰：『失之毫釐，差以千里。』故曰：『臣弒君，子弒父，非一旦一夕之故，其漸久矣。』」仲翔注易云：「坤消至遯，艮子弒父；至否，坤臣弒君。」是其義也。易甲子卦氣起中孚，甲子即初九也。繫辭論中孚九二曰：「君子居其室，出其言善，則千里之外應之，况其邇者乎；居其室，出其言不善，則千里之外違之，况其邇者乎。」即所謂「失之毫釐，差以千里」也。故曰「正其始，萬物理」，始即初爻。此當是易傳之闕文，而易緯引之。非易緯之本文也。「正其始」，一作「正其本」。本與始皆爲初也。初最微，故曰「毫釐」，即詩之「德輶如毛」也。初九積善成名，初六積惡滅身，故曰「失之毫釐，差以千里」。繫辭「憂悔吝者存乎介」，介謂纖介，初之類也。參同契曰：「纖介不正，悔吝爲賊。」

虞氏之卦大義

之卦之説，本諸彖傳，而雜見于荀慈明、姚元直、范長生、侯果、盧氏諸人之註。

惟虞仲翔之説尤備，而當今從考之。乾坤者，諸卦之祖。乾二五之坤成震坎艮，坤二五之乾成巽離兑，所謂「兩儀生四象，四象生八卦」也。復、臨、泰、大壯、夬，陽息之卦，皆自坤來；遘、遁、否、觀、剥，陰消之卦，皆自乾來。而臨、觀二陽四陰，大壯、遁四陽二陰，泰、否三陽三陰，又以例諸卦。自臨來者四卦，明夷、解、升、震也。自遁來者五卦，訟、无妄、家人、革、巽也。自泰來者九卦，蠱、賁、恒、損、井、歸妹、豐、節、既濟也。自否來者九卦，隨、噬嗑、咸、益、困、漸、旅、涣、未濟也。自大壯來者五卦，需、大畜、暌、鼎、兑也。自觀來者四卦，晋、蹇、萃、艮也。自乾坤來而再見者，從爻例也。卦无剥復夬遘之例，故師、同人、大有、謙，從六子例，亦自乾坤來。小畜，需上變也；履，訟初變也。豫自復來，乃兩象易，非乾坤往來之謂也。頤、小過，晋四之初、上之二也；大過、中孚，訟上之三、四之初也。此四卦與乾坤坎離反復不衰，故不從臨觀之例。師二升五成比，噬嗑上之三折獄成豐，賁初之四進退无恒而成旅，皆據傳爲説，故亦從兩象易之例。屯、蒙從坎、艮來，屯剛柔始交，蒙以亨行時中，亦據傳爲説，不從臨觀之例。因繫辭、彖傳而復出者二：暌自无妄來，蹇自升來，皆二之五。其後李挺之作六十四卦相生圖，用老子「一生二，二生三」之説，至于三而極。朱子又推廣之，而用王弼之説，名曰「卦變」，且以己意增益，視李圖而加倍。至作本義，又以二爻相比者而相易，不與卦例相符。論者謂不如漢儒之有家法也。〔二〕

占卦

易林補遺：「京房占法：『一爻動則變，亂動則不變。』」〔三〕若然，一爻變，爲九六；二爻以上變，爲七八也。愚謂左傳所占卦，如云「其卦遇蠱」、「其卦遇復」，穆天子傳「其卦遇訟」，皆六爻不動也；其云「遇艮之八」，及晋語「遇泰之八」，皆二爻以上變，仍爲七八而不變也。

〔二〕按此條與周易述屯卦下疏文同。
〔三〕易林補遺，明張世寶撰，納甲之書。

左氏所占皆一爻動者居多

左氏所占云云。案易林補遺論京房變法：「第六爻爲宗廟，縱動不變；其餘一爻動，則變；亂動則不變也。」[一] 此言甚有理。穆姜筮往東宮，遇艮之隨，則云艮之八。是亂動不變。

陰爻居中稱黄

文言曰：「天玄而地黄。」故爻辭稱黄中者，皆謂陰爻居中。坤六五「黄裳」。離六二「黄離」。遯六二「黄牛」。革初九「黄牛」指二。鼎六五「黄耳」。

[一] 按張世寶引京房此法，却謂「此法甚有差訛，後學切莫依此」。

扶陽抑陰

公羊「日食伐鼓」義曰：「求乎陰之道也。」注云：「求，責也。」〔一〕此抑陰之義。又曰：「充陽也。」〔二〕充，崇也。此扶陽之義。

董子繁露曰：「大旱雩祭而請雨，大水鳴鼓而攻社。天地之所爲，陰陽之所起也。或請焉，或怒焉者何？曰：大旱者，陽滅陰也。陽滅陰者，尊壓卑也。固其義也。雖大甚，拜請之而已，無敢有加也。大水者，陰滅陽也。陰滅陽者，卑勝尊也，日食亦然。皆下犯上，以賤傷貴，逆節也。故鳴鼓而攻之，朱絲脅之，爲其不義也。此亦春秋之爲〔三〕强禦也。故變天地之位，正陰陽之序，直行其道，而不忘其難，義之至也。」

〔一〕莊公二十五年公羊傳。

〔二〕莊公二十五年穀梁傳：「言充其陽也。」

〔三〕「爲」：繁露舊本作「爲」，盧文弨本、蘇輿本改正作「不畏」。見繁露精華第五。

陽道不絶陰道絶義

剥上九曰：「碩果不食。」

乾鑿度曰：「陰消陽言剥。當九日之時，陽氣衰消，而陰終不能盡陽，小人不能决君子也。謂之剥，言不安而已。」

復象曰：「朋來无咎。」

坤象曰：「東北喪朋。」

泰九二曰：「朋亡。」

白虎通曰：「諸侯世位，大夫不世，安法？所以諸侯南面之君，體陽而行，陽道不絶；大夫人臣，北面，體陰而行，陰道絶。以男生内嚮，有留家之義；女生外嚮，有從夫之義。此陽不絶、陰有絶之效也。」

陽无死義

乾文言曰：「知進退存亡而不失其正者，其惟聖人乎。」荀註云：「存，謂五爲陽位。」

豫六五曰：「貞疾，恒不死。」象曰：「恒不死，中未亡也。」案荀註文言曰：「存，謂五爲陽位。亡，謂上爲陰位。」五中陽位，故中未亡。是陽无死義。

論語子曰：「天生德於予，桓魋其如予何。」包咸註云：「天生德者，謂授我以聖，惟德合天地，吉无不利，故曰其如予何。」是時夫子研極易理知命之學，故有是語。

韓非子解老曰：「天地之道，理也。體天地之道，故曰無死地焉。」荀子儒效篇曰：「通則一天下，窮則獨立貴名。天不能死，地不能埋，桀、跖之世不能污，非大儒莫之能立，仲尼、子弓是也。」

中和

易二五爲中和。坎上離下爲既濟，天地位，萬物育，中和之效也。三統曆曰：「陽陰雖交，不得中不生。」故易尚中和，二五爲中，相應爲和。説文曰：「咊，相譍也。」咊即和也，譍即應也。

師九二曰：「在師中吉无咎，王三錫命。」乾鑿度曰：「師者衆也。言有盛德，行中和，順民心，天下歸往之，莫不美命爲王也。行師以除民害，錫命以長世，德之盛。」象曰：「能以衆正，可以王矣。」荀註云：「謂二有中和之德，而據群陰，上居五位，可以王也。」

泰九二曰：「朋亡，得尚于中行。」荀註云：「中，謂五。朋，謂坤。朋亡而下，則二得上居五，而行中和矣。」

臨六五曰：「知臨，大君之宜，吉。」乾鑿度曰：「臨者大也。陽氣在内，中和之盛應於盛位，浸大之化行于萬民，故言宜。處王位，施大化，爲大君矣。臣民欲被化之詞也。」

文言曰：「利貞者，性情也。」述曰：「易尚中和，故曰『和〔一〕貞者情性』。情和而性中也。聖人體中和，贊化育，以天地萬物爲坎離也。」

周禮大司徒：「以鄉三物教萬民而賓興之，一曰六德，知仁聖義忠和。」鄭註云：「忠言以中心和，不剛不柔。」

中庸曰：「喜怒哀樂之未發謂之中，朱子曰：『喜怒哀樂，情也；其未發，則性也。』發而皆中節謂之和。不誠則不能獨。獨者，中也，故未發爲中，已發爲和。張湛列子註云：『稟性之質，謂之性；得性之極，謂之和。』中也者，天下之大本也；和也者，天下之達道也。朱子曰：『大本者，天命之性。達道者，循性之謂。』致中和，天地位焉，萬物育焉。」此至誠之事，所謂贊化育，與天地參者也。中和於易爲二五。繫上曰：「易簡而天下之理得矣，天下之理得而易成位乎其中。」故言「天地位」。

又曰：「仲尼曰：君子中庸。」又曰：「仲尼祖述堯、舜。」仲尼，孔子字。漢安昌侯張禹曰：「仲

〔一〕「和」：四庫本同，非是。據周易述原文，作「利」是也。

者，中也。尼者，和也。」此篇論中和之義，故篇中兩舉仲尼。以至誠屬之，以致中和之事歸之。中和者，既濟也。孔子論定六經，以立中和之本而贊化育。下篇所云「經綸天下之大經，立天下之大，本知天地之化育」是也。孔子無位而當既濟，故子思兩舉表德之字以明之。

又論强曰：「故君子和而不流，强哉矯。中立而不倚，强哉矯。」

周禮師氏：「以三德教國子，一曰至德以爲道本。」馬融傳云：「德行，内外之稱。在心爲德，施之爲行。至德者，中德也。中庸曰：『天命之謂性，率性之謂道。』失中庸，則無以至道，故曰以爲道本。」〔一〕鄭註云：「至德，中和之德。覆幬持載含容者也。」

孟子曰：「中也養不中。」趙岐註云：「中者，履中和之氣所生謂之賢。」

禮器曰：「君在阼，夫人在房，大明生於東，月生於西，此陰陽之分，夫婦之位也。鄭註：『大明，日也。』君西酌犧象，夫人東酌罍尊，鄭註：『象日出東方而西行，月出西方而東行也。』禮交動乎上，樂交應乎下，和之至也。鄭註：「言〔二〕交乃和。」　案：禮，中也；樂，和也。禮交動乎

〔一〕通典卷五三，下引鄭注同。
〔二〕「言」：四庫本誤作「云」。

上，樂交應乎下。上下相應，故云和之至也。

揚子太玄曰：「五爲中和。」又曰：「中和莫尚於五。」法言曰：「立政鼓衆，莫尚於中和。」又曰：「甄陶天下，其在和乎。龍之潛亢，不獲其中矣。是以過中則惕，不及中則躍，其近於中乎。」惕躍近中，猶忠恕近道。莊子消摇游曰：「若夫乘天地之正，而御六氣之辯。」揀〔一〕補注云：「天地之正，猶天地之中。易之九五、六二即天地之正也。六氣，陰陽風雨晦明也。」

詩尚中和

荀子勸學篇曰：「詩者，中聲之所止也。」

〔一〕「揀」：四庫本同。今按世所著録莊子諸家注，無有名爲「揀」者。疑「揀」爲「棟」之訛。惠棟作莊子補註，惜今已亡佚，亦無有著録者。

禮樂尚中和

周禮大司徒曰：「以五禮防萬民之僞，而教之中；以六樂防萬民之情，而教之和。」

案中和爲六德之二。

周禮大宗伯曰：「以天産作陰德，以中禮防之；以地産作陽德，以和樂防之；以禮樂合天地之化、百物之産。」 案天交乎地，故以天産作陰德；地交乎天，故以地産作陽德。禮，天地之中，故以中禮防之；樂，天地之中，故以和樂防之。在易，二五爲中，相應爲和。

樂記曰：「樂者，天地之命，中和之紀，人情之所不能免也。」荀子勸學篇曰：「樂之中和也。」

淮南精神曰：「萬物背陰而抱陽，冲氣以爲和。」高誘曰：「萬物以背爲陰，以腹爲陽。身中空虛，和氣所行。爲陰，故腎雙；爲陽，故心特。陰陽與和，共生物形。君臣以和，致太平也。」

荀悦申鑒曰：「以天道作中，以地道作和。」禮器曰：「因名山升中于天。」盧植註云：「封泰山，告太平，升中和之氣於天。」後漢祭祀志註。〔一〕

項威註漢書曰：「封泰山，告太平，升中和之氣于天。祭土爲封，謂負土於泰山，爲壇而祭也。」

君道尚中和

鴻範五行傳曰：「王之不極，是謂不建。」鄭註云：「王，君也。不名體而言王者，五事象五行，則王極象天也。天變化爲陰陽，覆成五行。極，中也。建，立也。王象天，以情性覆成五事，爲中和之政也。王政不中和，則是不能立其事也。」

〔一〕按下條項威注亦引自續漢書祭祀志，此小注當移入下條。

建國尚中和

周禮大司徒曰：「以土圭之法測土深，正日景以求地中。日南，則景短多暑；日北，則景長多寒；日東，則景夕多風；日西，則景朝多陰。日至之景，尺有五寸，謂之地中。天地之所合也，四時之所交也，風雨之所會也，陰陽之所和也。然則百物阜安，乃建王國焉。制其畿方千里而封樹之。」王融三月三日曲水詩序：「狹豐邑之未宏，陋譙居之猶偏。求中和而經處，揆景緯以裁基。」註：「周禮曰：『日至之景，尺有五寸，謂之地中，陰陽之所和。』故曰中和也。」

春秋尚中和

三統曆曰：「夫曆：春秋者，天時也。列人事而目以天時。傳曰：『民受天地之中以生，所謂命也。師古曰：「中，謂中和之氣也。」是故有禮誼動作威儀之則，以定命也。能者養以之福，師古曰：「之，往也。往就福也。」不能者敗以取禍。』故列十二公，二百四十二年之事，以陰陽之中制其禮。故春爲陽中，萬物以生；秋爲陰中，萬物以成。所謂天地之中。是以事舉其中，禮取其和。曆數以閏正天地之中，以作事厚生，皆所以定命也。易金火相革之卦曰：『湯武革命，順乎天而應乎人。』又曰：『治曆明時。』所以和人道也。」公羊疏云：「案三統曆云『春爲陽中』云云。賈、服依此以解春秋之義。」賈逵春秋左傳註云：「取法陰陽之中，春爲陽中，萬物以生；秋爲陰中，萬物以成。欲使人君動作不失中也。」說文禾字云：「嘉穀也。二月始生，八月而熟，得時之中，故謂之禾。」和从禾。淮南氾論曰：「天地之氣，莫大於和。和者，陰陽調，日夜分而生物。春分而生，秋分而成。生之與成，必得和之精。」

中和

白虎通曰：「木者少陽，金者少陰，有中和之性，故可曲直、可從革。」〔一〕董子繁露〔二〕

〔一〕「可曲直、可從革」：四庫本作「可曲、可直、從革」，與四部叢刊影元刻本白虎通德論五行同。然「可曲直、可從革」，于文義較長。

〔二〕以下三處，皆引自春秋繁露循天之道第七十七。

曰「天有兩和，春秋爲和。以成二中。冬夏爲中。在易，二五爲中，相應爲和，即天地之中。歲立其中，用之無窮。是北方之中坎用合陰，而物始動於下；南方之中離用合陽，而養始美於其上。動於下者，不得東方之和不能生，中春是也。其養於上者，不得西方之和不能成，中秋是也。然則天地之美惡在兩和之處，二中之所來歸而遂其爲也。是故東方生而西方成。東方和，自北方之所起；而西方和成，南方之所養長。起之不至於和之所不能生，養長之不至於和之所不能成。成於和，生必和也；始於中，止必中也。中者天下之所終也，而和者天地之所生成也。夫德莫大於和，而道莫止於中。中者，天地之美達理也，聖人之所保守也。詩云：『不剛不柔，布政優優。』此非中和之謂歟？是故能以中和理天下者，其德大盛；此至誠之贊化育。能以中和養其身者，其壽極命。此至誠之盡性。與術士之養身異。男女之法，男女，即坎離也。下云天地之陰陽當男女，人之男女當陰陽。法陰與陽。陽氣起於北方，至南方而盛，盛極而合乎陰。堪輿以四月癸亥、十月丁巳爲陰陽交會。陰氣起於中夏，至中冬而盛，盛極而合乎陽。繫下曰：「陰陽合德。」虞註云：「合德，謂天地雜，保太和。日月戰。」三統曆曰：「陰陽合德，氣鍾於子。」不盛不合，是故十月而俱盛，終歲而乃再合。」

又曰：「天地之陰陽當男女，人之男女當陰陽。陰陽亦可以謂男女，男女亦可以謂陰陽。天地之經生至東方之中而所生大養，至西方之中而所養大成。一歲四起業，而必於中。中之所爲，而必就於和。故曰和其要也。和者，天之正也，陰陽之半也。其氣爲最良，物之所生也。誠擇其和者，以爲大得天地之奉也。天地之道雖有不和者，必歸之於和，而所爲有功；雖有不中者，必止之於中，而所爲不失。是故陽之行始於北方之中，而止於南方之中；陰之行始於南方之中，而止於北方之中。陰陽之道不同，至於盛而皆止於中，其所始起皆必於中。始復天地之中。中者，天地之太極也。太極即大中。日月之所至而却也，長短之隆，不得過中，天地之制也。」又云：「男女體其盛，臭味取其勝，居處就其和，勞佚居其中。寒暖無失適，飢飽無過平。欲惡度理，動静順性命。喜怒止於中，愛懼反之正。此中和常在乎其身，謂之得天地泰。地天泰。而天地泰者，二五易位成既濟，故云天地。得天地泰者，其壽引而長；不得天地泰者，其壽傷而短。」

君道中和

越組録〔一〕曰：「范子曰：『湯執其中和，舉伊尹，收天下雄儁之士，練卒兵，率諸侯伐桀，爲天下除殘去賊，萬民皆悦而歸之，是所謂執其中和者。』」

范子曰：「臣聞古之賢主聖君，執中和而原其終始，即位安而萬物定矣。不執其中和，不原其終始，即尊位傾，萬物散。文武之業，桀紂之跡，可知矣。」

白虎通曰：「易曰『黄帝、堯、舜氏作』，黄帝中和之色，自然之性，萬世不易。黄帝始作制度，得其中和，萬世常存，故稱黄帝也。」

又曰：「夏、殷、周者，有天下之大號。夏者，大也，明當守持大道；殷者，中也，明當爲中和之道也。」

〔一〕「越組録」：四庫本作「越紐録」，是也。此即越絶書。論衡案書篇「君高之越紐録」，楊慎即據此以「越絶書」本當作「越紐録」，而惠棟從之。此處所引二段皆見今越絶外傳枕中第十六。

周書度訓曰：「和非中不立，中非禮不慎。禮非樂不履。」

法言先知篇曰：「立政鼓衆，動化天下，莫尚於中和。」

又曰：「甄陶天下者，其在和乎。剛則甈，柔則坯。註云：「甈，燥也。坯，慢也。言失和也。」龍之潛亢，不獲其中矣，是以過中則惕，不及中則躍，上躍居五。其近於中乎。進德修業，故近於中。聖人之道，辟猶日之中矣。不及則未，過則昃。」〔一〕

易氣從下生缺

卦无先天

荀子成相曰：「文、武之道同伏羲。」

序卦曰：「有天地，然後萬物生焉。」干寶註云：「物有先天地而生者矣。今正取始於天地，天地之先，聖人弗之論也，故其所法象必自天地而還。老子曰：『有物混成，先

〔一〕此條重出。見於前「中和」例下。

天地生，吾不知其名，强字之曰道。』上繫曰：『法象莫大乎天地。』莊子曰：『六合之外，聖人存而不論。』春秋穀梁傳曰：『不求知所不可知者，智也。』而令後世浮華之學强支離道義之門，求入虛誕之域，以傷政害民。豈非讒説殄行，大舜之所疾者乎。」〔一〕

干令升此註，若豫知後世有陳摶、种放、穆修、李之才、邵雍諸人造先天圖以亂聖經者，而諄諄言之如此。其衛道也深矣。即此一節註，便當從祀文廟。

古有聖人之德，然後居天子之位即二升坤五義

乾九二曰：「見龍在田，利見大人。」述曰：「臨，坤爲田。大人，謂天子。陽始觸陰，當升坤五爲天子，故曰『見龍在田，利見大人』。」文言曰：「君子學以聚之，問以辯之，寬以居之，仁以行之。易曰：『見龍在田，利見大人，君德也。』」述曰：「德成而上，故曰君德。」疏云：「二德成而升坤五，故云德成而上。謂德已成而居坤位，故云君

〔一〕引干寶此條，又見前「天地之始」例。亦宜並作一處。

德也。」

漢書蓋寬饒傳：「寬饒奏封事，引韓氏易傳言：『五帝官天下，三王家天下。家以傳子，官以傳賢。若四時之運，功成者去。不得其人，不居其位。』」

漢書藝文志：「易家，韓氏二篇，名嬰。」伏羲作易，分布六爻，以五為君位，陰爲虛，陽爲實。故用九之義，乾之九二當升坤五，以坤虛無君，九二有君德，故升坤五。坤爲田，五爲大人。經云：「見龍在田，利見大人。」二中而不正，升中正之位，故文言曰：「龍德而正中者也。」「不得其人，不居其位」，謂六居五失位當降也。此論易爻升降之理如是。非三代之法，故自夏禹受舜禪而傳子啟，大人世及以為禮矣。寬饒不揆時義，動以五帝之法相繩，故太子庶子王生以寬饒欲以太古久遠之事匡拂天子，宜其爲文吏所詆挫也。

禮運孔子曰：「大道之行也，天下爲公。選賢與能，講信修睦。鄭註：「公，猶共也。禪位授聖不家之。睦，親也。」故人不獨親其親，不獨子其子。是故謀閉而不興，盜竊亂賊而不作。故外户而不閉，是謂大同。今大道既隱，天下爲家。鄭註：「傳位於子。」案大道既隱，謂伏羲作易之大道不行也。各親其親，各子其子，貨力爲己。大人世及以爲禮，城郭溝池以爲固。故謀用是作，而兵由此起。禹、湯、文、武、成王、周公，由此其選也。」

孟子曰：「天下有道，小德役大德，小賢役大賢。」趙岐註云：「有道之世，小德小賢樂爲大德大賢役，服於賢德也。」陽大陰小，陽升陰降，故陰爲陽役。

墨子公孟子曰：「昔者聖王之列也，上聖立爲天子，其次立爲公卿大夫。」公孟子即公明子，孔子之徒。

文選四十七引墨子曰：「古者同天之義，是故選擇賢者立爲天子。天子以其知力爲未足獨治天下，是以選擇其次，立爲三公。」

周書殷祝曰：「湯放桀而歸於亳，三千諸侯大會。湯退再拜，從諸侯之位。湯曰：『此天子位，有道者可以處之。』孔晁註：「讓諸侯之有道者。」天子非一家之有也，有道者之有也。故天下者唯有道者理之，唯有道者紀之，唯有道者宜久處之。久居天子之位。湯以此讓。三千諸侯莫敢即位，三千諸侯勸之也。然後湯即天子之位。與諸侯誓曰：『陰勝陽，即謂之變，而天弗施；逆天道，故不施。雌勝雄，即謂之亂，而人弗行；雌勝雄，女凌男之異，逆人道，故不行焉。故諸侯之治政，在諸侯之大夫治於從。』言下必順上。」

湯即位，君臣之道立，故舉陰陽雌雄之理以明之，即易之大道也。

中庸子曰：「雖有其位，苟無其德，不敢作禮樂焉。雖有其德，苟無其位，亦不敢作禮樂焉。」鄭註云：「言作禮樂者必聖人在天子之位。」以易言之，六居五是有位而無德，猶當時之周王也；九居二是有德而無位，猶孔子也。乾二居坤五，是聖人在天子之位也，猶文武也。故孔子曰：「吾學周禮，今用之，吾從周。」

緯書所論多周秦舊法不可盡廢缺

中正

荀子宥坐篇曰：「孔子觀於魯桓公之廟，有欹器焉。孔子問於守廟者曰：『此何爲器？』守廟者曰：『此蓋爲宥坐之器。』孔子曰：『吾聞宥坐之器者，虛則欹，中則正，滿則覆。』孔子顧謂弟子曰：『注水焉。』弟子挹水而注之，中而正，滿而覆，虛而欹。孔子喟然而嘆曰：『吁，惡有滿而不覆者哉。』」

時

戰國策曰：「秦客卿造曰：聖人不能爲時，時至弗失。」

中缺

升降升降即上下也

呂覽五月紀曰：「太一出兩儀，兩儀出陰陽。兩儀，天地也。出，生也。陰陽變化，一上一下，合而成章。章，猶形。渾渾沌沌，離則復合，合則復離。渾，讀如衮冕之衮。沌，讀近屯。離散合會。是謂天常。天之常道。」〔二〕

〔二〕此條重出，見前「太極生次」例。

尚書大傳曰：「書曰：『三歲考績，三考黜陟幽明。』其訓曰：『積不善至於幽，六極以類降，故黜之；積善至于明，五福以類升，故陟之。』」揚子太玄曰：「陽推五福以類升，陰幽六極以類降。升降相關，大貞乃通。」案陽升陰降，陰陽得位相應，大亨以正，天之道也。故云「大貞乃通」，猶經言「元亨利貞」也。

「大衍之數五十」一章，即伏羲作八卦之事，後人用之作卜筮即依此法缺

左傳「之卦」說缺

承乘缺

應缺

當位不當位附應

易重當位，其次重應，而例見于既、未濟彖辭。既濟彖曰：「利貞，剛柔正而位當也。」此言當位也。未濟彖曰：「雖不當位，剛柔應也。」此言應也。未濟六爻皆不當位，而皆應，易猶稱之；則易于當位之外，其次重應，明矣。六十四卦，言「當位」者十三卦：履九五，否九五，臨六四，噬嗑六五，賁六四，遯二五〔二〕，蹇彖及六四，巽九五「位正中」，兑九五，涣九五「正位」，節九五「居位中也」，中孚九五，既濟。言「不當位」者二十二卦：需上六降三，師六三見五象〔三〕，履六三，否六三，豫六三，臨六三，噬嗑象及六三，大壯六五，晉九四，睽六三，解九四，夬九四，萃九四，困九四、六三，見上象，震六三，歸妹彖、六三，豐九四，旅九四「未得位」，兑六三，中孚六三，小過彖「剛失位」及九四，未濟彖及六三。言「應」者十七卦，蒙二五，師二五，比，小畜，履，同人二五，大有，豫，臨二五，无妄二五，咸，恒，遯二五，睽二五，革二五，鼎二五，

〔二〕「二五」兩字，四庫本亦同。據此處稱舉之例，凡彖中有「正當」、「當位」者，直接出卦名，某爻象傳中有「位正當」、「當位」之語者，出爻名；而遯卦彖傳曰「剛當位而應」，其二、五爻象傳但曰「固志也」、「正志也」，是不應舉爻，宜刪「二五」兩字。

〔三〕師六三不當位，而言其「不當位」者，見六五象傳。下文「困九四、六三，見上象」放此。

中孚。〔一〕而皆于彖辭發之〔二〕。

世應附游歸〔三〕

京房易積算法曰：「孔子易云有四易：一世二世爲地易，三世四世爲人易，五世八純八純，俗本作六世，訛。爲天易，游魂歸魂爲鬼易。」

易乾鑿度曰：「三畫成乾，六畫成卦。三畫以下爲地，四畫已上爲天。易氣從下生。動於地之下，則應於天之下；動於地之中，則應於天之中；動於地之上，則應於天之上。注云：天氣下降以感地，故地氣動升以應天也。初以四，二以五，三以上，此之謂應。」

又云：「天地之氣必有終始。六位之設，皆由上下，故易始於一，易本無體，氣變而爲一，故氣從

〔一〕此處小注，與上兩處不同。此處凡稱二五者，謂二五相應，如蒙卦六二、九五相應。不稱二五者，或一爻應五爻，如比卦五陰與一陽相應；或上下兩體相應，如咸卦初二三與四五上各自相應。

〔二〕言「應」之十七卦，不在小象傳中發之，而在彖傳中言明。

〔三〕自此以下，世應、游歸，及下卷飛伏、貴賤、爻等、貞悔諸例，皆録自易漢學之京君明易部分。

下生也。分於二，清濁分於二儀。通於三，陰陽氣交，人生其中，故爲三才。□於四，□□□□□□□□。〔一〕盛於五，二壯於地，五壯於天，故爲盛也。終於上。」

左傳昭五年正義曰：「卦有六位，初、三、五奇數，爲陽位也；二、四、上耦數，爲陰位也。初與四，二與五，三與上，位相值爲相應。陽之所求者陰，陰之所求者陽。陽陰相值爲有應，陰還值陰，陽還值陽爲無應。」

干寶易蒙卦注曰：「蒙者，離宫，陰也。世在四。」

謙彖曰：「謙亨。」九家易曰：「艮山，坤地。山至高，地至卑。以至高下至卑，故謙也。謙者，兑世，五世。艮與兑合，故亨。」

噬嗑初九「屨校滅趾」，干寶曰：「屨校，貫械也。初居剛躁之家，震爲躁卦。體貪狼之性，坎爲貪狼，震爲陰賊。二者相得而行，故云。以震掩巽，巽五世，故掩巽。强暴之男也。行侵陵之罪，以陷屨校之刑也。」

恒彖曰：「恒亨无咎，利貞，久于其道也。」荀爽曰：「恒，震世也。巽來乘之，震三世下

〔一〕此處底本白匡，四庫本著兩「缺」字。

體成巽。陰陽會合，故通无咎。長男在上，長女在下，夫婦道正，故『利貞，久于其道也』。」

解象曰：「天地解而雷雨作，雷雨作而百果草木皆甲宅〔二〕。」荀爽曰：「解者，震世也。二世。仲春之月，草木萌芽，雷以動之，雨以潤之，日以烜之，故甲宅也。」

益六三〔三〕曰：「王用亨于帝吉。」干寶曰：「聖王先成民而後致力于神，故王用亨于帝。在巽之宮，三世。處震之象，是則倉精之帝同始祖矣。」

井卦曰：「改邑不改井。」干寶曰：「水，殷德也；木，周德。夫井，德之地也，所以養民性命而清潔之主者也。自震化行，至于五世，震五世井。改殷紂比屋之亂俗，而不易成湯昭假之法度也。故曰『改邑不改井』。」

豐：「亨。王假之，勿憂宜日中。」干寶曰：「豐，坎宮陰，世在五，以其宜中而憂其側也。坎爲夜，離爲晝，以離變坎，至於天位，五爲天子。日中之象。殷水德，坎象，晝敗而離居之，周伐殷居王位之象也。勿憂者，勸勉之言也。言周德當天人之心，宜居王位，

〔二〕　此段兩「宅」字，四庫本作「拆」。
〔三〕　「三」：四庫本同，誤。按經訓堂本易漢學亦同，惟復旦大學圖書館藏鈔本易漢學作「二」不誤。

故宜日中。」
下繫曰：「上古結繩而治，後世聖人易之以書契，百官以治，萬民以察，蓋取諸夬。」
九家易曰：「夬本坤世五世，下有伏坤，書之象也坤爲文。上又見乾，契之象也乾爲金。以乾照
坤，察之象也。夬者決也，取百官以書治職，萬民以契明其事。契，刻也。大壯進而成夬
大壯，坤四世，陽進成夬，金決竹木，爲書契象。故法夬而作書契矣。」
劉禹錫辨易九六論曰：「董生述畢中和之語云：『國語：「晋公子親筮之，曰：尚
有晋國。得貞屯悔豫皆八。」按坎二世而爲屯，屯六二爲世爻；震一世而爲豫，豫之初爲
世爻。屯之二，豫之初，皆少陰不變，故謂之八。』」兩卦至歸魂，始變爲九。
京房乾傳曰：「精粹氣純，是爲游魂。」陸績曰：「爲陰極剥盡，陽道不可盡滅，故
返陽道。道不復本位，爲游魂。例八卦。」
先曾王父樸庵先生易説諱有聲，字律和曰：「碩果不食，故有游歸。」
又曰：「陰陽代謝，至于游魂。繫云：『精氣爲物，游魂爲變，是故知鬼神之情
狀。』」樸庵先生曰：「此易緯以游歸爲鬼易也。」

乾象曰：「大明終始。」荀爽曰：「乾起坎而終於離，坤起離而終於坎，離坎者，乾坤之家而陰陽之府，故曰大明終始。」

家君曰：「乾游魂於火地，歸魂於火天，故曰終於離。坤游魂於水天，歸魂於水地，故曰終於坎。」

干寶序卦注曰：「需，坤之游魂也。雲升在天，而雨未降，翺翔東西之象也。王事未至，飲宴之日也。夫坤者，地也，婦人之職也。百穀果蓏之所生，禽獸魚鼈之所托也。而在游魂，變化之象，即烹爨腥實以爲和味者也。故曰需者飲食之道也。」

又訟卦注曰：「訟，離之游魂也。離爲戈兵。此天氣將刑殺訟主八月，聖人將用師之卦也。」

隨象曰：「隨剛來而下柔，動而説，隨。大亨貞无咎。」荀爽曰：「隨者震之歸魂。震歸從巽，故大通。震三世下體成巽，至歸魂始復本體。動爻得正，故利貞。陽降陰升，嫌於有咎，動而得正，故无咎。」

蠱象曰：「蠱元亨而天下治也。」荀爽曰：「蠱者，巽也。巽歸合震巽三世至游魂皆震也，故元亨也。蠱者事也，備物致用，故天下治也。」

姤彖曰：「天地相遇，品物咸章也。」荀爽曰：「謂乾成於巽而舍於離，坤出於離，與乾相遇南方夏位，萬物章明也。」九家易曰：「謂陽起子，運行至四月，六爻成乾，巽位在巳，故言乾成于巽。既成，轉舍于離，坤萬物皆盛大，從離出，與乾相遇，故言天地遇也。」

家君曰：「乾一世外卦、四世內卦，皆巽也，故言『乾成于巽』；游魂于火地晉，故言『舍於離』。坤歸魂於火天大有，故言『出於離，與乾相遇』。又案巽本宮四月卦也，一世外卦、四世內卦皆乾也，知巽亦成於乾。」

易例下

飛伏

朱子發曰：「凡卦見者爲飛，不見者爲伏。飛，方來也；伏，既往也。説卦『巽其究爲躁卦』，例飛伏也。太史公律書曰：『冬至一陰下藏，一陽上舒』，此論復卦初爻之伏巽也。」六十卦飛伏，詳京房易傳。

唐六典曰：「凡易用四十九算，分而揲之，凡十八變而成卦，又視卦之八氣王相休囚死□〔一〕没休廢，及飛伏、世應而使焉。」

〔一〕底本缺一字，四庫本作「衰」。

京房易傳曰：「夏至起純陽，陽爻位伏藏。冬至陽爻動，陰氣凝地。」

乾初九：「潛龍勿用。」象曰：「潛龍勿用，陽在下也。」朱子發曰：「左傳蔡墨曰：『在乾之姤，曰潛龍勿用。』初九卦〔二〕坤，下有伏震，潛龍也。」此與漢易異。

坤上六：「龍戰于野。」荀爽曰：「消息之位，坤在於亥，下有伏乾，爲其兼王弼改作嫌于陽，故稱龍也。」

睽象曰：「說而麗乎明，柔進而上行，得中而應乎剛。」仲翔曰：「剛謂應乾五伏陽，非應二也。與鼎五同義也。」

鼎象曰：「柔進而上行，得中而應乎剛，是以元亨。」仲翔曰：「柔謂五。得上中，應乾五剛，亦是伏陽。巽爲進，震爲行，非謂應二剛。與睽五同義也。」

坤文言曰：「易曰『履霜堅冰』，至蓋言順也。」荀爽曰：「霜者乾之命令，坤下有伏乾，履霜堅冰，蓋言順也。乾氣加之，性而讀爲能，猶耐也堅，象臣順君命而成之。」

〔二〕「卦」：四庫本同，誤。據易漢學及漢上易傳原文，當作「變」。

又曰：「陰雖有美含之以從王事，弗敢成也。」荀爽曰：「六三陽位，不〔二〕有伏陽。坤，陰卦也。雖有伏陽含藏，不顯以從王事，要待乾命，不敢自成也。」困象曰：「君子以致命遂志。」虞仲翔曰：「君子謂三，伏陽也。」案六三戊午火，故云伏陽。

繫辭上曰：「樂天知命，故不憂。」荀爽曰：「坤建于亥，乾立于巳，陰陽孤絶，其法宜憂。坤下有伏乾爲樂天，乾下有伏巽爲知命巽爲命。陰陽合居，故不憂。」繫辭下曰：「龍蛇之蟄，以全身也。」仲翔曰：「蟄，潛藏也。龍潛而蛇藏。陰息初巽爲蛇，陽息初震爲龍。十月坤成，十一月復生。始〔三〕巽在下，龍蛇俱蟄，初坤爲身，故以全身也。」

又云：「利用安身，以崇德也。」九家易曰：「利用，陰道用也，謂姤時也。陰升上究，則乾伏坤中，屈以求信。陽當復升，安身默處也。」

〔二〕「不」：四庫本同，非是。易漢學作「下」，是也。
〔三〕「始」：四庫本同，非是。易漢學作「姤」，是也。

貴賤

乾鑿度曰：「初爲元士，在位卑下。二爲大夫，三爲三公，四爲諸侯，五爲天子，上爲宗廟。宗廟，人道之終也。凡此六者，陰陽所以進退，君臣所以升降，萬民所以爲象則也。」

坤六三「或從王事」，干寶曰：「陽降在四自否來，三公位也。陰升在三，三公事也。」

訟上九「或錫之鞶帶」，荀爽曰：「鞶帶，宗廟之服。三應於上，上爲宗廟，故曰鞶帶也。」

師上六：「大君有命，開國承家。」干寶曰：「離上九曰『王用出征，有嘉折首』。上六爲宗廟，武王以文王行，故正開國之辭於宗廟之爻，明己之受命、文王之德也。」

解上六「公用射隼」，仲翔曰：「上應在三。公謂三、伏陽也。」

損象曰：「曷之用，二簋可用享。」荀爽曰：「二簋，謂上體二陰也。上爲宗廟。簋者，宗廟之器，故可享獻也。」

益六三「有孚中行，告公用圭」，仲翔曰：「公謂三、伏陽也。三公位乾爲圭。圭，玉也。乾爲玉。乾之二，故告公用圭。卦自否來，故稱乾。」

巽上九「巽在牀下」，九家易曰：「上爲宗廟。禮，封賞、出軍皆先告廟，然後受行。三軍之命，將之所專，故曰巽在牀下也。」

繫辭下曰：「二與四同功而異位。」崔憬曰：「二主士大夫位，佐於一國；四主三孤、三公，牧伯之位，佐於天子。皆同有助理之功也。二，士大夫，位卑；四，孤公牧伯，位尊。故有異也。」

又云：「三與五同功而異位。」崔憬曰：「三，諸侯之位；五，天子之位。同有理人之功，而君臣之位異者也。」

爻等

繫辭下曰：「爻有等，故曰物。」干寶曰：「等，群也。爻中之義，群物交集，五星四氣，六親九族，福德刑殺，衆形萬類，皆來發於爻，故總謂之物也。」

京房乾卦傳曰：「水配位爲福德，陸績曰：甲子水是乾之子孫。木入金鄉居寶貝，甲寅木，乾之財。土臨内象爲父母，甲辰土，乾父母。火來四上嫌相敵，壬午火，乾官鬼。金入金鄉木漸微。壬申金，同位傷木。」

京房易積算法曰：「孔子曰：八卦鬼爲繫爻，財爲制爻，天地爲義爻，陸績曰：天地即父母也。福德爲寶爻，福德即子孫也。同氣爲魯〔二〕爻。兄弟爻也。」

抱朴子引靈寶經周秦時書謂：「支干，上生下曰寶日，原注：甲午、乙巳是也。下生上曰義日，壬申、癸酉是也。上克下曰制日，戊子、己亥是也。下克上曰伐日，甲申、乙酉是也。上下同曰專日。」又云：「入山，當以保日及義日。若專日者大吉。以制日、伐日必死。」

淮南天文曰：「子生母曰義，母生子曰保與寶通，子母相得曰專，母勝子曰制，子勝母曰困困即繫也。以勝擊殺，勝而無報；以專從事而有功；以義行理，名立而不墮；以保畜養，萬物蕃昌；以困舉事，破滅死亡。」淮南之說與京房及靈寶經合，

〔二〕「魯」：四庫本同，非是。易漢學作「專」，是也。

蓋周秦以來相傳之法，九師言易，安知不用是為占歟。」師法用辰不用日，故京易止據辰也。

參同契曰：「水以土爲鬼。」

今占法：水以土爲官，以火爲妻。按左傳曰：「火，水妃也。」蓋從所勝者名之，故鄭康成注尚書鴻範曰：「木八爲金九妻也。」

比六三「比之匪人」，象曰：「比之匪人，不亦傷乎？」干寶曰：「六三乙卯，坤之鬼吏。在比之家，有土之君也。周爲木德，卯爲木辰，同姓之國也。爻失其位，辰體陰賊，卯木以陰氣賊害土，故爲陰賊。管、蔡之象也。比建萬國，唯去此人，故曰：比之匪人，不亦傷王政也。」

小畜九五象曰：「有孚攣如，不獨富也。」九家易曰：「有信，下三爻也。體巽，故攣如。如，謂連接其隣。隣，謂四也。五以四陰作財，卦體木，六四辛未土，乃制爻也，故爲財。與下三陽共之，故曰不獨富也。」

隨初九：「官有渝，此易經官爻之明文。貞吉，出門交有功。」九家易曰：「渝變也，謂陽來居初，德正爲震，震爲子，得土之位，故曰官也。陰陽出門，相與交通，陰往之上，亦不失正，故曰貞吉而交有功。」

先儒皆以隨爲否上之初、初柔升上，是乾之上九居坤初爲震，坤之初六升乾上而爲兑也。震初庚子水，得坤初乙未土之位，故曰官有渝。水以土爲官鬼，官鬼變，則吉也。上本陰位，故陰往之上，亦不失正。

漢書王莽傳曰：「太后聽公卿采莽女，有詔遣大司徒、大司空策告宗廟，雜加卜筮，皆曰：『兆遇金水王相，服虔曰：「卜法横者爲土，立者爲木，邪向經者爲金，背經者爲火，因兆而細曲者爲水。」孟康曰：「金水相生也。」卦遇父母得位，父母者，京房所謂天地爻也。皇后母天下，父母得位，故吉。所謂康强之占，逢吉之符也。』」

貞悔

尚書鴻範曰：「曰貞，曰悔。」又云：「卜五，占用句，二衍忒句。」鄭氏曰：「二衍忒，謂貞悔也。」

左傳僖九年曰：「秦伯伐晉，卜徒父筮之，其卦遇蠱。曰：『蠱之貞，風也；其悔，山也。』」

晉語曰：「公子親筮之，曰：『尚有晉國。』得貞屯悔豫皆八。」韋昭曰：「震在屯爲貞，在豫爲悔。」

京房易傳曰：「靜爲悔，發爲貞。」

唐六典曰：「凡内卦爲貞，朝占用之；外卦爲悔，暮占用之。」

胡氏炳文曰：「乾上九外卦之終，曰有悔。坤六三内卦之終，曰可貞。貞悔二字，豈非發諸卦之凡例歟？」

消息〔一〕

剥彖傳曰：「君子尚消息盈虚，天行也。」

〔一〕此下消息、四正、十二消息三例，皆過録易漢學卷一孟長卿易。

豐象傳曰：「日中則昃，月盈則食，天地盈虛，與時消息。」

臨象傳曰：「至於八月有凶，消不久也。」

左傳正義：「易曰：『伏羲作十言之教，曰乾坤震巽坎離艮兑消息。』」

繫辭上曰：「變化者，進退之象也。」荀爽曰：「春夏爲變，秋冬爲化。息卦爲進，消卦爲退也。」

説卦曰：「數往者順，知來者逆。」仲翔曰：「坤消，從午至亥上下，故順也。乾息，從子至巳，下上，故逆也。」

九家易注泰卦曰：「陽息而升，陰消而降。陽稱息者，長也。起復成巽，萬物盛長也。陰言息〔二〕者，起姤終乾，萬物成熟，熟則給用，給用則分散，故陰用持〔三〕言消也。」

易緯乾鑿度曰：「聖人因陰陽，起消息，立乾坤，以統天地。」又云：「消息卦，純者爲帝，不純者爲王。」

〔二〕「息」：四庫本此書，及易漢學皆作「消」，是也。

〔三〕「持」：四庫本此書，及易漢學皆作「特」，是也。

史記曆書太史公曰：「皇〔一〕帝考定星曆，建立五行，起消息。」注：「皇侃曰：乾者陽生爲息，坤者陰死爲消也。」

漢書京房上封事曰：「辛酉以來，少陰倍力而乘消息。」孟康曰：「房以消息卦爲辟。辟，君也。消卦曰太陰，息卦曰太陽，其餘卦曰少陰、少陽，爲臣下也。」

後漢書陳忠上疏曰：「頃季夏大暑而消息不協，寒氣錯時，水漏爲變，天之降異，必有其故。所舉有道之士，可策問國典所務、王事過差，令處煖氣不效之意，庶有讜言，以承天誡。」

四正

說卦曰：「震，東方也。離也者，南方之卦也。兑，正秋也。坎者，正北方之卦也。」

案：震離兑坎，陰陽各六爻。荀爽以為：「乾六爻皆陽，陽爻九，四九三十六，

〔一〕「皇」：四庫本此書，及經訓堂本、續經解本易漢學皆同，非是。惟復旦大學圖書館藏鈔本易漢學作「黄」，是也。

合四時。坤六爻皆陰，陰爻六，四六二十四，合二十四氣。」蓋四正者，乾坤之用。

翟玄注文言云：「乾坤有消息，從四正來也。」

繫辭上曰：「兩儀生四象。」仲翔曰：「四象，四時也。兩儀，謂乾坤也。乾二五之坤，成坎離震兑。震春，兑秋，坎冬，離夏。故兩儀生四象。」

孟氏章句曰：「坎離震兑，二十四氣，次主一爻。其初則二至二分也。坎以陰包陽，故自北正，微陽動於下，升而未達。極於二月，凝涸之氣消，坎運終焉。春分出於震，始據萬物之元，爲主於内，則群陰化而從之。極於南正，而豐大之變窮，震功究焉。離以陽包陰，故自南正，微陰生於地下，積而未章。至於八月，文明之質衰，離運終焉。仲秋陰形於兑，始循萬物之末，爲主於内，群陽降而承之，極於北正，而天澤之施窮，兑功究焉。故陽七之静始於坎，陽九之動始於震，陰八之静始於離，陰六之動始於兑。故四象之變皆兼六爻，而中節之應備矣。」一行六卦議。

易緯是類謀曰：「冬至日在坎，春分日在震，夏至日在離，秋分日在兑。四正之卦，卦有六爻，爻主一氣。」

康成注通卦驗曰：「冬至坎始用事，而至〔一〕六氣，初六爻也，小寒於坎直九二，大寒於坎直六三，立春于坎直六四，雨水於坎直九五，驚蟄於坎直上六；春分於震直初九，清明於震直六二，穀雨於震直六三，立夏於震直九四，小滿於震直六五，芒種於震直上六，夏至於離直初九，小暑於離直六二，大暑於離直九三，立秋於離直九四，處暑於離直六五，白露於離直上九；秋分於兑直初九，寒露於兑直九二，霜降於兑直六三，立冬於兑直九四，小雪於兑直九五，大雪於兑直上六。」

孟康漢書注曰：「分卦直日之法，一爻主一日，六十四爲三百六十日，餘四卦震離兑坎爲方伯監司之官。所以用震離兑坎者，是二至二分用事之日，又是四時各專王之氣。各卦主時，其占法各以其日觀其善惡也。」

魏正光曆曰：「四正爲方伯。」薛瓚注漢書曰：「京房謂方伯卦，震兑坎離也。」京氏易傳曰：「方伯分威，厥妖馬生子亡。」

易緯乾鑿度曰：「四維正紀，經緯仲序，度畢矣。」康成云：「四維正四時之紀，則

〔一〕「至」：四庫本同，非是。易漢學作「主」，是也。

坎離爲經，震兑爲緯，此四正之卦，爲四仲之次序也。」

京氏易傳曰：「賦斂不理，兹謂禍，厥風絶經緯。四時不正也。」又云：「大經在辟而易臣，兹謂陰動。坎離爲經，位方伯，故云大經。辟，辟卦也。大經在辟，謂方伯擬君，易其臣道也。」又云：「大經摇政，兹謂不陰。不陰，不臣也。」

漢書魏相奏曰：「東方之卦不可以治西方，南方之卦不可以治北方。春興兑治則饑，秋興震治則華。冬興离治則泄，夏興坎治則雹。」

十二消息

易繫辭曰：「變通配四時。」仲翔曰：「變通趣時，謂十二月消息也。泰、大壯、夬配春，乾、姤、遯配夏，否、觀、剥配秋，坤、復、臨配冬。謂十二月消息相變通，而周於四時也。」

又云：「剛柔相推，變在其中矣。」仲翔曰：「謂十二消息，九六相變，剛柔相推而生變化，故變在其中矣。」

又曰：「往來不窮謂之通。」荀爽曰：「謂一冬一夏，陰陽相變易也。十二月消息陰陽往來無窮已，故通也。」

又曰：「寒往則暑來，暑往則寒來。」仲翔曰：「乾爲寒，坤爲暑，謂陰息陽消，從姤至復，故寒往暑來也。陰詘陽信，從復至泰，故暑往寒來也。」

又曰：「範圍天地之化而不過。」九家易曰：「範者，法也。圍者，周也。言乾坤消息，法周天地，而不過於十二辰也。辰，日月所會之宿，謂諏訾、降婁、大梁、實沈、鶉首、鶉火、鶉尾、壽星、大火、析木、星紀、玄枵之屬是也。諏訾以下，謂自寅至丑，自泰至臨也。」

干寶注乾六爻曰：「陽在初九，十一月之時，自復來也。初九甲子乾納甲，天正之位，而乾元所始也。陽在九二，十二月之時，自臨來也。陽在九三，正月之時，自泰來也。陽氣在四，二月之時，自大壯來也。陽在九五，三月之時，自夬來也。陽在上九，四月之時也四月於消息爲乾。」又注坤六爻曰：「陰氣在初，五月之時，自姤來也。陰氣在二，六月之時，自遯來也。陰氣在三，七月之時，自否來也。陰氣在四，八月之時，自觀來也。陰氣在五，九月之時，自剥來也。陰在上六，十月之時也十月於消息爲坤。」

康成注乾鑿度曰：「消息於雜卦爲尊，每月者譬一卦，而位屬焉，各有所繫。」案每月譬一卦者，如乾之初九屬復，坤之初六屬姤是也。臨、觀以下倣此。

春秋緯、樂緯曰：「夏以十三月爲正，息卦受泰，物之始，其色尚黑，以寅爲朔。殷以十二月爲正，息卦受臨，物之牙，其色尚白，以雞鳴爲朔。周以十一月爲正，息卦受復，其色尚赤，以夜半爲朔。」

此後漢陳寵所謂「三微成著，以通三統也」。康成謂：「十日爲微，一月爲著。三微成著，一爻也。三著成體，乃泰卦也。」

易緯乾鑿度曰：「孔子曰：復，表日角；臨，表龍顔；泰，表載與戴同干；大壯，表握訴，龍角大辰古脣字；夬，表升骨履文；姤，表耳參漏，足履王，知多權；遯，表日角連理；否，表二好文坤爲文，故好文；觀，表出準虎；剥，表重童與瞳同明曆元。」

案十二消息皆辟卦，故舉帝王之表以明之。

周易參同契曰：「朔旦爲復初九晦至朔旦震來受符，陽氣始通，出入无疾仲翔云：『謂出震成乾，入巽成坤。坎爲疾，十二消息不見坎象，故出入无疾。』，立表微剛。黃鐘建子，韋昭曰：『十一月黃鐘，乾初九也。』康成曰：『黃鐘，子之氣也，十一月建焉。』兆乃滋張〔一〕。播施柔暖，黎蒸得常。臨爐施條九二，開路正光。光耀漸近，日以益長。丑之大呂，康成曰：『大呂，丑之氣也。十二月建〔二〕。』結正低昂。仰以成泰九三，剛柔並隆，陰陽交接，小往大來，仲翔曰：『坤陰詘外爲小往，乾陽信内爲大來。』輻輳于寅，運而趣時。漸歷大壯九四，俠列卯門春分爲卯，卯爲開門；榆莢墮落，還歸本根二月榆落，魁臨于卯。翼奉風角曰『木落歸本』。刑德相負建緯卯，卯刑德並會，相見懽喜，晝夜始分。夫〔三〕陰以退，陽升而前。洗濯羽翮九五飛龍，振索宿塵。乾健盛明，廣被四隣。陽終於巳上巳，中而相干。姤始紀序初六，履霜最先。井底寒泉，巽初六與乾初九爲飛伏，乾爲冰也。午爲蕤賓，康成曰：『蕤賓，午之氣也。五月建焉。』賓服于陰，陰爲主人。遯去世位六二遯，乾二世，收斂其精，懷德俟時陸績曰『遯俟時也』，栖遲昧冥。否塞不通六三，萌者不生。陰伸陽屈，没陽姓名。觀其權量六四，察仲秋情。任畜微稚，老枯復榮。薺麥芽蘖，因冒以生。八月麥生，天罡據酉。詩緯推度灾曰：『陽本爲雄，陰本爲雌，物本爲魂。雄生八月仲節，號曰太初，行三節。』

〔一〕「張」：四庫本同，非是。易漢學作「長」，是也。
〔二〕易漢學「建」後有「焉」，是也。
〔三〕「夫」：四庫本同，非是。易漢學作「夬」，是也。

宋均注曰：『本即原也。變陰陽爲雌雄魂也。節猶氣也。太初者，氣之始也。必知生八月仲者，據此時麥薺生以爲驗也。陽生物行三節者，須雌俱行，物〔二〕也。』剥爛肢體，六五。雜卦曰：『剥，爛也。』初足，二辯，四膚。指間稱辯，辯上稱膚，皆屬肢體。消滅其形消艮入坤。化氣既竭秋冬爲化，亡失至神乾爲神。道窮則返，歸乎坤元坤元即乾元。」

月令孟春曰：「是月也，天氣下降，地氣上騰。」正義曰：「天地之氣，謂之陰陽，一年之中，或升或降。故聖人作象，各分爲六爻，以象十二月陽氣之升，從十一月爲始。至四月，六陽皆升，六陰皆伏。至五月，一陰初升。至十月，六陰盡升，六陽盡伏。今正月云『天氣下降，地氣上騰』者，陽氣五月之時，爲陰從下起，上嚮排陽。至十月之時，六陽退盡，皆伏於下。至十一月，陽之一爻始動地中。至十二月，陽漸升，陽向〔三〕微，未能生物之極。正月三陽既上，成爲乾卦，乾體在下；三陰爲坤，坤體在上。是陽氣五月初降，至正月爲天體而在坤下也。十一月一陽初生，而上排陰。至四月陰爻伏盡，六陽在上。五月一陰生，六月二陰生，陰氣尚微，成物未具。七月三陰生而成坤體，坤體在下；

〔二〕易漢學「物」後空一格，似有闕字。
〔三〕「向」：四庫本此書，及易漢學皆作「尚」，是也。

三陽爲乾，而體在上，所以十月云『地氣下降，天氣上騰』。劉洽、氾閣、皇侃之徒，既不審知其理，又不能定其旨趣，諠諠撓撓，亦無取焉。」

乾升坤降〔一〕

荀慈明論易，以陽在二者當上升坤五爲君，陰在五者當降居乾二爲臣。盖乾升坤爲坎，坤降乾爲離，既成〔三〕濟定，則六爻得位。繫辭所謂「上下無常，剛柔相易」，乾彖所謂「各正性命，保合太和利貞」之道也。坎爲性，離爲命。二者乾坤之游魂也。乾坤變化，坎離不動，各能還其本體，是各正之義也。此說得之京房。左傳史墨論魯昭公之失民，季氏之得民云：「在易卦，雷乘乾曰大壯，天之道。」言九二之大夫當升五爲君也。慈明之說，合于古之占法，故仲翔注易亦與之同。王弼泰六四注云：「乾樂上復，坤樂下復。」此亦升降之義，而弼不言升降。

〔一〕此例全部過録自易漢學之荀慈明易相關條例。
〔二〕「既成」：四庫本作「成既」，是也。易漢學亦作「成既」。

文言曰：「易曰見龍在田，利見大人，君德也。」仲翔曰：「陽始觸陰，當升五爲君。時舍於二，宜利天下。」

又曰：「水流濕，火就燥。」慈明曰：「陽動之坤而爲坎。坤者純陰，故曰濕。陰動之乾而成離，乾者純陽，故曰燥。」

又曰：「本乎天者親上，本乎地者親下。」慈明曰：「謂乾九二本出於乾，故曰『本乎天』；而居坤五，故曰『親上』。坤六五本出於坤，故曰『本乎地』；降居乾二，故曰『親下』也。」

又曰：「雲行雨施，天下平也。」慈明曰：「乾升于坤曰雲行，坤降于乾曰雨施。乾坤二卦成兩既濟，陰陽和均，而得其正。故曰天下平。慈明注「時乘六龍以御天」云：「御者行也，陽升陰降，天道行也。」」

又曰：「與天地合其德。」慈明曰：「與天合德，謂居五也。與地合德，謂居二也。」「與日月合其明。」慈明曰：「謂坤五之乾二成離，離爲日。乾二之坤五爲坎，坎爲月。」

坤象曰：「含弘光大，品物咸亨。」慈明曰：「乾二居坤五爲含，坤五居乾二爲弘。坤初居乾四爲光，乾四居坤初爲大。乾上居坤三亦爲含，故六三含章可貞。坤三居乾上。亦成兩既濟也。天地交萬物生，故咸亨。」

師象曰：「能以衆正，可以王矣。」慈明曰：「謂二有中和之德，而據群陰，上居五位，可以王也。」

六四「師左次无咎。」慈明曰：「左，謂二也。陽稱左。次，舍也。二與四同功，四承五，五无陽，故呼二舍於五。四得承之，故无咎。」

上六：「大君有命，開國承家。」承，讀如墨子引書「承以大夫師長」之承。慈明曰：「大君謂二。師旅已息，既上居五，當封賞有功，立國命家也。」〔一〕宋衷曰：「陽當之五，處坤之中，故曰開國。陰下之二，在二承五，故曰承家。」

泰九二：「朋亡得尚于中行。」慈明曰：「朋謂坤。朋亡而下則二得上居五而行中和矣。」

〔一〕以下「宋衷曰」云云，實爲解釋上文，蓋稿本空一格，而底本似誤以爲當另起一段也。

臨九二象曰：「咸臨吉無〔二〕不利，未順命也。」慈明曰：「陽感至二當升居五。群陰相承，故無不利也。陽當居五，陰當順從，今尚在二，故曰未順命也。」

升象曰：「巽而順，剛中而應，是以大亨。用見大人勿恤，有慶也。」慈明曰：「謂二以剛居中而來應五，故能大亨，上居尊位也。大人，天子，謂升居五。見爲大人，群陰有主，无所復憂而有慶也。」

九二象曰：「九二之孚，有喜也。」仲翔曰：「升五得位，故有喜。」

六五象曰：「貞吉升階，大得志也。」慈明曰：「陰正居中，爲陽作階，使居五；以〔三〕下降二，與陽相應，故吉而得志。」

繫辭上曰：「天下之理得，而易成位乎其中矣。」慈明曰：「陽位成于五，陰位成於二。五爲上中，二爲下中，故曰成位乎其中也。」

〔二〕「無」：四庫本同，然當作「无」。易漢學不誤。
〔三〕「以」：四庫本同，非是。易漢學作「已」，是也。

元亨利貞皆言既濟卦具四德者七：乾、坤、屯、隨、臨、无妄、革，皆言既濟。

乾：「元亨利貞。」述曰：「易有太極，是生兩儀，乾坤是也。元始，亨通，利和，貞正也。乾初爲道本，故曰元。六爻發揮，旁通于坤，故亨。乾二五之坤成坎，坤二五之乾成離。坎上離下，六爻位當，各正性命，保合太和，乃利貞。是利貞之義矣。既濟傳曰：『利貞，剛柔正而位當也。』」〔一〕此二篇卦爻辭之通例。

乾彖傳曰：「雲行雨施，品物流形。」虞註云：「已成既濟，上坎爲雲，下坎爲雨，故雲行雨施。下坎，謂互〔二〕。乾以雲雨流坤之形，萬物化成，故曰品物流形。」

乾文言曰：「時乘六龍以御天也，雲行雨施天下平也。」荀註云：「乾升於坤曰雲行，

〔一〕此段與周易述原文亦有出入。彼文作：「元，始；亨，通；利，和；貞，正也。乾初爲道本，故曰元。息至二，升坤五，乾坤交，故亨。乾六爻，二、四、上匪正；坤六爻，初、三、五匪正。乾道變化，各正性命，保合大和，乃利貞。傳曰：『利貞，剛柔正而位當也。』」

〔二〕「互」：四庫本作「五」，非是。

坤降于乾曰雨施。乾坤二卦成兩既濟，陰陽和均而得其正，故曰天下平。」

坤：「元亨，利牝馬之貞。君子有攸往。」述曰：「乾流坤形，坤凝乾元。終亥出子，品物咸亨，故元亨。坤爲牝，乾爲馬，陰順于陽，故利牝馬之貞。乾來據坤，故君子有攸往。」疏曰：「陽來據坤五、三、初之位，故君子有攸往也。」

屯：「元亨利貞。」述云：「坎二之初，六二乘剛，五爲上弇，故名屯。三變之正，故元亨利貞。」

屯象傳曰：「雷雨之動滿形。」虞註云：「震雷，坎雨。坤爲形也。謂三已反正成既濟，坎水流坤，故滿形。謂雷動雨施，品物流形也。」

隨：元亨利貞，无咎。述曰：「否上之初。二係初，三係四，上係五，陰隨陽，故名隨。三四易位成既濟，故元亨利貞无咎。」

臨：「元亨利貞。」述曰：「陽息至二，與遁旁通。臨者，大也，陽稱大。二陽升五，臨長群陰，故曰臨。三動成既濟，故元亨利貞。」

无妄：「元亨利貞，其匪正有眚，不利有攸往。」述曰：「遁上之初，妄讀爲望，言无所望也。四已之正成益，利用大作，三上易位成既濟，雲行雨施，品物流形，故元亨利貞。『其』，謂三。三失位，故匪正。上動成坎，故有眚。體屯難，故不利有攸往。災及邑人，天命不右，卦之所以爲无望〔二〕也。雜卦曰：『无妄，災也。』」

革：「巳日乃孚，元亨利貞悔亡。」虞註曰：「遁上之初，與蒙旁通。悔亡，謂四也。四失正，動得位，故悔亡。離爲日，孚謂坎。四動體離，五在坎中，故巳日乃孚。以成既濟，乾道變化，各正性命，保合太和，乃利貞，故元亨利貞悔亡矣。與乾彖同義。」彖傳曰：「文明以說，大亨以正。革而當，其悔乃亡。」虞註云：「文明，謂離。說，兑也。大亨，謂乾四動，成既濟定，故大亨以正。革而當位，故悔乃亡也。」

諸卦既濟

乾彖傳曰：「乾道變化，各正性命。保合太和，乃利貞。」

〔二〕「望」：四庫本作「妄」，非是。雅雨堂本周易述作「望」。

既濟：「亨小，利貞。」虞註云：「小，謂二也。柔得中，故亨小。六爻得位，各正性命，保合太和，故利貞矣。」虞註未濟云：「濟，成也。」

彖傳曰：「既濟亨，小者亨也。利貞，剛柔正而位當也。」

雜卦曰：「既濟定也。」虞註云：「濟成六爻，得位定也。」

賁彖傳曰：「觀乎人文以化成天下。」虞註云：「泰乾爲人，五、上動，體既濟。賁離象重明麗正，故以化成天下也。」

咸彖傳曰：「聖人感人心而天下和平。」虞註云：「乾爲聖人。初、四易位，成既濟。坎爲心、爲平。故聖人感人心而天下和平。此保合太和，品物流形也。」

恒彖傳曰：「聖人久於其道，而天下化成。」虞註云：「聖人謂乾。乾爲道。初、二已正，四、五復位，成既濟定。乾道變化，各正性命。有兩離象，重明麗正，故化成天下。」

家人上九象傳曰：「威如之吉，反身之謂也。」虞註云：「謂三動，坤爲身。上之三，成既濟定，故反身之謂。此家道正，正家而天下定矣。」

損、益言既濟。夬九二、漸九五言既濟。泰。升二升五。歸妹。豐。渙。

用九用六

乾象傳〔一〕曰：「元亨利貞。」坤象傳曰：「元亨利牝馬之貞。」此即用九、用六之義也。文言曰：「知進退存亡而不失其正者，其惟聖人乎。」此申用九、用六之義，所謂中庸也。中庸亦云：「惟聖者能之。」用九、用六，言用九六不失其正也。中庸，謂之用中。庸亦用也。易稱乾坤。乾不獨乾，坤不獨坤。故著用九、用六一條。乾用九兼坤，乾爲首，坤先迷，故「元〔二〕首吉」；坤用六兼乾，坤爲終，乾陽大，故「以大終」。

用九

史墨舉乾六爻曰：「其坤，『見群龍无首吉』。」俗儒謂乾變坤，非也。爻有九有

〔一〕「象傳」：四庫本同。按當作「彖」，作「象傳」非。下句「坤象傳」放此。
〔二〕「元」：四庫本同。按當作「无」。

六，凡稱九六者，陰陽之變。用九、用六，六十四卦皆然。皆言變，故乾用九稱「其坤」，則坤用六亦當云「其乾」也。「其坤」、「其乾」者，言乾坤六爻之變，非乾變坤，坤變乾也。自魏晋以來，諸儒皆不得解。六十四卦，三百八十四爻，皆稱九六，而不變者居半。其言不變，則見于卦爻之辭。

用九用六之法在乾坤二卦

周以前易書名象，皆占七八。至文王始用九、六，以變爲占，改名曰易也。乾鑿度曰：「陽以七，陰以八爲象。陽變七之九，陰變八之六。」鄭註云：「九六，爻之變動者。繫曰爻效天下之動也。然則連山、歸藏占象〔二〕，本其質性也；周易占變，效其流動也。」

繫下曰：「若夫雜物撰德，辨是與非，則非其中，句。爻不備。」虞註云：「乾六爻，二、四、上非正；坤六爻，初、三、五非正。故雜物，因而重之，爻在其中。故非其中，

〔二〕「象」：四庫本同。今乾鑿度鄭注作「彖」，據乾鑿度，七八爲象，作「象」是。

則爻辭不備。道有變動，故曰爻也。」

坤象傳曰：「含弘光大。」荀註曰：「乾二居坤五爲含，坤五居乾二爲弘。坤初居乾四爲光，乾四居坤初爲大也。」

乾九二：「見龍在田，利見大人。」荀註曰：「見者見居其位。田，謂坤也。二當升坤五，故曰見龍在田。大人，謂天子。」

九四：「或躍在淵，无咎。」荀註曰：「乾者君卦，四者陰位。故上躍居五者，欲下居坤初，求陽之正。地下稱淵也。」

上九：「忼龍有悔。」九家易曰：「忼極失位，當下之坤三。屈爲諸侯，故曰有悔者也。」

坤初六：「履霜，堅冰至。」九家易曰：「霜者乾之命也。堅冰者，陰功成也。謂坤初六之乾四，履乾命令，而成堅冰也。」

六三：「含章可貞。」述曰：「三下有伏陽，故含章。三失位當之三，故可貞。」

六五：「黄裳元吉。」述曰：「坤爲裳。黄，中之色。裳，下之飾。五當之乾二而居下中，故曰黄裳。」

甲子卦氣起中孚

老子道經曰：「窈兮冥兮，其中有精。河上註云：「道唯窈冥，無形其中。有精，實神明之相薄，陰陽交會也。」其精甚真，其中有信。」真猶誠也，誠猶信也。淮南解此經，引晉文公伐原，以爲「失信得原，吾弗爲也」。是精、真、信者，如易卦之中孚也。

淮南泰族曰：「天設日月，列星辰，調陰陽，張四時。日以暴之，夜以息之，風以乾之，雨露以濡之。其生物也莫見其所養而物長，其殺物也莫見其所喪而物亡。此之謂神明。神眇〔一〕萬物。聖人象之，故其起福也不見其所由而福起，其除禍也不見其所以而禍除。遠之則邇，延之則疏，稽之弗得，察之不虚。誠不可揜。日計無算，歲計有餘。夫濕之至也，莫見其形，而炭已重矣。風之至也，莫見其象，而木已動矣。日之行也，不見其移，騏驥倍日而馳，草木

〔一〕「眇」：按底本從耳旁，字書無此字，當是手民之誤。據九經古義，當作「眇」，從目旁。

爲之靡，縣燧未轉，而日在其前。故天之且風，草木未動而鳥已翔矣。鳥巢居知風。其且雨也，陰曀未集而魚已噞矣。魚潛居知雨。以陰陽之氣相動也，故寒暑燥濕以類相從，聲響疾徐以音相應也。故易曰：『鳴鶴在陰，其子和之。』中孚，微陽應卦，故鶴鳴子和。高宗諒闇，三年不言，四海之內，寂然無聲。一言聲然，大動天下。所謂言行動天地。是以天心呿唫者也。復見天心。故一動其本，而百枝皆應。本，謂初。甲子卦氣所起。若春雨之灌萬物也，渾然而流，沛然而施，無地而不澍，無物而不生。故聖人懷天心，聲然能動化天下者也。參同契曰：「故易統天心，復卦建始蒙。」聖人象之，故懷天心，聲然能動也。故精神感於內，形氣動於天，則景星見，黃龍下，祥鳳至，醴泉出，嘉穀生，河不滿溢，海不溶波。故詩云：『懷柔百神，及河嶠嶽』。乾元用九而天下治，既濟之效也。」

既濟〔一〕

莊子田子方曰：「孔子曰：『至陰肅肅，至陽赫赫。肅肅出乎天，赫赫發乎地。郭註：

〔一〕按此例當次于前「元亨利貞皆言既濟」、「諸卦既濟」兩例後。

言其交也。兩者交通，成和而物生焉。或爲之紀而莫見其形。』」

至陰，坤也；至陽，乾也。肅肅出乎天，坤之乾也；赫赫發乎地，乾通坤也。至陰至陽，乾坤合于一元也。元。兩者交通，亨也。亨。成和而物生，利也。利。六爻得正，貞也。貞。元亨利貞，既濟定也。或爲之紀而莫見其形，易也。故曰易无體。

剛柔

易道剛勝而柔危，故尚剛。道家則不然，乃曰：「剛强者死之徒。」此儒與道之别也。夫子曰：「吾未見剛者。」子路問強。聖門皆尚剛也。

天道尚剛

後漢丁鴻傳，鴻因日食上封事曰：「臣聞天不可以不剛，見董子繁露。不剛則三光不明；王不可以不强，不强則宰牧從横。」註云：「三光，日月星也。天道尚剛。易曰：『乾，健也。』天道終日乾乾，是其剛也。」

君道尚剛不尚柔缺

七八九六

蓍爲陽，故云七。卦爲陰，故云八。爻爲變，故稱九六。

天地之數止七八九六

天地之數五十有五，而天五爲虚者。土生數五，成數五，二五爲十，故有地十，則五爲虚也。虚者爲用，故一二三四得五爲六七八九，而水火木金具，土居其中。故易止有七八九六，而天地之數已備矣。

七八九六合之爲三十，而天地之數畢矣。

水火木金得土而成，故一二三四得五爲六七八九。

九六義七八附

古文易上下〔一〕，本無初九、初六，及用九、用六之文。故左傳昭二十九年蔡墨述周易，于乾初九則曰「乾之姤」，于用九則曰「其坤」。劉炫規過曰：「蔡墨此意，取易文耳，非揲蓍求卦。此本當言初九、九二，但以爻變成卦，即以彼卦名爻，其意不取于之適。所言『其同人』、『其大有』，猶引詩言『其二章』、『其三章』。」説者謂初九、初六皆漢人所加。然夫子十翼，于坤傳曰「六二之動」，大有傳曰「大有初九」，文言曰「乾元用九」，坤傳曰「用六永貞」。則初九、初六、用九、用六之名，夫子時已有之。當不始于漢也。其九、六之義，繫辭「天地之數五十有五」，有「天九地六」，九家易謂：「九，天數；六，地數。」「乾之策二百一十有六，坤之策百

〔一〕謂古文周易上下經。

四十有四」，皆以四九、四六積算，則爲乾九坤六。又二十〔二〕律本于易，十一月黄鐘，乾初九也，黄鐘爲天統，律長九寸六分；林鐘，坤初六也，林鐘爲地統，律長六寸，亦乾九、坤六。此九六之義也。其七爲少陽，八爲少陰，九爲老陽，六爲老陰之義，見于孔穎達之易乾卦正義，及賈公彦之周禮太卜疏，崔憬之周易新義。孔、賈、崔之説，本之陳諮議參軍張機。易乾卦正義所稱「張氏」，即機也。機之説，又本之鄭康成之易註。鄭易已亡，散見于五經正義及周禮、儀禮、公羊諸疏，與王厚齋之集註。集鄭氏易爲一卷，附玉海後。鄭註「易有四象」云：「布六于北方以象水，布八于東方以象木，布九于西方以象金，布七于南方以象火。」又註「精氣爲物，游魂爲變」云：「精氣，謂七八；游魂，謂九六。七八，木火之數；九六，金水之數。木火用事而物生，故曰『精氣爲物』；金水用事而物變，故曰『游魂爲變』。言木火之神生物東南，金水之鬼終物西北。」此上鄭註。若然，生物故謂之少，終物故謂之老。是老少之義也。合鄭、張、孔、賈、崔之説考之，七八九六實天地之全數耳。繫辭曰：「天一，地二，天

〔二〕「二十」：四庫本同，顯爲「十二」之倒乙。

三，地四，天五，地六，天七，地八，天九，地十。子曰：「夫易何爲者也？」據古易次第。虞仲翔註云：「問易何為取天地之數也。」下傳云：「是故蓍之德圓而神，卦之德方以知，六爻之義易以貢。」蓍圓而神，七也；七七四十九。卦方以知，八也；八八六十四。周禮太卜曰：「其經卦皆八，其別六十有四。」六爻易以貢，九六也。繫辭曰：「爻者言乎變者也。」又曰：「爻也者，效天下之動者也。」又曰：「道有變動，故曰爻。」故易三百八十四爻，皆稱九六。是天地之數，易之所取，止有七八九六，以爲蓍卦之德、六爻之義。至其用以筮，而遇卦之不變者則不曰七而曰八。蓋蓍圓而神，神以知來；卦方以知，知以藏往。知來爲卦之未成者，藏往爲卦之已成者。故不曰七而曰八。左傳襄九年，穆姜始往東宮而筮之，遇艮之八。晉語重耳歸國，董因筮之，得泰之八。八者，卦之數。故春秋內、外兩傳從無遇某卦之七者，以七者筮之數，卦之未成者也。據揲蓍之時，七八九六皆卦之未成者。既成之後，則七八爲彖，九六爲變。及舉卦名，則止稱八，不稱七。此古法也。必知七八九六爲天地之全數者，天地之數一曰水，二曰火，三曰木，四曰金，五曰土。一二三四得五爲六七八九。水火木金，行于四時。五五爲土，見太玄。二五爲十，是謂地十。居中央，王四方。故天地之數止有七八九六。七八十五，九六亦十五。

二者合爲一月之數。七八爲春夏，九六爲秋冬，四者合爲一歲之周。天六地五，日有六甲，辰有五子。五六三十，而天地之數畢。三統曆日〔一〕：「十一而天地之道畢。言終而復始。」十一，即五、六也。漢志：「五六，天地之中合。」亦謂天六地五。楊傑賦謂「天五地六」，非漢法也。故知七八九六，為天地之全數，而易之所用也。

兩象易

䷡大壯　䷘无妄

繫上曰：「上古穴居而野處，後世聖人易之以宮室，上棟下宇，以待風雨，蓋取諸大壯。」虞註云：「无妄兩象易也。无妄乾在上，故稱上古。艮爲穴居，乾爲野，巽爲處。无妄乾人在路，故穴居野處。震爲後世，爲聖人。後世聖人，謂黄帝也。艮爲宮室。變成

〔一〕「日」：四庫本同，非是。當作「曰」。

大壯，乾人入〔一〕宫，故易以宫室。艮爲待，巽爲風，兑爲雨，乾爲高，巽爲長。木反在上爲棟，震陽動起，故上棟下宇，謂屋邊也。兑澤動下，爲下宇。无妄之大壯，巽風不見，兑雨隔震，與乾體絶，故『上棟下宇，以待風雨，蓋取諸大壯也』。」

䷛大过 ䷼中孚

又曰：「古之葬者，厚衣之以薪，藏之中野。不封不樹，喪期无數。後世聖人易之以棺椁，蓋取諸大過。」虞註云：「中孚上下兩象易也。本無乾象，故不言上古。大過乾在中，故但言古者。巽爲薪，艮爲厚，乾爲衣、爲野。乾象在中，故『厚衣之以薪，藏之中野』。穿土稱封。封，古窆字也。聚土爲樹。中孚无坤、坎象，故『不封不樹』。坤爲喪期，謂從斬衰至緦麻，日月之期數。无離坎日月坤象，故『喪期无數』。巽爲木、爲入處，兑爲口，乾爲人。木而有口，乾人入處，棺斂之象。中孚艮爲山邱，巽木在裏，棺藏山陵，椁之象也。故取諸大過。」

〔一〕「入」：四庫本作「八」，非是。

䷪夬　䷉履

又曰：「上古結繩而治，後世聖人易之以書契。百官以治，萬民以察，蓋取諸夬。」虞註云：「履上下象易也。乾象在上，故復言上古。巽爲繩，離爲罔罟，乾爲治，故『結繩以治』。後世聖人，謂黄帝、堯、舜也。夬旁通剥，剥坤爲書，兑爲契，故『易之以書契』。乾爲百，剥艮爲官，坤爲衆，臣爲萬民、爲迷暗，乾爲治。夬反剥，以乾照坤，故『百官以治，萬民以察』，故『取諸夬』。大壯、大過、夬，此三蓋取，直兩象上下相易，故俱言易之。大壯本无妄，夬本履卦，乾象俱在上，故言『上古』。中孚本无乾象，大過乾不在上，故但言『古者』。大過亦言『後世聖人易之』，明上古時也。」

䷬萃　䷒臨

大畜：「利貞。」虞註云：「與萃旁通。此萃五之復二成臨，臨者大也，至上有頤養之象，故名大畜。」

案萃者，臨兩象易也。故萃五之復二成臨。虞註雜卦「大畜時也」：「大畜五之復二成臨，時舍坤二，故時也。」兩象易，故不言四之初。

䷏ 豫 ䷉ 履

小畜：「亨。」虞註云：「與豫旁通。豫四之坤初爲復，復小，陽潛，所畜者小，故曰小畜。」初九：「復自道，何其咎，吉。」虞註云：「謂從豫四之初成復卦，故『復自道』。『出入无疾，朋來无咎』，『何其咎吉』。乾稱道也。」

案豫者，復兩象易也，故豫四之坤初為復。小畜與豫旁通，而兼及兩象易者，漢法也。其本諸繫下。无妄、中孚、履與大畜倣此。

反卦 有卦之反，有爻之反。卦之反，反卦也；爻之反，旁通也。

王氏略例曰：「卦有反對。」

雜卦曰：「否泰反其類也。」虞註云：「否反成泰，泰反成否。故反其類。終日乾乾，反復之道。」否反泰，泰反否。

復象傳曰：「復亨。剛反，動而以順行。」虞註云：「剛從艮入，坤從反震，故曰反動。」艮反震。

觀卦曰：「觀，盥而不薦。」虞註云：「觀，反臨也。」觀反臨。

觀六二曰：「闚觀，利女貞。」虞註云：「臨兑爲女，兑女反成巽。」兑反巽。

明夷虞註云：「夷傷也。臨二之三，而反晋也。」

漸：「女歸吉。」虞註云：「女謂四。歸，嫁也。坤三之四承五。進得位，往有功。反成歸妹兑，『女歸吉』。」

繫上曰：「鼓之舞之以盡神。」荀註云：「鼓者動也，舞者行也。謂三百八十四爻，動行相反其卦，反卦之明文。所以盡易之藴。」六十四反卦。

案古无反卦之説，唯虞註觀、復、明夷、漸五條，乃真反卦也。其雜卦一條，及虞註同人、荀註繫辭二條，仍可通之於旁通耳。乾坤，否泰，旁通而兼及〔一〕卦者也。同人九五曰「同人，先號咷而後笑，大師克相遇。」虞註云：「同人反師。」此旁通，而云反者，亦乾坤否泰之例也。朱震周易叢説曰：「荀爽解中孚曰：『兩巽對合，外實中虚。』則古人取象有用反卦爲象者，於此可見。」

〔一〕「及」，四庫本同，顯爲「反」字之訛。

繫下曰：「重門擊檯，以待虣客，蓋取諸豫。」九家易曰：「下有艮象，從外示之。示與視同。震復爲艮，兩艮對合，重門之象也。」

又曰：「君子安其身而後動。」虞註云：「謂反損成益。」

虞註序卦云：「否反成泰，咸反成恒。」

序卦正義曰：「今驗六十四卦，二二相耦，非覆即變。覆者表裏視之，遂成兩卦，屯蒙、需訟、師比之類是也。變者反覆唯成一卦，則變以對之，乾坤、坎離、大過頤、中孚小過之類是也。」此條是宋人反對之說，非漢人反卦之謂。

反復不衰卦

乾象傳曰：「終日乾乾，反復道也。」述云：「反復合於乾道。」

頤卦曰：「頤，貞吉。」虞註云：「晉四之初。反復不衰，與乾、坤、坎、離、大過、小過、中孚同義。故不從臨、觀四陰二陽之例。」

繫上曰：「古之聰明睿知神武而不殺殺，讀爲衰者夫。」虞註云：「謂大人也。庖犧在乾五，動而之坤，與天地合聰明。在坎爲聰，在離爲明。神武，謂乾；睿知，謂坤。乾坤坎離反復不衰，故『而不衰者夫』。」

朱子語類曰：「『三十六宫都是春』，易中二十八卦，翻覆成五十六卦；惟有乾、坤、坎、離、大過、頤、小過、中孚八卦，反覆只是本卦。以二十八卦凑此八卦，故言三十六也。」

半象

虞註需卦曰：「大壯四之五。」九二：「需于沙，小有言。」虞註云：「大壯震爲言，四之五，震象半見，故小有言。」

又註需大象曰：「二失信，變，體噬嗑爲食，故『以飲食』。」二變，初爲半震。

又註訟六三曰：「乾爲舊德。食，謂〔一〕初、四、二已變之正，三動得位，體噬嗑食。四變食乾，故『食舊德』。」

註豫卦辭曰：「三至上體師象，故行師。」

註訟初六云：「初、四易位，成震言。三食舊德，震象半見。」

註小畜卦辭云：「需上變爲巽，上變爲陽，坎象半見，故密雲不雨。」

註晉上九曰：「動，體師象。」

註益六二曰：「三乾當作變〔二〕折坤牛，體噬嗑食，故『王用亨于帝』。」亦謂震半象。

說文谷字下云：「泉出通川爲谷。从水半見，出於口。」又片字下云：「判木也。从半木。」俎字下云：「从半肉在且上。」

大畜九三曰：「二已變，三體坎，二至五體師象。」謂坤半象。〔三〕

〔一〕「謂」：四庫本作「爲」，非也。周易集解作「謂」。

〔二〕按惠棟所校雅雨堂叢書本周易集解已改作「變」。

〔三〕按大畜此條當置於正文，頂格。

爻變受成法

家人上九曰：「有孚威如，終吉。」虞註云：「謂三已變，與上易位成坎，坎爲孚，故有孚。乾爲威如，自上之坤，故威如。易則得位，故終吉也。」象曰：「威如之吉，反身之謂也。」虞註云：「謂三動，三得正而動，與上易位，此受成法也。坤爲身。上之三，成既濟定，故『反身之謂』。此『家道正，正家而天下定矣』。」

漸初六曰：「鴻漸于干，小子厲，有言无咎。」虞註云：「艮爲小子。初失位，故厲。變得正。三動受上，成震，震爲言。故『小子厲，有言无咎』也。」

上九：「鴻漸于陸。」虞註云：「陸，謂三也。三坎爲平。變而成坤，故稱陸也。」

又曰：「其羽可用爲儀，吉。」虞註云：「謂三變受成既濟，與家人象同義。上之三得正，離爲鳥，故『其羽可用爲儀吉』。三動失位，坤爲亂。乾四止坤，象曰『不可亂』，象曰『進以正邦』，爲此又發也。三已得位，又變受上，權也。孔子曰：『可與適道，未可與權。』宜无性〔二〕焉。」

漸象傳曰「進以正，可以正邦也，其位剛得中也。」虞註云：「謂初已變，爲家人。四進已正，而上不正。三動成坤，爲邦。上來反三，故『進以正，可以正邦，其位剛得中』。與家人道正同義。三在外體之中，故稱『得中』。乾文言曰『中不在人』，謂三也。此可謂上變既濟定者也。」

諸卦旁通

乾文言曰：「六爻發揮，旁通情也。」陸績注云：「乾六爻發揮變動，旁通於坤。坤來入乾，以成六十四卦，故曰旁通情也。」旁通，如乾與坤，之〔三〕與鼎，蒙與革之類。

〔二〕「性」：四庫本同，非也。周易集解諸版本皆作「怪」。

〔三〕「之」：四庫本同，當爲「屯」字形訛。

旁通卦變

小畜：「亨。」虞註云：「與豫旁通。豫四之坤初爲復，復小，陽潛，所畜者小，故曰小畜。」初九：「復自道，何其咎，吉。」虞註云：「謂從豫四之初成復卦，故『復自道』。出入无疾，朋來无咎，『何其咎吉』。乾稱道也。」九二：「牽復，吉。」象曰：「牽復在中，亦不自失也。」虞註云：「變應五，故不自失。」九三：「車説輹。」虞註云：「豫坤爲車爲輹。至三成乾，坤象不見，故車説輹。」六四：「有孚血去惕出，无咎。」虞註云：「豫坎爲血爲惕。惕，憂也。震爲出。變成小畜，坎象不見，故『血去惕出』。得位承五，故无咎也。」

「履虎尾，不咥人，亨。」虞註云：「與謙旁通。以坤履乾，以柔履剛。謙坤爲虎，艮爲尾，乾爲人。乾兑乘謙，震足蹈艮，故『履虎尾』。兑悦而應，虎口與上絶，故『不咥人』。」象傳曰：「剛中正，履帝位而不疚，光明也。」虞注云：「剛中正，謂五。謙震爲帝。五，帝位。坎爲疾病。謙坎。乾爲大明。五履帝位，坎象不見，故『履帝位而不疚，光明也』。」象曰：「上天下澤，履。君子以辯上下，定民志。」虞注云：「乾天爲上，兑澤爲下。謙坤爲民，坎爲志。謙時坤在乾上，變而爲履，故『辯上下定民志』也。」

「大有，元亨。」虞註云：「與比旁通。」彖傳曰：「其德剛建而文明，應乎天而時行，是以元亨。」虞註云：「大有通比，初動成震，爲春。至二，兑爲秋。至三，離爲夏，坎爲冬。故曰時行。以乾亨坤，『是以元亨』。」初九：「无交害，匪咎。艱則无咎。」虞註云：「初動震爲交，比坤爲害。艱難，謂陽動比初，成屯。屯，難也。變得位，艱則无咎。」九二：「大輿〔一〕以載，有攸往，无咎。」虞註云：「比坤爲大車。乾來積上，故『大輿以載』。」比變成大有，故乾來積上。

〔一〕「輿」：四庫本作「車」。下句「大輿以載」之「輿」字仿此。

旁通相應

睽彖傳曰：「説而麗乎明，柔進而上行，得中而應乎剛。」虞註云：「剛，謂應乾。五伏陽，非應二也，與鼎五同義。」

鼎：「元吉，亨。」虞註云：「柔進上行，得中應乾五剛，故元吉亨也。」

又彖傳曰：「柔進而上行，得中而應乎剛，是以元亨。」虞註云：「柔謂五。得上中，應乾五剛。巽爲進，震爲行。非謂應二剛。與睽五同義也。」

震巽特變

説卦曰：「震爲雷，其究爲健、爲蕃鮮。」虞註云：「震巽相薄，變而至三，則下象究，與四成乾。」變至三則成巽，故下象究。二至四體乾，故與四成乾。故其究爲健、爲蕃鮮。鮮，白也。巽爲白。虞註巽九五云：「蕃，鮮白，謂巽也。」巽究爲躁卦。躁卦則震。震雷巽風无形，故卦特變耳。

又曰：「巽爲木、爲風，其究爲躁卦。」虞註云：「變至五，成噬嗑，爲市。動上成震。故其究爲躁卦。明震内體爲專，外體爲躁。」

下經恒六五云：「恒其德，婦人吉，夫子凶。」虞註云：「動正成乾，故『恒其德』。婦人，謂初。巽爲婦。終變成益，震四復初，婦得歸陽，從一而終，故『貞婦人吉』也。震，乾之子，而爲巽夫，故曰夫子。終變成益，震四從巽，死於坤中，故『夫子凶』也。」

恒與益旁通，諸卦旁通，則從旁通卦變。恒内震外巽之卦，故終變成益。

恒卦彖傳云：「利有攸往，終則有始也。」虞註云：「初利往之四，終變成益。終則有始，故利有攸往也。」

又云：「日月得天而能久照。」虞註云：「動初成乾爲天。至二離爲日，至三坎爲月。故日月得天而能久照也。」

又云：「四時變化而能久成。」虞註云：「春夏爲變，秋冬爲化。變至二離夏，至三兑秋，至四震春，至五坎冬。至〔一〕故四時變化而能久成。」

〔一〕「至」字，周易集解之胡本、毛本、雅雨本皆同，然似衍字，周本删。

上經小畜象云：「小畜，亨。」虞註云：「與豫旁通。豫四之坤初爲復，復小陽潛，所畜者小，故曰小畜。」

又初九：「復自道。」虞註云：「謂從豫四之初成復卦，故『復自道』。」

又九三：「車〔二〕説輹。」虞註云：「豫坤爲車、爲輹。至三成乾，坤象不見，故『車説輹』。」

豫象傳曰：「天地以順動，故日月不過而四時不忒。」虞註云：「豫變小畜，坤爲地。動初至三成乾，故天地以順動。過，謂失度。貳〔三〕，差迭也。謂變初至需，離爲日，坎爲月，皆得其正，故『日月不過』。動初時震爲春，至四兑爲秋，至五坎爲冬、離爲夏。四時爲正，故『四時不貳』。通變之謂事，蓋此之類。」

案小畜内象巽，豫内象震，震巽特變，小畜從旁通之例。豫終變成小畜，猶恒終變成益也。

〔二〕「車」：四庫本作「輿」，非是，蓋據通行本誤改。按作「車」乃惠棟故意校改，此處當遵從惠棟本意。本句下「車説輹」句放此。

〔三〕「貳」：四庫本作「忒」，是也。下「貳」字放此。

蠱彖云：「先甲三日，後甲三日。」虞註云：「謂初變成乾，大畜。乾爲甲。至三成離，賁。離爲日。謂乾三爻在前，故先甲三日，賁時也。變三、至四體離，噬嗑。至五成乾，无妄。乾三爻在後，故後甲三日，无妄時也。蠱體巽，五〔一〕震。」

下經巽九五云：「无初有終。先庚三日吉〔二〕，後庚三日。」虞註云：「震巽相薄，雷風无形。當變之震矣。巽究爲躁卦，故无初有終。震，庚也。謂變初至二成離，家人。至三成震，益。震主庚，離爲日。震三爻在前，故先庚三日，謂益時也；動四至五成離，噬嗑。終上成震，震爻在後，故後庚三日也。巽初失正，終變成震，得位，故吉。震究爲蕃鮮。白，謂巽也。巽究爲躁卦，躁卦謂震也。與蠱『先甲三日，後甲三日』同義。」

〔一〕「五」：四庫本同。然句意不可解，當作「互」。周易述注此卦曰：「虞以卦體巽，互震。」

〔二〕據周易本經，吉字當在「後庚三日」後。

君子爲陽大義

泰：「小往大來。」傳曰：「君子道長，小人道消。」否：「大往小來。」傳曰：「小人道長，君子道消。」則陽爲君子，陰爲小人，明矣。故坤卦辭：「君子有攸往。」君子，謂乾陽。

説卦方位即明堂方位缺

諸例

自内曰往，自外曰來。内卦爲主，外卦爲賓、爲客。陽謂君子，陰爲小人。初爲隐、乾初九「龍德而隐」，又曰「隐而未見」。爲潛、乾初九「潛龍」。爲微。繫下曰：「幾者動之微。」虞註云：「陽見初成震，故動之微。」易乾鑿度曰：「天道三微而成著。」謂一爻。爲幾、虞註繫辭曰：「幾謂初。」爲嘖、繫辭「探嘖索隐」，虞註云「嘖謂初」。爲始、爲深、爲足、爲趾、爲履、爲拇。　二爲大夫、乾鑿度。爲家、虞註。爲中和。　四爲三公、乾鑿度。爲心、爲疑。　五爲中和、太玄。爲天子、爲大君、爲大人。　上爲宗廟、乾鑿度。爲首、爲角、爲終。

六不居五。皆指乾五。

下爲先上爲後。　下爲内上爲外。

陽爲存陰爲亡。　陽爲吉陰爲凶。

陽爲吉、爲慶、爲喜、爲生、爲德、爲始、爲存。

陰爲凶、爲惡、爲殺、爲刑、爲終、爲亡。

初九、九五爲聖人；初六、六四、上六爲小人。

九三爲君子。　九二爲庸人。　九四爲惡人、爲庸人。　上九爲庸人。

六二、六四爲君子。

陽失位爲庸人，陰失位爲小人。

陰陽失正爲邪。

二五爲中和。

性命之理缺

君子　小人

乾鑿度曰：「一聖，復初九。二庸，臨九二。三君子，泰九三。四庸，大壯九四。五聖，夬九五。六庸，乾上九。七小人，姤初六。八君子，遯六二。九小人，否六三。十君子，觀六四。十一小人，剥六五。十二君子，坤上六。十三聖人，初九。十四庸人，九二。十五君子，九三。十六庸人，九四。十七聖人，九五。十八庸人，上九。十九小人，初六。二十君子，六二。二十一小人，六三。二十二君子，六四。二十三小人，六五。二十四君子，上六。二十五聖人，初九。二十六庸人，九二。二十七君子，九三。二十八庸人，九四。二十九聖人，九五。三十庸人，上九。三十一小人，初六。三十二君子，六二。三十三小人，六三。三十四君子，六四。三十五小人，六五。三十六君子，上六。三十七聖人，初九。三十八庸人，九二。三十九君子，九三。四十小人，當作庸人，謂九四。四十一聖人，九五。四十二庸人，上九。孔子曰：『極至德之世，不過此乾三十二世消，坤三十六世消。』鄭注云：「三十二君之率，陽得正爲聖人，失正爲庸人。陰失正爲小人，得正爲君子。」

陰得正爲君子，失正爲小人。九三亦爲君子。

泰彖傳曰：「内君子而外小人，君子道長，小人道消也。」

陽爲君子，陰爲小人。又一説：陰，小人；變之正，則爲君子。解六五「君子維有解」是也。又蒙六五失正爲童蒙，變之正爲聖人。蒙彖傳「蒙以養正，聖功」是也。

離四爲惡人

離九四曰：「㐙如其來如，焚如，死如，弃如。」

大有初九：「无交害。」虞註云：「害，謂四。四離火爲惡人。」

旅九四：「旅于處。」虞註云：「巽爲處，四焚弃惡人，失位遠應，故旅於處。言无所從也。」

繫下云：「子曰：『德薄而位尊。』」虞註云：「鼎四也，則離九四，凶惡小人，故德薄。」

大有九四：「匪其尫。」虞註云：「其位尫。足尫，體行不正。四失位折震足，故尫。」象曰：「匪其尫无咎，明辯折也。」虞註云：「折之離，故明辯折也。四在乾則尫，在坤爲鼠晋，在震『噬胏得金矢』，在巽『折鼎足』，在坎爲鬼方，在離『焚死』，在艮『旅于處』，言无所容，在兑『睽孤孚厲』。三百八十四爻，獨无所容也。」

五行相次

乾用九：「見群龍。」象傳曰：「時乘六龍以御天。」此帝王五行相次之道也。乾六龍，故明堂有六。天一爲道本，初九勿用，天之主氣，乃上帝也。故月令止有五帝。

天爲玄，兼五色。天之主氣，即太極也。

土數五

一二三四，得五為六七八九。故爻止用七八九六，而一二三四在其中。五得五為十，故天地之數五十有五。太衍之數五十，而五在其中。天地之數五不用，故九疇，五行不言用。大衍之數一不用，故著〔二〕數四十九。

乾爲仁

虞仲翔註易云：「乾爲仁。」史記五帝本紀云：「其仁如天。」管子曰：「天仁地義。」

〔二〕「著」：四庫本同，非也。當作「蓍」。

初爲元士

易爻，初爲元士。乾六龍皆御，而初爲元士者，案士冠禮記曰：「天子之元子，猶士也。天下無生而貴者也。」鄭注云：「元子，世子也。無生而貴，皆由下升。」又鄭郊特牲注云：「明人有賢行著德，乃得貴也。」愚謂二義相兼乃成。易氣從下生，其得位者從下而升，如二升五，亦有賢行著德，故得升五也。

震爲車

屯二：「乘馬班如。」乘震馬。晉語：「震爲車。」婦乘墨車也。

艮爲言

艮六五：「艮其輔，言有序。」杜註左傳曰：「艮爲言。」春秋傳曰：「艮，山也。於人爲言。」說卦曰：「成言乎艮。」繫辭曰：「吉人之辭寡。」謂艮也。

中和之本　贊化育之本

「參天兩地而倚數」，又曰「兼三才而兩之」。虞仲翔註云：「謂分天象爲三才，以地兩之，立爲六畫之數。故倚數。」參天兩地，有坎離之象，此中和之本也。說卦云：「幽贊于神明而生蓍。」此贊化育之本。

乾五爲聖人

虞氏謂:「文王書經,繫庖犧于九五,故庖犧在乾五。」

震初爲聖人缺

乾九三君子缺

坤六三匪人缺

易例

坤文言述坤六三之義云:「婦道也,妻道也,臣道也。」蓋坤于乾有婦道,有妻道，有臣道。獨不云有子道，子道屬之六子也。聖人易例之分明如是。公羊傳曰：「臣子一例。」乃春秋之例，非易例也。此治易者所當知耳。

易例下

惠定宇先生言易之書，予所見周易述、鄭氏易，先有刻本。周易古義爲九經中一種，癸巳歲予刻于潮陽。易漢學嘗録副而復失之。甲午十月，予自潮來羊城。周校書永年寄易例一册，亦先生所輯，中多有目無説，蓋未成之書。然讀先生之易者，非此無以發其凡。予以意釐爲二卷，屬順德張明經錦芳校勘。乙未夏再至，已蕆事。而易漢學一書，予座主少詹事錢公有寫本，當求而刻之。先生又有左傳補注、尚書古文考，亦予所刻也。是年五月五日，益都李文藻記。

附四庫全書總目提要

易例二卷 桂林府同知李文藻刊本

國朝惠棟撰。棟所作周易述目録，列有易微言等七書，惟易微言二卷附刊卷末，其餘並闕。此易例二卷，即七書中之第三種，近始刊本於潮陽。皆考究漢儒之傳以發明易之本例。凡九十類，其中有録無書者十三類。原跋稱爲未成之本，今考其書，非惟采摭未完，即門目亦尚未分。蓋棟欲鎔鑄舊説，作爲易例，先創草本，采摭漢儒易説，隨手題識，筆之於册，以儲作論之材。其標目有當爲例而立一類者，亦有不當爲例而立一類者；有一類爲一例者，亦有一類爲數例者。如既有扶陽抑陰一類，又有陽道不絶陰道絶義一類，又有陽無死義一類。此必欲作扶陽抑陰一例，而雜録於三處者也。曰中和，曰詩尚中和，曰禮樂尚中和，曰君道尚中和，曰建國尚中和，曰春秋尚中和，分爲六類，已極繁複，而其後又出中和一類，君道中和一類，卷末更出中和之本一類，此亦必欲作易尚中和一例，而散見於九處者也。古者有聖人之德然後居天子之位一類，徵引繁蕪，與易理無關，而題下注曰：「即二升坤五義。」此必摭爲乾升坤降之佐證，而偶置在前者也。又如初爲元士一類，即貴賤類中之一。乾爲仁，震爲車，艮爲言三類，即諸例中之三。天地之始一類，即卦無先天一類之復出。皆由未及排貫，遂似散錢滿屋。至於史記讀易之文，漢書傳易之派，更與易例無與，亦必存爲佐證之文，而傳寫者誤爲本書也。此類不一而足，均不可據爲定本。然棟於諸經深窺古義，其所捃摭，大抵老師宿儒專門授受之微旨，一字一句，具有淵源。苟汰其蕪雜，存其菁英，因所録而排比參稽之，猶可以見聖人作易之大綱，漢代傳經之崖略，正未可以殘闕少緒竟棄其稿矣。